ÉLÉMENTS DE LINGUISTIQUE GÉNÉRALE

Troisième édition

ARMAND COLIN

AVANT-PROPOS

Quand on songe combien il est naturel et avantageux pour l'homme d'identifier sa langue et la réalité, on devine quel degré de sophistication il lui a fallu atteindre pour les dissocier et faire de chacune un objet d'étude. On connaît l'histoire de ce Tyrolien qui, de retour d'Italie, vantait, auprès de ses compatriotes, les charmes de ce pays, mais ajoutait que ses habitants devaient être de bien grands fous, qui s'obstinaient à appeler cavallo *ce que tout homme doué de raison savait être un Pferd. Cette identification du mot et de la chose est peut-être la condition d'un maniement inconscient et sans accroc du langage. Mais il faut nécessairement la dépasser lorsque, de l'usage d'une langue, on désire passer à son observation. Les premiers efforts en ce sens ont amené l'homme à identifier sa langue et la raison : la logique désigne, en son principe, l'art de parler. C'était, bien entendu, s'exposer soit à trouver un caractère raisonnable et logique aux pires inconséquences de sa langue, soit à légiférer là où l'usage ne semblait pas se conformer à la raison. C'est la comparaison des langues, pratiquée le plus souvent avec des arrière-pensées historicistes, qui a fait entrevoir la variété des structures linguistiques. Dès lors, si la raison humaine restait une, les formes du langage ne pouvaient se confondre avec elle. Il fallait donc voir dans la langue un reflet de la pensée, d'une pensée que l'on devinait déterminée par les structures sociales plutôt qu'asservie aux lois de la logique. La linguistique s'est ainsi voulue psychologique et sociologique, et ceci aussi longtemps qu'elle s'est fixé pour tâche l'étude des faits d'évolution et non la découverte des traits constitutifs du langage. Seul un point de vue strictement synchronique pouvait permettre d'épurer les faits de langue par abstraction des besoins changeants de l'homme qui, à chaque instant, réclament une adaptation de l'outil linguistique.*

La légitimité d'une linguistique générale parfaitement autonome ne fait plus de doute depuis la publication du Cours *de Ferdinand de Saussure, où l'analyse synchronique est présentée comme la démarche initiale et fondamentale de cette discipline. Toutefois, l'enseignement de Saussure n'a vraiment porté fruit que greffé sur d'autres scions.*

Les divers mouvements structuralistes ont dû, d'emblée ou par tâtonnement, éliminer ce qu'il y restait de caduc : un psychologisme plus ou moins explicite qui empêche d'attribuer un statut pleinement linguistique à l'articulation phonématique et ne permet pas d'apercevoir que tout ce qui compte dans la langue se trouve représenté, sous une forme ou sous une autre, à chaque point du circuit de la parole.

*Les « structuralistes » d'aujourd'hui s'accordent pour poser en principe la priorité de l'analyse synchronique et pour rejeter toute introspection. Au-delà, points de vue et méthodes diffèrent largement d'une école ou d'une tendance à une autre, et les concordances terminologiques recouvrent souvent des divergences fondamentales. On doit donc renoncer à présenter, dans un seul et même ouvrage, l'ensemble des doctrines qui ont cours parmi les linguistes contemporains. Il va sans dire que toute tentative de syncrétisme serait vouée à l'échec. Les principes et les méthodes qu'on trouvera exposés ci-dessous, sont marqués, par rapport à leurs concurrents, par plus de réalisme et moins de formalisme ou d'*a priori*. S'il est permis à l'auteur d'écrire ceci en toute modestie, c'est que la soumission aux faits n'est pas toujours recommandée par les théoriciens d'aujourd'hui. L'accent sera mis autant sur la fonction des unités linguistiques que sur les structures qu'elles constituent. Par-delà la synchronie, on retrouvera des préoccupations diachroniques sans, bien entendu, que les deux points de vue s'entremêlent jamais. Les différentes parties de cet ouvrage reflètent toutes, sans doute, les préférences et la personnalité de son auteur, mais à des degrés très divers : les principes de l'analyse phonologique sont, depuis longtemps, tombés dans le domaine public. Au contraire, ce qui est dit au chapitre 4 de la syntaxe est neuf, trop neuf pour un manuel comme celui-ci ; la nécessité de présenter une méthode de description couvrant, de façon cohérente, l'ensemble des faits de langue, nous a contraint de devancer l'aboutissement d'un effort collectif, encore que mal coordonné, qui tendait à dégager, pour les unités signifiantes, ce que représente la phonologie pour les unités distinctives. Ce qui est dit, aux chapitres 5 et 6, de la variété des usages et de la dynamique des langues est certainement moins original ; tout cela a été, sous une forme ou sous une autre, explicité antérieurement ; mais il s'en faut que ce qu'on y trouve soit universellement admis.*

On lit peu les préfaces. Si, toutefois, un débutant se risquait à parcourir cet avant-propos, qu'il sache que ce n'est pas en pensant à lui qu'on l'a écrit. On espère que le corps de l'ouvrage lui paraîtra plus directement accessible et que si, une fois sa lecture terminée, il lui venait l'envie de reprendre ces premières pages, il verrait mieux alors quelle place la doctrine de l'auteur occupe dans le cadre de la recherche linguistique contemporaine.

PRÉFACE de 1980

Comme on l'indique dans l'avant-propos, le quatrième chapitre de ces Éléments *devançait l'aboutissement d'un effort collectif pour asseoir, sur des bases précises, l'étude des unités significatives dans un cadre proprement fonctionnel. L'engouement pour certaines théories et pratiques linguistiques fondées sur des présupposés fort différents des nôtres n'a ni arrêté ni même freiné le développement, en étendue et en profondeur, d'un appareil théorique et méthodologique qui n'existait qu'en germe dans les premières éditions du présent ouvrage. Ce développement a été soutenu par maintes descriptions de langues faisant l'objet de thèses de doctorat, publiées ou non, et par un travail collectif poursuivi dans mes séminaires de l'École des Hautes Études.*

Certains des résultats de ces recherches avaient été intégrés aux éditions successives de cet ouvrage, mais de façon assez discrète, par des additions au texte original, plutôt que par des modifications apportées à ce texte. A l'occasion de la traduction des Éléments *en turc, en vietnamien et en islandais, il a paru nécessaire de réécrire quelques paragraphes afin de mieux mettre en valeur certaines notions qui se sont révélées fondamentales et d'en éliminer d'autres que j'avais cru utile de reprendre à mon compte, mais que la pratique fonctionnaliste n'a pas retenues ou qui ont pu aiguiller certains chercheurs sur de fausses pistes.*

Cette mise à jour n'a pas abouti à modifier l'économie de l'ouvrage. Un seul paragraphe (4.39) *ne retient rien de son contenu initial. Mais les nouveautés que le respect du cadre original n'a pas permis d'introduire dans les six chapitres de l'ouvrage se trouvent désormais groupées dans des compléments en fin de volume. Les notions qui sont présentées dans ces compléments figurent dans l'index terminologique.*

On a, d'autre part, mis à jour et, surtout allégé la bibliographie. Il n'est pas difficile, aujourd'hui, de se documenter sur les différents courants de la linguistique contemporaine, et l'on peut se contenter ici de renvoyer aux publications et aux travaux consacrés à la linguistique fonctionnelle.

Les lecteurs qui ont pratiqué les éditions antérieures du présent ouvrage auront intérêt à consulter, outre les Compléments en fin de volume (numérotés de C1 *à* C13*), les paragraphes suivants : de* 1-8 *à* 1-11, 2-12, 2-28, 3-35, 3-40 *et l'ensemble du chapitre IV, en particulier de* 4-13 *à* 4-22, 4-26 *et de* 4-32 *à* 4-47.

AVERTISSEMENT
1991

On espère que cet ouvrage, sous sa forme actuelle, permettra au débutant de s'initier à la linguistique générale. Toutefois, comme on le laissait entendre dans l'avant-propos de 1960, certains domaines de la recherche n'avaient pas, à cette date, atteint le degré désirable d'élaboration et, dans les éditions successives, notamment celle de 1980, on s'est efforcé de tenir le lecteur au courant des progrès de la recherche, mais le cadre même de la collection ne permettait pas d'inclure un exposé véritablement exhaustif.

C'est pourquoi il paraît important de renvoyer le lecteur désireux d'avoir une vision plus approfondie de certaines questions à deux ouvrages du même auteur parus à la Librairie Armand Colin. Il s'agit en premier lieu de la Syntaxe générale, *1985, qui représente l'aboutissement des recherches relatives aux unités significatives dont on traite ici au chapitre 4. En second lieu, l'intérêt porté au cours des vingt dernières années au détail de la phonologie du français a montré qu'il était indispensable, dans toute description synchronique, de mettre en valeur la dynamique de l'évolution en cours. Il devient dès lors nécessaire de distinguer la diachronie proprement dite de la dynamique observable en synchronie. C'est dans ce sens que le paragraphe 2-2. de ces* Éléments *a été reformulé. Tous les problèmes relatifs aux rapports entre le fonctionnement et l'évolution des langues sont repris en détail dans* Fonction et dynamique des langues, *1989. Ce livre vient notamment en complément des chapitres 5 et 6 du présent volume. Il comporte une bibliographie d'André Martinet arrêtée à l'année 1989.*

1
La linguistique, le langage et la langue

1-1. La linguistique, discipline non prescriptive

La linguistique est l'**étude scientifique** du langage humain. Une étude est dite scientifique lorsqu'elle se fonde sur l'observation des faits et s'abstient de proposer un choix parmi ces faits au nom de certains principes esthétiques ou moraux. « Scientifique » s'oppose donc à « prescriptif ». Dans le cas de la linguistique, il est particulièrement important d'insister sur le caractère scientifique et non prescriptif de l'étude : l'objet de cette science étant une activité humaine, la tentation est grande de quitter le domaine de l'observation impartiale pour recommander un certain comportement, de ne plus noter ce qu'on dit réellement, mais d'édicter ce qu'il faut dire. La difficulté qu'il y a à dégager la linguistique scientifique de la grammaire normative rappelle celle qu'il y a à dégager de la morale une véritable science des mœurs. L'histoire nous montre que jusqu'à une date fort récente la plupart de ceux qui se sont occupés du langage ou des langues l'ont fait avec des intentions prescriptives, proclamées ou évidentes. Aujourd'hui encore, le public français, même cultivé, ignore à peu près l'existence d'une science du langage distincte de la grammaire scolaire et de l'activité normative des chroniqueurs mondains.

Mais le linguiste contemporain, en face de *la lettre que j'ai écrit*, *occasion à profiter*, *la femme que je lui ai parlé*, se refuse aussi bien à la vertueuse indignation du puriste qu'à l'exultation de l'iconoclaste. Il voit là simplement des faits qu'il lui faut noter et expliquer dans le cadre des usages où ils apparaissent. Il ne sortira pas de son rôle s'il relève les protestations ou les railleries de certains auditeurs et l'indifférence des autres; mais il s'abstiendra, pour sa part, de prendre parti.

1-2. Caractère vocal du langage

Le langage qu'étudie le linguiste est celui de l'homme. On pourrait s'abstenir de le préciser, car les autres emplois que l'on fait du mot « langage » sont presque toujours métaphoriques : le « langage des animaux » est une invention des fabulistes; le « langage des fourmis » représente plutôt une hypothèse qu'une donnée de l'observation; le « langage des fleurs » est un code comme bien d'autres. Dans le parler ordinaire, « le langage » désigne proprement la faculté qu'ont les hommes de s'entendre au moyen de signes vocaux. Ce **caractère vocal** du langage mérite qu'on s'y arrête : dans les pays civilisés, depuis quelques millénaires, on fait assez souvent usage de signes picturaux ou graphiques correspondant aux signes vocaux du langage. C'est ce qu'on nomme l'écriture. Jusqu'à l'invention du phonographe, tout signe vocal émis était perçu immédiatement ou à jamais perdu. Au contraire, un signe écrit durait aussi longtemps que son support, pierre, parchemin ou papier, et les traces laissées sur ce support par le burin, le stylet ou la plume. C'est ce qu'on résumait au moyen du dicton *uerba uolant*, *scripta manent*. Ce caractère définitif de la chose écrite lui a donné un prestige considérable. C'est sous la forme écrite que se transmettent jusqu'à nos jours les œuvres littéraires (ainsi nommées d'ailleurs précisément du fait de cette forme écrite) qui sont encore à la base de notre culture. Les écritures alphabétiques offrent pour chaque signe une succession de lettres, bien séparées dans les textes imprimés, et que l'école a appris à reconnaître : n'importe quel Français instruit sait quels sont les composants du signe écrit *temps*, mais serait en peine de distinguer les composants du signe vocal correspondant. Tout concourt, en fait, à identifier, dans l'esprit des gens instruits, le signe vocal et son équivalent graphique et à imposer ce dernier comme le seul représentant valable du complexe.

Ceci ne doit pas faire oublier que les signes du langage humain sont en priorité vocaux, que, pendant des centaines de milliers d'années, ces signes ont été exclusivement vocaux, et qu'aujourd'hui encore les êtres humains en majorité savent parler sans savoir lire. On apprend à parler avant d'apprendre à lire : la lecture vient doubler la parole, jamais l'inverse. L'étude de l'écriture représente une discipline distincte de la linguistique, encore que, pratiquement, une de ses annexes. Le linguiste fait donc par principe abstraction des faits de graphie. Il ne les considère que dans la mesure, au total restreinte, où les faits de graphie influencent la forme des signes vocaux.

1-3. Le langage, institution humaine

On parle souvent du langage comme d'une faculté de l'homme. Nous avons nous-même employé ce terme ci-dessus, mais sans lui accorder une valeur rigoureuse. Il est probable que les rapports de l'homme et de son langage sont de nature trop particulière pour qu'on puisse délibérément ranger celui-ci dans un type plus vaste de fonctions définies. Ce qu'on ne saurait affirmer, c'est que le langage résulte de l'exercice naturel de quelque organe, comme la respiration ou la marche qui sont, pour ainsi dire, la raison d'être des poumons et des jambes. On parle, certes, d'organes de la parole, mais on ajoute en général que la fonction première de chacun d'eux est tout autre chose : la bouche sert à l'ingestion des aliments, les fosses nasales à la respiration, et ainsi de suite. La circonvolution du cerveau où l'on a voulu voir le siège de la parole parce que ses lésions étaient fréquemment liées à l'aphasie, a probablement quelque chose à voir avec l'exercice du langage. Mais rien ne prouve que ce soit là sa fonction première et essentielle.

On est tenté, dans ces conditions, de placer le langage parmi les **institutions** humaines, et cette façon de voir présente des avantages incontestables : les institutions humaines résultent de la vie en société; c'est bien le cas du langage qui se conçoit essentiellement comme un instrument de communication. Les institutions humaines supposent l'exercice des facultés les plus diverses; elles peuvent être très répandues et même, comme le langage, universelles, sans être identiques d'une communauté à une autre : la famille, par exemple, caractérise peut-être tous les groupements humains, mais elle se présente, ici et là, sous des formes diverses; de même le langage, identique dans ses fonctions, diffère d'une communauté à une autre de telle sorte qu'il ne saurait fonctionner qu'entre les sujets d'un groupe donné. Les institutions, n'étant point des données premières, mais des produits de la vie en société, ne sont pas immuables; elles sont susceptibles de changer sous la pression de besoins divers et sous l'influence d'autres communautés. Or, nous verrons qu'il n'en va pas autrement pour ces différentes modalités du langage que sont les langues.

1-4. Les fonctions du langage

Toutefois, dire que le langage est une institution ne renseigne qu'imparfaitement sur la nature de ce phénomène. Bien que métaphorique, la désignation d'une langue comme un instrument ou un outil attire très utilement l'attention sur ce qui distingue le langage de beaucoup d'autres institutions. La fonction essentielle de cet **instrument** qu'est une langue est celle de **communication :** le français, par exemple, est avant tout l'outil qui permet aux gens « de langue française » d'entrer en rapport les uns avec les autres. Nous verrons que, si toute langue se modifie au cours du temps, c'est essentiellement pour s'adapter de la façon la plus économique à la satisfaction des besoins de communication de la communauté qui la parle.

On se gardera cependant d'oublier que le langage exerce d'autres fonctions que celle d'assurer la compréhension mutuelle. En premier lieu le langage sert, pour ainsi dire, de support à la pensée, au point qu'on peut se demander si une activité mentale à qui manquerait le cadre d'une langue mériterait proprement le nom de pensée. Mais c'est au psychologue, non au linguiste, de se prononcer sur ce point. D'autre part, l'homme emploie souvent sa langue pour **s'exprimer,** c'est-à-dire pour analyser ce qu'il ressent sans s'occuper outre mesure des réactions d'auditeurs éventuels. Il y trouve, par la même occasion, le moyen de s'affirmer à ses yeux et à ceux d'autrui sans qu'il y ait véritablement désir de rien communiquer. On pourrait également parler d'une fonction esthétique du langage qu'il serait difficile d'analyser, tant elle s'entremêle étroitement aux fonctions de communication et d'expression. En dernière analyse, c'est bien la communication c'est-à-dire la compréhension mutuelle, qu'il faut retenir comme la fonction centrale de cet instrument qu'est la langue. Il est, à cet égard, remarquable que les sociétés répriment par la raillerie le soliloque, c'est-à-dire l'emploi du langage à des fins purement expressives. Celui qui veut s'exprimer sans crainte de censure doit se trouver un public devant lequel il jouera la comédie de l'échange linguistique. Tout indique d'ailleurs que la langue de chacun se corromprait vite, n'était la nécessité de se faire comprendre. C'est cette nécessité permanente qui maintient l'outil en bon état de marche.

1-5. Les langues sont-elles des nomenclatures ?

Selon une conception fort naïve, mais assez répandue, une langue serait un répertoire de mots, c'est-à-dire de productions vocales (ou graphiques), chacune correspondant à une chose : à un certain animal, le cheval, le répertoire particulier connu sous le nom de langue française ferait correspondre une production vocale déterminée que l'orthographe représente sous la forme *cheval*; les différences entre les langues se ramèneraient à des différences de désignation : pour le cheval, l'anglais dirait *horse* et l'allemand *Pferd*; apprendre une seconde langue consisterait simplement à retenir une nouvelle nomenclature en tous points parallèle à l'ancienne. Les quelques cas où il faut bien constater des entorses à ce parallélisme constitueraient des « idiotismes ». Les productions vocales elles-mêmes seraient normalement composées, dans toutes les langues, des mêmes sons, les seules différences, d'une langue à une autre, étant dans le choix et le groupement de ces sons pour chaque mot. Ceci est confirmé, lorsqu'on pense en termes de graphie plutôt que de sons, par l'emploi du même alphabet pour les langues les plus diverses : les étiquettes *cheval*, *horse*, *Pferd* utilisent effectivement les lettres d'un même alphabet, le *e* dans les trois mots, le *h* dans *cheval* et *horse*, le *r* dans *horse* et *Pferd*, etc. A l'audition, certes, il faut bien constater que tout ne se ramène pas à des différences dans le choix et l'ordonnance de mêmes éléments; c'est alors qu'on parle d'un « accent »; un « accent » serait quelque chose d'assez marginal qui se surajoute à l'articulation normale des sons du langage et qu'il serait un peu ridicule et presque indécent d'essayer d'imiter lorsqu'on apprend une langue autre que la sienne.

1-6. Le langage n'est pas un calque de la réalité

Cette notion de langue-répertoire se fonde sur l'idée simpliste que le monde tout entier s'ordonne, antérieurement à la vision qu'en ont les hommes, en catégories d'objets parfaitement distinctes, chacune recevant nécessairement une désignation dans chaque langue; ceci, qui est vrai, jusqu'à un certain point, lorsqu'il s'agit par exemple d'espèces d'êtres vivants, ne l'est plus dans d'autres domaines : nous pouvons considérer comme naturelle la différence entre l'eau qui coule et celle qui ne coule pas; mais, à l'intérieur de ces deux catégories, qui n'aperçoit ce qu'il y a d'arbitraire dans la subdivision en océans, mers, lacs, étangs, en fleuves, rivières, ruisseaux, torrents? La communauté de civilisation fait sans doute que, pour les Occidentaux, la Mer Morte est une mer et le Grand Lac Salé un lac, mais n'empêche pas que les Français soient seuls à distinguer entre le fleuve, qui se jette dans la mer et la rivière, qui se jette dans un autre cours d'eau. Dans un autre domaine, le français désigne au moyen d'un même terme *bois* un lieu planté d'arbres, la matière bois en général, le bois de charpente et le bois à brûler, sans parler d'emplois plus spéciaux du type *bois de cerf*; le danois a un mot *træ*, qui désigne l'arbre et la matière bois en général, et, en concurrence avec *tømmer*, le bois de charpente; mais il n'utilise pas ce mot pour un lieu planté d'arbres, qui se dit *skov*, ni pour le bois de chauffage, qui se dit *brænde*. Pour les principaux sens du mot français *bois*, l'espagnol distingue entre *bosque*, *madera*, *leña*, l'italien entre *bosco*, *legno*, *legna*, *legname*, l'allemand entre *Wald*, *Gehölz*, *Holz*, le russe entre *les*, *dérevo*, *drová*, chacun de ces mots étant susceptible de s'appliquer à des choses que le français désignerait autrement que par « bois » : all. *Wald* est le plus souvent une « forêt »; le russe *dérevo* est, comme le danois *træ*, le correspondant normal du français *arbre*. Dans le spectre solaire, un Français, d'accord en cela avec la plupart des Occidentaux, distinguera entre du violet, du bleu, du vert, du jaune, de l'orangé et du rouge. Mais ces distinctions ne se trouvent pas dans le spectre lui-même où il n'y a qu'un continu du violet au rouge. Ce continu est diversement articulé selon les langues. Sans sortir d'Europe on note qu'en breton et en gallois un seul mot : *glas* s'applique à une portion du spectre qui recouvre à peu près les zones françaises du bleu et du vert. Il est fréquent de voir ce que nous nommons vert partagé entre deux unités qui recouvrent l'une une partie de ce que nous désignons comme bleu, l'autre l'essentiel de notre jaune. Certaines langues se contentent de deux couleurs de base correspondant grossièrement aux deux moitiés du spectre. Tout ceci vaut, au même titre, pour des aspects plus abstraits de l'expérience humaine. On sait que des mots comme ang. *wistful*, all. *gemütlich*, russe *ničěvó* ne correspondent en français à rien de précis. Mais même des mots comme fr. *prendre*, ang. *take*, all. *nehmen*, russe *brat'* qu'on considère comme équivalents ne s'emploient pas toujours dans les mêmes circonstances ou, en d'autres termes, ne recouvrent pas exactement le même domaine sémantique. En fait, à chaque langue correspond une **organisation particulière des données de l'expérience.** Apprendre une autre langue, ce n'est pas mettre de nouvelles étiquettes sur des objets connus, mais s'habituer à analyser autrement ce qui fait l'objet de communications linguistiques.

1-7. Chaque langue a ses sons types

Il en va de même sur le plan des sons du langage : la voyelle d'angl. *bait* n'est pas un *é* prononcé avec l'accent anglais, celle de *bit* un *i* déformé pour les mêmes raisons; il faut comprendre que, dans la zone articulatoire où le français distingue entre un *i* et un *é*, l'anglais oppose trois types vocaliques, représentés respectivement dans les mots *beat*, *bit* et *bait*, types parfaitement irréductibles aux *i*, *é* du français. La consonne que l'orthographe espagnole note par *s*, et qui se prononce en Castille d'une façon qui rappelle un peu l'initiale du français *chien*, n'est pas plus un *s* qu'un *ch*; en fait, parmi certaines modalités articulatoires, le français retient deux types, ceux des initiales de *sien* et de *chien*; l'espagnol n'en a qu'un seul qui ne saurait s'identifier à l'initiale de *sien* ni à celle de *chien*. Ce qu'on appelle un « accent » étranger provient de l'identification abusive d'unités phoniques de deux langues différentes. Il est aussi dangereux et erroné de voir dans l'initiale de fr. *tout*, d'angl. *tale*, d'all. *Tat*, de russe *tuz* des variantes d'un même type, que de considérer fr. *prendre*, angl. *take*, all. *nehmen*, russe *brat'* comme correspondant à une même réalité préexistant à ces désignations.

1-8. La double articulation du langage

On entend souvent dire que le langage humain est articulé. Ceux qui s'expriment ainsi seraient probablement en peine de définir exactement ce qu'ils entendent par là. Mais il n'est pas douteux que ce terme corresponde à un trait qui caractérise effectivement toutes les langues. Il convient toutefois de préciser cette notion d'articulation du langage et de noter qu'elle se manifeste sur deux plans différents : chacune des unités qui résultent d'une première articulation est en effet articulée à son tour en unités d'un autre type.

La première articulation du langage est celle selon laquelle tout fait d'expérience à transmettre, tout besoin qu'on désire faire connaître à autrui s'analysent en une suite d'unités douées chacune d'une forme vocale et d'un sens. Si je souffre de douleurs à la tête, je puis manifester la chose par des cris. Ceux-ci peuvent être involontaires; dans ce cas ils relèvent de la physiologie. Ils peuvent aussi être plus ou moins voulus et destinés à faire connaître mes souffrances à mon entourage. Mais cela ne suffit pas à en faire une communication linguistique. Chaque cri est inanalysable et correspond à l'ensemble, inanalysé, de la sensation douloureuse. Tout autre est la situation si je prononce la phrase *j'ai mal à la tête*. Ici, il n'est aucune des six unités successives *j'*, *ai*, *mal*, *à*, *la*, *tête* qui corresponde à ce que ma douleur a de spécifique. Chacune d'entre elles peut se retrouver dans de tout autres contextes pour communiquer d'autres faits d'expérience : *mal*, par exemple, dans *il fait le mal*, et *tête* dans *il s'est mis à leur tête*. On aperçoit ce que représente d'économie cette première articulation : on pourrait supposer un système de communication où, à une situation déterminée, à un fait d'expérience donné correspondrait un cri particulier. Mais il suffit de songer à l'infinie variété de ces situations et de ces faits d'expérience pour comprendre que, si un tel système devait rendre les mêmes services que nos langues, il devrait comporter un nombre de signes distincts si considérable que la mémoire de l'homme ne pourrait les emmagasiner. Quelques milliers d'unités, comme *tête*, *mal*, *ai*, *la*, largement combinables, nous permettent de communiquer plus de choses que ne pourraient le faire des millions de cris inarticulés différents.

La première articulation est la façon dont s'ordonne l'expérience commune à tous les membres d'une communauté linguistique déterminée. Ce n'est que dans le cadre de cette expérience, nécessairement limitée à ce qui est commun à un nombre considérable d'individus, qu'on communique linguistiquement. L'originalité de la pensée ne pourra se manifester que dans un agencement inattendu des unités. L'expérience personnelle, incommunicable dans son unicité, s'analyse en une succession d'unités, chacune de faible spécificité et connue de tous les membres de la communauté. On ne tendra vers plus de spécificité que par l'adjonction de nouvelles unités, par exemple en accolant des adjectifs à un nom, des adverbes à un adjectif, de façon générale des déterminants à un déterminé. C'est dans ce cadre que peut s'exercer la créativité de celui qui parle.

Chacune de ces unités de première articulation présente, nous l'avons vu, un sens et une forme vocale (ou phonique). Elle ne saurait être analysée en unités successives plus petites douées de sens : l'ensemble *tête* veut dire « tête » et l'on ne peut attribuer à *tê-* et à *-te* des sens distincts dont la somme serait équivalente à « tête ». Mais la forme vocale est, elle, analysable en une succession d'unités dont chacune contribue à distinguer *tête*, par exemple, d'autres unités comme *bête*, *tante* ou *terre*. C'est ce qu'on désignera comme **la deuxième articulation** du langage. Dans le cas de *tête*, ces unités sont au nombre de trois ; nous pouvons les représenter au moyen des lettres t e t, placées par convention entre barres obliques, donc /tet/. On aperçoit ce que représente d'économie cette seconde articulation : si nous devions faire correspondre à chaque unité significative minima une production vocale spécifique et inanalysable, il nous faudrait en distinguer des milliers, ce qui serait incompatible avec les latitudes articulatoires et la sensibilité auditive de l'être humain. Grâce à la seconde articulation, les langues peuvent se contenter de quelques dizaines de productions phoniques distinctes que l'on combine pour obtenir la forme vocale des unités de première articulation : *tête*, par exemple, utilise à deux reprises l'unité phonique que nous représentons au moyen de /t/ avec insertion entre ces deux /t/ d'une autre unité que nous notons /e/.

1-9. Les unités linguistiques de base

Un énoncé comme *j'ai mal à la tête* ou une partie d'un tel énoncé qui fait un sens, comme *j'ai mal* ou *mal*, s'appelle un **signe** linguistique. Tout signe linguistique comporte un **signifié,** qui est son sens ou sa valeur, et qu'on notera entre guillemets (« j'ai mal à la tête », « j'ai mal », « mal »), et un **signifiant** grâce à quoi le signe se manifeste, et qu'on présentera entre barres obliques (/ž e mal a la tet/, /ž e mal/, /mal/). C'est au signifiant que, dans le langage courant, on réserverait le nom de signe. Les unités que livre la première articulation, avec leur signifié et leur signifiant, sont des signes, et des signes minima puisque chacun d'entre eux ne saurait être analysé en une succession de signes. Il n'existe pas de terme universellement admis pour désigner ces unités. Nous emploierons ici celui de **monème.**

Comme tout signe, le monème est une unité à deux faces, une face signifiée, son sens ou sa valeur, et une face signifiante qui la manifeste sous forme phonique et qui est composée d'unités de deuxième articulation. Ces dernières sont nommées des **phonèmes.**

Dans l'énoncé dont nous nous servons ici, il y a six monèmes qui se trouvent coïncider avec ce qu'on nomme, dans la langue courante, des mots : *j'* (pour *je*), *ai*, *mal*, *à*, *la* et *tête*. Mais il ne faudrait pas en conclure que « monème » n'est qu'un équivalent savant de « mot ». Dans un mot comme *travaillons*, il y a deux monèmes : *travaill-* /travaj/, qui désigne un certain type d'action, et *-ons* /õ/, qui désigne celui qui parle et une ou plusieurs autres personnes.

On ne se hâtera pas trop de distinguer entre les monèmes de type *travaill-* et les monèmes du type *-ons*, en opposant des « sémantèmes », qui auraient un sens, et des « morphèmes » qui n'auraient qu'une forme, ce qui est inexact; ou encore en désignant les premiers comme des « lexèmes », c'est-à-dire les monèmes du lexique. On verra plus loin (4-19) que la distinction fondamentale n'est pas entre monèmes du lexique et monèmes de la grammaire, mais entre les monèmes indicateurs de relation et les autres.

Il vaut mieux éviter le terme ambigu de « morphème » qui, chez beaucoup d'auteurs, désigne le signe minimum, notre monème, mais seulement lorsqu'il répond à des conditions particulières qui varient d'un auteur à un autre.

1-10. Forme linéaire et caractère vocal

Toute langue se manifeste donc sous la forme linéaire d'énoncés qui représentent ce qu'on appelle souvent la chaîne parlée. Cette **forme linéaire** du langage humain dérive en dernière analyse de son **caractère vocal** : les énoncés vocaux se déroulent nécessairement dans le temps et sont nécessairement perçus par l'ouïe comme une succession. Tout autre est la situation lorsque la communication est de type pictural et perçue par la vue : le peintre peint, certes, successivement les éléments de son tableau, mais le spectateur perçoit le message comme un tout, ou en portant successivement son attention sur les éléments du message selon un ordre ou un autre sans que la valeur du message s'en trouve pour autant affectée. Un système visuel de communication, comme celui que représentent les panneaux de signalisation routière, n'est pas linéaire, mais à deux dimensions. Le caractère linéaire des énoncés explique la successivité des monèmes et des phonèmes. Dans ces successions, **l'ordre des phonèmes a valeur distinctive** tout comme le choix de tel ou tel phonème : le signe *mal* /mal/ comporte les mêmes phonèmes que le signe *lame* /lam/ sans se confondre avec lui. La situation est différente pour les monèmes. Certes, *le chasseur tue le lion* signifie autre chose que *le lion tue le chasseur*, mais il n'est pas rare qu'un signe puisse changer de place dans un énoncé sans modification appréciable du sens : *il sera là, mardi* et *mardi, il sera là*. Il est, d'autre part, assez fréquent que des groupes de monèmes aient les mêmes latitudes parce que leur rapport au reste de l'énoncé est marqué, soit par leur sens *(il y a eu un drame, la nuit dernière* ou *la nuit dernière il y a eu un drame)*, soit par un des monèmes en cause dont c'est proprement la fonction *(par la route, c'est plus court* ou *c'est plus court par la route)*.

1-11. La double articulation et l'économie du langage

Le type d'organisation que nous venons d'esquisser existe dans toutes les langues décrites jusqu'à ce jour. Il semble s'imposer aux communautés humaines comme le mieux adapté aux besoins et aux ressources de l'homme. Seule l'économie qui résulte des deux articulations permet d'obtenir un outil de communication d'emploi général et capable de transmettre autant d'information à aussi bon compte.

Si la première articulation, celle de l'expérience en monèmes successifs, n'existait pas, toute émission correspondrait à un type défini d'expérience de telle sorte qu'une expérience nouvelle, inattendue, serait incommunicable. L'articulation en monèmes permet de former une combinaison inusitée pour tenter de communiquer une expérience pour laquelle la communauté n'avait pas de signe disponible. C'est à quoi le poète a constamment recours et c'est probablement là le point de départ du destin particulier de l'espèce humaine.

Outre l'économie supplémentaire qu'elle représente, la deuxième articulation a l'avantage de rendre **la forme du signifiant indépendante de la nature du signifié** correspondant et d'assurer ainsi une plus grande stabilité à la forme linguistique. Il est clair, en effet, que dans une langue où, à chaque mot, correspondrait un grognement particulier et inanalysable, rien n'empêcherait les gens de modifier ce grognement dans le sens où il paraîtrait à chacun d'entre eux qu'il est plus descriptif de l'objet désigné. Mais comme il serait impossible de réaliser l'unanimité en ces matières, on aboutirait à une instabilité chronique peu favorable au maintien de la compréhension. L'existence d'une deuxième articulation assure ce maintien en liant le sort de chacun des composants du signifiant, chacune des tranches phoniques /m/, /a/, /l/ de *mal* par exemple, non point a la nature du signifié correspondant, ici « mal », mais à celui des composants d'autres signifiants de la langue, le /m/ de *masse*, le /a/ de *chat*, le /l/ de *sale*, etc. Ceci ne veut pas dire que le /m/ ou le /l/ de *mal* ne pourra se modifier au cours des siècles, mais que, s'il change, il ne pourra le faire sans que change, en même temps et dans le même sens, le /m/ de *masse* ou le /l/ de *sale*.

1-12. Chaque langue a son articulation propre

Si les langues s'accordent toutes pour pratiquer la double articulation, toutes diffèrent sur la façon dont les usagers de chacune d'elles analysent les données de l'expérience et sur la manière dont ils mettent à profit les possibilités offertes par les organes de la parole. En d'autres termes, **chaque langue articule à sa façon** aussi bien les énoncés que les signifiants. Dans les circonstances où un Français dira *j'ai mal à la tête*, un Espagnol articulera *me duele la cabeza*. Dans un cas, le sujet de l'énoncé sera celui qui parle, dans l'autre la tête qui souffre; l'expression de la douleur sera nominale en français, verbale en espagnol et l'attribution de cette douleur se fera à la tête dans le premier cas, à la personne indisposée dans le second. Peu importe que le Français puisse aussi dire *la tête me fait mal*. Ce qui est décisif, c'est que, dans une situation donnée, le Français et l'Espagnol auront naturellement recours à deux analyses complètement différentes. Dans le même ordre d'idées, on comparera les équivalents lat. *poenas dabant* et fr. *ils étaient punis*, ang. *smoking prohibited*, russe *kurit' vosprešč́áetsja* et fr. *défense de fumer*, all. *er ist zuverlässig* et fr. *on peut compter sur lui*.

Nous savons déjà que les mots d'une langue n'ont pas d'équivalents exacts dans une autre. Ceci va naturellement de pair avec la variété des analyses des données de l'expérience. Il se peut que les différences dans l'analyse entraînent une façon différente de considérer un phénomène, ou qu'une conception différente d'un phénomène entraîne une analyse différente de la situation. En fait, il n'est pas possible de faire le départ entre l'un et l'autre cas.

En ce qui concerne l'articulation des signifiants, on se gardera bien de juger les faits sur la base des graphies, même lorsqu'il s'agit de transcriptions et non de formes orthographiées. Si l'on part de /ž e mal a la tet/ et /me duele la kabeθa/, on ne doit pas se figurer que le premier /a/ de /ka'beθa/ recouvre la même réalité linguistique que celui de /mal/; en français, où l'on distingue le /a/ de *mal* du /â/ de *mâle*, le premier ne saurait avoir qu'une articulation peu profonde, alors que le /a/ de *cabeza*, unique voyelle ouverte de l'espagnol, a beaucoup plus de latitudes. Ce sont des raisons d'économie qui font qu'on transcrit au moyen des mêmes caractères les phonèmes de deux langues différentes.

1-13. Nombre des monèmes et des phonèmes

Le nombre des énoncés possibles dans chaque langue est théoriquement infini, car il n'est pas de limite au nombre de monèmes successifs qu'un énoncé peut comporter. La liste des monèmes d'une langue est en fait une **liste ouverte** : il est impossible de déterminer précisément combien une langue présente de monèmes distincts parce que, dans toute communauté, de nouveaux besoins se manifestent à chaque instant et que ces besoins font naître de nouvelles désignations. Les mots qu'un civilisé d'aujourd'hui est susceptible d'employer ou de comprendre se chiffrent par dizaines de milliers. Mais beaucoup de ces mots sont composés de monèmes soit susceptibles d'apparaître comme des mots indépendants (par ex. dans *timbre-poste, autoroute*), soit limités à la composition (par ex. dans *thermostat, télégraphe*). Il en résulte que les monèmes, même avec l'appoint des désinences comme *-ons* et des suffixes comme *-âtre*, sont beaucoup moins nombreux que les mots.

La liste des phonèmes d'une langue est, elle, une **liste fermée.** Le castillan, par exemple, distingue 24 phonèmes, ni plus ni moins. Ce qui rend souvent délicate la réponse à la question « Combien telle langue a-t-elle de phonèmes? » est le fait que les langues de civilisation, qui se parlent sur de vastes domaines, ne présentent pas une unité parfaite et varient quelque peu d'une région, d'une classe sociale, d'une génération à une autre. Ces variations n'empêchent pas, en général, la compréhension, mais peuvent entraîner des différences dans l'inventaire des unités, aussi bien distinctives (phonèmes) que significatives (monèmes ou signes plus vastes). C'est ainsi que l'espagnol parlé en Amérique présente souvent 22 phonèmes au lieu de 24. La variété de français utilisée par l'auteur comporte 34 phonèmes. Mais parmi les sujets parisiens nés depuis 1940, un système de 31 phonèmes n'est pas rare. Nous utilisons ce dernier, plus simple, dans la transcription de nos exemples français.

1-14. Qu'est-ce qu'une langue?

Nous pouvons maintenant tenter de formuler ce que nous entendons par « langue ». **Une langue est un instrument de communication selon lequel l'expérience humaine s'analyse, différemment dans chaque communauté, en unités douées d'un contenu sémantique et d'une expression phonique, les monèmes; cette expression phonique s'articule à son tour en unités distinctives et successives, les phonèmes, en nombre déterminé dans chaque langue, dont la nature et les rapports mutuels diffèrent eux**

aussi d'une langue à une autre. Ceci implique 1° que nous réservons le terme de langue pour désigner un instrument de communication doublement articulé et de manifestation vocale, 2° que, hors cette base commune, comme le marquent les termes « différemment » et « diffèrent » dans la formulation ci-dessus, **rien n'est proprement linguistique qui ne puisse différer d'une langue à une autre;** c'est dans ce sens qu'il faut comprendre l'affirmation que les faits de langue sont « arbitraires » ou « conventionnels ».

1-15. En marge de la double articulation

Toutes les langues présentent le type d'organisation qu'on vient de décrire. Mais ceci ne veut pas dire que les langues n'aient pas recours à des procédés qui n'entrent pas dans le cadre de la double articulation. En français, par exemple, il est fréquent que le caractère interrogatif de l'énoncé ne soit marqué que par une montée mélodique de la voix sur le dernier mot. On distingue fort bien ainsi entre l'affirmation *il pleut* et la question *il pleut?* Ce dernier est l'équivalent de *est-ce qu'il pleut?* ce qui revient à dire que la montée de la voix dans *il pleut?* joue le même rôle que le signe /esk/ orthographié *est-ce que*. On peut donc dire que cette courbe mélodique est un signe, tout comme *est-ce que*, avec un signifié : « interrogation », et un signifiant perceptible : la montée de la voix. Mais alors que le signifiant de *est-ce que* se conforme à la deuxième articulation avec sa succession de trois phonèmes /e s k/, et à la première dans le sens qu'il trouve sa place dans la succession des monèmes, celui de la courbe mélodique n'en fait rien. En effet, ce signifiant n'occupe pas une position particulière dans la chaîne parlée, mais se superpose pour ainsi dire aux unités des deux articulations, et on ne saurait l'analyser en une succession de phonèmes. Les faits linguistiques qui ne se conforment pas à l'articulation en phonèmes sont souvent dits « supra-segmentaux » et forment un chapitre intitulé **prosodie,** distinct de la **phonématique** où l'on traite des unités de deuxième articulation.

1-16. Caractère non discret de l'intonation

Il y a une opposition fondamentale entre la différence mélodique qui distingue l'affirmation *il pleut* de la question *il pleut?* et la différence entre deux phonèmes : la physiologie des organes de la parole entraîne normalement au début d'un énoncé une montée de la voix qui correspond à une tension progressive et, vers la fin de l'énoncé, une descente de la voix correspondant à une progressive détente. Si cette descente ne se produit pas, l'auditeur aura l'impression que l'énoncé n'est pas terminé, qu'il demande par exemple un complément sous forme d'une réponse à une question. C'est là-dessus qu'on joue pour faire d'*il pleut?* un équivalent de *est-ce qu'il pleut?* Mais ceci ne veut pas dire que la montée de la voix en fin d'énoncé ait une valeur bien déterminée qui s'oppose à une valeur bien déterminée de la descente de la voix : la signification exacte de l'énoncé variera selon le degré de hauteur ou de profondeur atteint; une note très basse impliquera une affirmation brutale; l'assertion se fera de moins en moins catégorique dans la mesure où la chute mélodique sera moins rapide; en relevant la courbe, on passera insensiblement à des affirmations nuancées de doute, et, le doute croissant, à des questions de plus en plus dubitatives. Il ne s'agit en aucune façon d'une montée par paliers où le choix d'un niveau déterminé aboutirait à un énoncé radicalement différent, mais bien d'une situation où toute modification, quelle qu'elle soit, de la courbe mélodique entraîne une modification parallèle et proportionnelle du sens de l'énoncé.

1-17. Les unités discrètes

Lorsqu'il s'agit, non plus de deux directions différentes de la courbe d'intonation, mais de deux phonèmes, la situation est tout autre. Les mots *pierre* /pier/ et *bière* /bier/ ne se distinguent que par l'emploi dans l'un du phonème /p/ là où l'autre a /b/. On peut passer insensiblement de l'articulation caractéristique de /b/ à celle de /p/ en réduisant progressivement les vibrations des cordes vocales. Physiologiquement donc, nous trouvons ici la même continuité sans accroc que nous avons constatée pour la montée de la voix. Mais tandis que tout changement dans la montée de la voix entraînait une modification minime peut-être mais réelle du message, rien de tel ne se produit dans le cas des vibrations qui caractérisent /b/ par rapport à /p/. Tant qu'elles restent perceptibles, le mot prononcé sera compris « bière ». Mais lorsque est atteint un seuil, qui peut d'ailleurs varier selon le contexte et la situation, l'auditeur comprendra « pierre », c'est-à-dire que l'initiale ne sera plus interprétée comme /b/, mais comme /p/. Le sens du message changera donc du tout au tout. Si le locuteur articule mal, ou s'il y a du bruit et que la situation ne facilite pas ma tâche d'auditeur, je pourrai hésiter à interpréter ce que j'entends comme *c'est une bonne bière* ou *c'est une bonne pierre*. Mais je devrai nécessairement choisir entre l'une ou l'autre interprétation. La notion d'un message intermédiaire ne fait aucun sens. De même qu'on ne peut rien concevoir qui soit un peu moins « bière » et un peu plus « pierre », on ne saurait envisager une réalité linguistique qui ne serait pas tout à fait /b/ ou serait presque /p/; tout segment d'un énoncé reconnu comme du français sera nécessairement identifiable OU comme /b/ OU comme /p/ OU comme un des 32 autres phonèmes de la langue. On résume tout ceci en disant que les phonèmes sont des unités **discrètes.** Ce caractère discret des phonèmes était naturellement impliqué dans l'indication donnée ci-dessus que les phonèmes sont en nombre fixe dans chaque langue. Notre graphie alphabétique, qui est à l'origine un calque de l'articulation phonématique, en a bien gardé le caractère discret : on peut, dans un texte manuscrit, hésiter à interpréter quelque chose comme un *u* ou comme un *n*, mais on sait qu'il s'agit nécessairement de *u* ou de *n*. La lecture implique l'identification de chaque lettre comme l'une d'un nombre déterminé d'unités pour chacune desquelles le compositeur d'imprimerie a une case particulière, et non point l'interprétation subjective du détail de la forme de chaque lettre individuelle. Un texte bien imprimé est un texte où les différences entre les *a* individuels successifs sont si minimes qu'elles ne troublent en rien l'identification de tous ces *a* comme la même unité graphique. Il en va de même avec les énoncés et les phonèmes :

l'énoncé sera d'autant plus clair que les réalisations successives d'un même phonème seront plus immédiatement identifiables comme la même unité phonique. Ceci rejoint ce qui a été dit ci-dessus de la solidarité qui unit le /m/ de *masse* et le /m/ de *mal*. Il s'agit en fait de la même unité comme le marque la transcription identique, unité que les sujets ont intérêt à réaliser de la même façon s'ils veulent faciliter la compréhension de ce qu'ils disent.

Les unités discrètes sont donc celles dont la valeur linguistique n'est affectée en rien par des variations de détail déterminées par le contexte ou diverses circonstances. Elles sont indispensables au fonctionnement de toute langue. Les phonèmes sont des unités discrètes. Des traits prosodiques comme les faits d'intonation présentés ci-dessus ne le sont pas. Mais d'autres faits prosodiques, caractérisés comme tels parce qu'ils ne s'intègrent pas à la segmentation phonématique, sont discrets comme les phonèmes : il s'agit des **tons** qui sont en nombre déterminé dans chaque langue : il n'y en a pas en français, ni dans la plupart des langues européennes; on en compte deux en suédois, quatre en chinois du nord, six en vietnamien.

1-18. Langue et parole, code et message

Lorsqu'on dit qu'une langue comporte 34 phonèmes, on veut dire que c'est au plus entre 34 unités de deuxième articulation que doit choisir le locuteur à chaque point de son énoncé pour produire le signifiant qui correspondra au message qu'il veut transmettre : /b/ et non /p/ ou /t/ ou tout autre phonème français à l'initiale de *bière* si je veux dire : *c'est une bonne bière*. Mais lorsqu'on dit qu'un énoncé comporte 34 phonèmes, on veut dire qu'il présente 34 tranches successives dont chacune est identifiable comme un phénomène déterminé sans impliquer que les 34 unités successives sont toutes des unités différentes : l'énoncé *c'est une bonne bière* /s et ün bòn bier/ comporte 12 phonèmes dans le sens qu'il présente douze tranches successives identifiables chacune comme un phonème déterminé; mais il utilise deux fois le phonème /n/, deux fois le phonème /b/, deux fois le phonème /e/

et ne fait donc usage que de neuf phonèmes différents. Ce qui est dit ici des phonèmes vaut également des unités linguistiques plus complexes, avec cette différence qu'on ne saurait dire combien une langue comporte de monèmes ou de mots : dans *le garçon a pris le verre*, il y a six monèmes successifs, mais seulement cinq monèmes différents.

Il est indispensable de distinguer soigneusement entre, d'une part, les faits linguistiques de tous ordres tels qu'ils apparaissent dans les énoncés, d'autre part, les faits linguistiques conçus comme appartenant à un répertoire dont dispose la personne qui cherche à communiquer. Ce n'est pas au linguiste en tant que tel de préciser où, chez le locuteur, se trouvent disponibles ces faits linguistiques, ni par quel processus ce locuteur est amené à faire un choix conforme à ses besoins communicatifs. Mais il lui faut nécessairement supposer l'existence d'une organisation psycho-physiologique qui, au cours de l'apprentissage de la langue par l'enfant, ou plus tard, s'il s'agit d'une langue seconde, a été conditionnée de façon à permettre l'analyse, selon les normes de cette langue, de l'expérience à communiquer et à offrir, à chaque point de l'énoncé, les choix nécessaires. C'est ce conditionnement qu'on appelle proprement la langue. Cette langue, certes, ne manifeste son existence que par le discours ou, si l'on préfère, par des actes de parole. Mais le discours, les actes de parole, ne sont pas la langue. L'opposition, qui est traditionnelle, entre **langue** et **parole** peut aussi s'exprimer en terme de **code** et de **message,** le code étant l'organisation qui permet la rédaction du message et ce à quoi on confronte chaque élément d'un message pour en dégager le sens.

Cette distinction, fort utile, entre langue et parole peut entraîner à croire que la parole possède une organisation indépendante de celle de la langue, de telle sorte qu'on pourrait, par exemple, envisager l'existence d'une linguistique de la parole en face de la linguistique de la langue. Or il faut bien se convaincre que la parole ne fait que concrétiser l'organisation de la langue. Ce n'est que par l'examen de la parole et du comportement qu'elle détermine chez les auditeurs que nous pouvons atteindre à une connaissance de la langue. Pour ce faire, il nous faudra faire abstraction de ce qui, dans la parole, est, comme le timbre de voix particulier à un individu, non linguistique, c'est-à-dire ne faisant pas partie des habitudes collectives acquises au cours de l'apprentissage de la langue.

1-19. Chaque unité suppose un choix

Parmi les faits linguistiques, il en est qui se révèlent par simple examen d'un énoncé et d'autres qu'on n'identifie que par la comparaison d'énoncés différents. Les uns et les autres sont des faits de langue. Soit un énoncé comme *c'est une bonne bière* /s et ün bòn bier/; si nous supposons réalisée l'analyse en monèmes et en phonèmes que reproduit la transcription, cet énoncé nous renseigne sur certains traits non négligeables de la structure de la langue : /bòn/ peut figurer après /ün/ et avant /bier/; le phonème /r/ peut figurer à la finale de l'énoncé et le phonème /n/ à la finale d'un monème; etc. Toutes ces latitudes font partie du complexe d'habitudes selon lequel l'expérience humaine s'analyse en français, et elles appartiennent à la langue. Elles ont sur d'autres traits l'avantage, pour le linguiste, de se révéler sur simple examen de la répartition respective des unités dans un énoncé. Cependant, si nous sommes à même de dire quelque chose sur les latitudes combinatoires de /bòn/, c'est que ce segment de l'énoncé a été reconnu comme représentant une unité particulière distincte de /ün/ et de /bier/. Pour arriver à ce résultat, il a fallu constater que /bòn/, dans ce contexte, correspondait à un **choix** spécifique entre un certain nombre d'épithètes possibles; la comparaison d'autres énoncés français a montré que dans les contextes où figure /bòn/ on trouve aussi /ekselãt/ *(excellente)*, /mòvez/ *(mauvaise)*, etc. Ceci indique que le locuteur a, plus ou moins consciemment, écarté tous les compétiteurs qui auraient pu figurer entre /ün/ et /bier/, mais qui ne se trouvaient pas convenir en l'occurrence. Dire de l'auditeur qu'il comprend le français implique qu'il identifie par expérience les choix successifs qu'à dû faire le locuteur, qu'il reconnaît /bòn/ comme un choix distinct de celui de /ün/ et de celui de /bier/, et qu'il n'est pas exclu que le choix de /bòn/ au lieu de /mòvez/ influence son comportement.

Il en va de même en ce qui concerne les phonèmes : si nous pouvons dire quelque chose des latitudes combinatoires de /n/ dans /bòn/, c'est que /n/ a été reconnu comme une unité distinctive particulière, distincte notamment du /ò/ qui le précède dans /bòn/. On a, ici aussi, constaté que /n/ correspond à un choix spécifique, le locuteur ayant dû, inconsciemment sans doute, écarter /t/ qui aurait donné /bòt/, c'est-à-dire un autre mot, *botte*, /s/ qui aurait donné /bòs/ *bosse*, /l/ qui aurait donné /bòl/ ou /f/ qui aurait donné le prononçable mais longtemps inexistant /bòf/.

Il est clair que tous les choix que fait le locuteur à chaque point de son discours ne sont pas des choix gratuits. C'est évidemment la nature de l'expérience à communiquer qui l'amène à choisir /bòn/ plutôt que /mòvez/, /bier/ plutôt que /limònad/; c'est parce que le sens réclame /bòn/ qu'il doit choisir à la finale /n/ au lieu de /t/, /s/ ou /l/. Mais existe-t-il des choix qui ne soient pas déterminés ? On ne doit pas croire que le choix des monèmes soit plus « libre » que celui des phonèmes.

1-20. Contrastes et oppositions

On aperçoit que les unités linguistiques, qu'elles soient signes ou phonèmes, sont entre elles dans deux types distincts de rapports: on a, d'une part, les rapports dans l'énoncé qui sont dits **syntagmatiques** et sont directement observables; ce sont, par exemple, les rapports de /bòn/ avec ses voisins /ün/ et /bier/ et ceux de /n/ avec le /ò/ qui le précède dans /bòn/ et le /ü/ qu'il suit dans /ün/. On a intérêt à réserver, pour désigner ces rapports, le terme de **contrastes**. On a, d'autre part, les rapports que l'on conçoit entre des unités qui peuvent figurer dans un même contexte et qui, au moins dans ce contexte, s'excluent mutuellement; ces rapports sont dits **paradigmatiques** et on les désigne comme des **oppositions** : *bonne*, *excellente*, *mauvaise*, qui peuvent figurer dans les mêmes contextes, sont en rapport d'opposition; il en va de même des adjectifs désignant des couleurs qui peuvent tous figurer entre *le livre...* et *....a disparu*. Il y a opposition entre /n/, /t/, /s/, /l/ qui peuvent figurer à la finale après /bò-/.

2
La description des langues

2-1. Comment fonctionne une langue donnée

Le langage, objet de la linguistique, n'existe que sous la forme de langues diverses. Le premier soin du linguiste sera donc d'étudier ces langues. Celles-ci nous sont apparues comme étant, avant tout, des instruments de communication. C'est donc dans leur fonctionnement qu'il conviendra tout d'abord de les observer et de les décrire. Il s'agira de préciser, pour chacune d'entre elles, la façon dont elle analyse l'expérience humaine en unités significatives et comment elle utilise les latitudes offertes par les organes dits de la parole.

2-2. Synchronie et diachronie

A quiconque aborde aujourd'hui la linguistique sans idées préconçues, il peut sembler normal qu'on commence l'étude d'un instrument dans son fonctionnement avant de rechercher comment et pourquoi cet instrument se modifie au cours du temps.

C'est un fait, cependant, que l'étude scientifique, non prescriptive, des langues s'est, pendant près d'un siècle, pratiquement limitée aux problèmes d'évolution. Nous retrouverons ces problèmes plus loin. On se contentera de rappeler ici que les langues se modifient sans jamais, pour cela, cesser de fonctionner, et qu'il y a des chances pour que la langue qu'on aborde, pour en décrire le fonctionnement, soit en cours de modification. Un instant de réflexion convainc d'ailleurs que c'est le cas pour toutes les langues à tout instant. Dans ces conditions, on se demandera s'il est possible de dissocier l'étude du fonctionnement de celle de l'évolution. Mais l'existence de modifications en cours ne se révèle guère à l'examen que par la comparaison des réactions des différentes générations en présence : 66 Parisiens nés avant 1920, réunis par le hasard, ont tous deux voyelles distinctes dans *patte* et *pâte*; parmi quelques centaines de jeunes Parisiennes nées après 1940, plus de 60 % ont, dans ces deux mots, une même voyelle /a/. On pourrait donc s'abstraire de toute évolution en limitant l'observation à l'usage d'une génération déterminée. Mais rien ne m'empêche, dans une description, de tenir compte du comportement linguistique des deux générations en présence : je sais, pour l'avoir maintes fois constaté, que les différences en cause n'empêchent pas le fonctionnement du français à la satisfaction générale entre adultes de plus de quarante ans et jeunes gens de moins de vingt ans; même si je ne retenais que l'usage des plus jeunes, il me faudrait tenir compte de celui de la minorité d'entre eux qui conserve la distinction traditionnelle et donner ainsi, des faits, une présentation qui n'exclurait pas l'usage des adultes. En fait, il convient que la description soit strictement **synchronique**, c'est-à-dire fondée exclusivement sur des observations faites pendant un laps de temps assez court pour pouvoir être considéré en pratique comme un point sur l'axe du temps. Il n'est pas impossible, il est même recommandé, dans une étude synchronique de relever les tendances évolutives de la langue en opposant les usages de différentes générations en présence. On dira dans ce cas qu'il s'agit d'une **synchronie dynamique**. On parlera de **diachronie** lorsqu'on confrontera les synchronies dynamiques successives de chaque langue.

2-3. Variété des usages

Les langues, on le sait, ne sont pas nécessairement identiques à elles-mêmes sur tout le territoire où elles se parlent. Les différences peuvent aller jusqu'à rendre aléatoires les tentatives de communication. On dira, dans ce cas, que la langue connaît plusieurs dialectes, et toute description devra spécifier de quel dialecte il est question. Mais il peut exister des divergences moins profondes qui n'affectent pas la compréhension mutuelle, celles qu'on constate, par exemple, entre le français d'un Toulousain et celui d'un Parisien : les Français du Midi, pour la plupart, ne distinguent pas entre *piqué* et *piquait*. Ici encore, le linguiste qui décrit le français contemporain aura un choix : il pourra soit exclure les usages méridionaux de sa description, soit constater que la distinction entre /-é/ et /-è/ n'est pas générale. Aucune communauté un peu vaste n'est linguistiquement homogène. Mais le descripteur, une fois son champ délimité à sa convenance, devra présenter les différences qu'il y constate comme les variantes d'un même usage, et non le fait de deux usages distincts.

2-4. Le « corpus »

La description synchronique n'est pas limitée aux langues contemporaines que l'on peut entendre et enregistrer. Rien n'empêche le linguiste de tenter une description du latin de Cicéron ou du vieil-anglais d'Alfred. Sa tâche sera, dans ce cas, plus complexe parce qu'il lui faudra retrouver, derrière la graphie, un système de phonèmes qu'elle ne reflète qu'imparfaitement. En revanche, son travail pourra être facilité du fait que les œuvres conservées de Cicéron ou d'Alfred forment un tout bien délimité qu'on soumet aisément à des traitements statistiques, ce qui permet de tirer des conclusions précises. Sans doute, les œuvres littéraires d'une période déterminée donnent nécessairement une idée incomplète de la langue ainsi attestée. Mais si tout autre accès à cette langue est impossible, on peut sans remords considérer ces documents comme pleinement représentatifs. Ces conditions de travail présentent de tels avantages qu'on est tenté de les recréer, lorsqu'on s'occupe d'un état de langue contemporain, en se constituant un « corpus », c'est-à-dire un recueil d'énoncés enregistrés au magnétophone ou pris sous la dictée. Une fois constitué, ce recueil, considéré comme intangible, ne reçoit plus d'additions, et la langue est décrite en fonction de ce qu'on y trouve. L'objection théorique qu'on peut faire à cette méthode du « corpus » est que deux chercheurs opérant sur une même langue, mais à partir de corpus différents, peuvent aboutir à des descriptions différentes de la même langue. L'objection pratique est qu'à tout moment le descripteur peut ressentir le besoin de compléter ou de vérifier son information et que, s'il se refuse à satisfaire ce besoin quand il le ressent, il écarte volontairement certains aspects de la réalité, nullement parce qu'ils ne sont pas pertinents, mais parce qu'ils lui avaient échappé tout d'abord.

2-5. La pertinence

Toute description suppose une sélection. Tout objet, quelque simple qu'il paraisse au premier abord, peut se révéler d'une complexité infinie. Or, une description est nécessairement finie, ce qui veut dire que seuls certains traits de l'objet à décrire pourront être dégagés. Ceux que relèvent deux personnes différentes ont toutes chances de ne pas être les mêmes. En face du même arbre, un observateur notera la majesté de son port et le caractère imposant de ses frondaisons; tel autre retiendra les craquelures du tronc et le chatoiement du feuillage; un troisième s'essayera aux précisions chiffrées; un quatrième indiquera la forme caractéristique de chaque organe. Toute description sera acceptable à condition qu'elle soit cohérente, c'est-à-dire qu'elle soit faite d'un **point de vue déterminé.** Une fois ce point de vue adopté, certains traits, dits **pertinents,** sont à retenir : les autres, non pertinents, doivent être écartés résolument. Il est clair que, du point de vue du scieur de long, la couleur ou la forme des feuilles ne sont pas pertinentes, non plus que, du point de vue du peintre, le pouvoir calorifique du bois. Chaque science présuppose le choix d'un point de vue particulier : seuls pertinents en arithmétique sont les nombres, en géométrie les formes, en calorimétrie les températures. Il n'en va pas autrement en matière de description linguistique. Soit une fraction quelconque d'une chaîne parlée; on peut la considérer comme un phénomène physique, une suite de vibrations que l'acousticien enregistrera grâce à ses machines et qu'il décrira en termes de fréquence et d'amplitude. Un physiologiste en pourra examiner la production; il notera quels organes entrent en jeu et de quelle façon. Ce faisant, l'acousticien et le physiologiste contribueront probablement à faciliter la tâche du descripteur, mais, pas un seul instant, ils n'auront amorcé le travail du linguiste.

2-6. Choix et fonction

Celui-ci ne commence qu'au moment où, parmi tous les faits physiques ou physiologiques, on fait le départ entre ceux qui contribuent directement à l'établissement de la communication et les autres. Les éléments retenus sont ceux qui, dans le contexte où on les trouve, auraient pu ne pas figurer, ceux donc que le locuteur a employés là **intentionnellement** et auxquels l'auditeur réagit parce qu'il y reconnaît une intention communicative de son partenaire. En d'autres termes, seuls les éléments porteurs d'informations sont pertinents en linguistique : si dans l'énoncé *prends le livre!* le linguiste distingue trois unités de première articulation, c'est qu'il y constate trois **choix** : *prends* au lieu de *donne*, *jette*, *pose*, etc., *le* au lieu de *un*, *livre* au lieu de *cahier*, *canif* ou *verre*; si dans *mille* /mil/ on distingue trois phonèmes, c'est qu'on y note trois choix successifs /m/ au lieu de /b/ (qui donnerait : *bile*), /p/ (qui donnerait : *pile*), /v/ (*ville*), etc., /i/ au lieu de /a/ (*mal*), /ò/ (*molle*), /u/ (*moule*), etc., /l/ au lieu de /z/ (*mise*), /r/ (*mire*), /s/ (*miche*), ou encore zéro (*mie*).

Le mot espagnol *mucho*, qui, physiquement, s'analyse correctement comme [mutšo], ou comme [oštum] si l'on reproduit un enregistrement à l'envers, sera analysé en quatre et non en cinq phonèmes successifs, car, en espagnol, le son [š] entraîne nécessairement un [t] précédent, de telle sorte que [tš] représente un choix, et non deux choix successifs.

Linguistiquement sont donc seuls pertinents les éléments de la chaîne parlée dont la présence n'est pas automatiquement entraînée par le contexte où ils apparaissent, ce qui leur confère une fonction d'information. C'est du fait de sa **fonction** qu'un élément de l'énoncé est considéré comme linguistique, et, comme nous le verrons, c'est selon la nature de cette fonction qu'on le classera parmi les autres éléments retenus. Ce serait une erreur de croire que le linguiste ne s'intéresse pas à la réalité physique des sons. Ce dont il fait abstraction, c'est ce qui normalement échappe au contrôle du locuteur, comme le timbre particulier de sa voix, ou les chevauchements qui résultent de l'inertie des organes qui ne s'adaptent pas assez vite aux besoins distinctifs successifs : dans *longuement*, /lõgmã/, les résonances nasales pertinentes de /õ/ rejoignent celles, pertinentes aussi, de /m/, nasalisant au passage le segment /g/ qui se prononce [ŋ] sans cesser, pour cela, d'être le phonème /g/.

2-7. Eliminer le sens?

Certains linguistes se sont fixé comme idéal la mise au point d'une méthode de description qui ne ferait pas intervenir le sens des unités significatives. Ceci donnerait plus de rigueur à la linguistique, en éliminant un domaine où l'expérience montre qu'il n'est pas facile d'ordonner les faits. Un peu d'ingéniosité en la matière permet sans doute d'aller assez loin dans ce sens : supposons que le français ne soit connu que par un vaste corpus recueilli sur des bandes sonores et dont nous supposons réalisée l'analyse en phonèmes. Le descripteur aura tôt fait de repérer certains segments que l'on retrouve dans des contextes différents, par exemple /kaje/ (*cahier*) dans les contextes /œ̃kajever/ (*un cahier vert*) et /lekaježón/ (*les cahiers jaunes*). Une fois réalisée sur ces bases une analyse du texte en monèmes successifs, on classerait ensemble ceux qui apparaissent dans les mêmes contextes : il y aurait par exemple la classe des monèmes qui sont fréquemment suivis de /è/, /ré/, /ra/, /rõ/, etc. (c'est-à-dire, *-ais*, *-ait*, *-aient*, *-rai*, *-ras*,

-ra, *-rons*, *-ront*, etc.), parmi lesquels, /dòn/ (*donn-*, *donne-*), /kur/ (*cour-*), /revej/ (*réveille-*), etc. On aurait ainsi isolé ce que nous considérons comme les radicaux verbaux de la langue, et des considérations statistiques permettraient probablement de leur attribuer la fonction prédicative que nous leur connaissons. On parviendrait ainsi à une analyse intégrale de la langue qui permettrait d'établir une grammaire et même un lexique auquel ne manqueraient que les définitions de nos dictionnaires. En fait, aucun linguiste ne semble s'être avisé d'analyser et de décrire une langue à laquelle il ne comprenait rien. Selon toute vraisemblance, une telle entreprise réclamerait, pour être menée à bien, une consommation de temps et d'énergie qui a fait reculer ceux-là mêmes qui voient dans cette méthode la seule qui soit théoriquement acceptable. Lorsqu'on sait que /kaje/ dans *le grand cahier* désigne un certain objet, et que /kaje/ dans *le lait caillé* indique un état particulier de certains liquides, on ne perd pas son temps à rechercher si /lè/ (*lait*) n'est pas ici une unité appartenant à la même classe que /grã/ *(grand)* c'est-à-dire un adjectif, ce qui permettrait d'identifier /kaje/ dans les deux contextes. On ne saurait donc recommander une méthode qui fait totale abstraction du sens des unités significatives, mais il n'en faut pas moins se prémunir contre les dangers auquels on s'expose lorsqu'on aborde sans précautions le domaine sémantique.

2-8. La forme, garantie du caractère linguistique

Ces dangers, lorsqu'on opère sur sa « propre langue », sont ceux que comporte l'utilisation de l'introspection : puisque je parle français et que le mot *maison* est un mot français, je n'ai qu'à rechercher en moi-même ce que représente le mot *maison*, et je déterminerai ainsi le sens de ce mot. Malheureusement lorsque j'essaie de voir ce qu'il évoque pour moi, une image apparaît, plus ou moins composite, dont je suis sûr, par certains de ses traits, qu'elle n'est pas celle que le mot évoquera chez toute autre personne. Il est donc clair que cette image, qui d'ailleurs varie chez moi d'un instant à un autre, ne saurait être considérée comme le « sens » du mot, bien commun de tous les sujets de langue française. Tout ce que je sais du sens de *maison* c'est qu'un certain type d'expérience est associé chez moi au signifiant /mezõ/ ou à son substitut graphique *maison* et que cette même association existe chez les autres personnes de langue française. La preuve m'en est fournie par leur comportement, y compris leur comportement linguistique selon lequel *maison* figure exactement dans les contextes où je pourrais le placer moi-même. Il faut noter que la vue d'une *maison* ne déclenche pas automatiquement le processus linguistique qui lui est associé et que, parallèlement, l'emploi du mot *maison* n'entraîne pas nécessairement l'évocation d'une expérience vécue. Il est même vraisemblable qu'il n'y a rien de tel dans la plupart des cas et qu'un énoncé ne s'accompagne pas, en général, d'une série d'évocations ou de prises de conscience correspondant à chacune des unités significatives successives. Ceci ne serait guère compatible avec la rapidité du discours. Mais ce n'est pas au linguiste à se prononcer en la matière. Il se contentera, pour sa part, de dire que rien ne peut être reconnu comme faisant partie de la langue qui ne soit commun à plusieurs sujets. Ceci vaut du sens comme de toute autre chose et exclut l'introspection comme méthode d'observation puisqu'elle ne peut jamais atteindre qu'une seule personne qui, d'ailleurs, étant en même temps observateur et objet observé, se trouve dans les conditions les plus défavorables pour poursuivre une recherche impartiale. Ce qui est, tout ensemble, commun à plusieurs sujets et directement observable, ce sont leurs réactions, linguistiques et non linguistiques, aux messages phoniques qui établissent la communication. Il n'y aura donc aucun « sens » en linguistique qui ne soit impliqué formellement dans le message phonique; **à chaque différence de sens correspond nécessairement une différence de forme** quelque part dans le message. On pourrait nous objecter les cas d'homonymie. Mais un segment comme *cousin* /kuzẽ/ n'a proprement aucun sens hors de contextes formellement différents (*mon cousin Charles m'a écrit*, *les cousins ne résistent pas au fly-tox*) qui établissent sa valeur, soit comme une sorte de parent, soit comme un insecte.

Ceci a d'importantes conséquences qu'il ne faudra jamais

perdre de vue : d'une part, un élément linguistique n'a réellement de sens que dans un contexte et une situation donnés; en soi, un monème ou un signe plus complexe ne comporte que des virtualités sémantiques dont certaines seulement se réalisent effectivement dans un acte de parole déterminé : pour reprendre l'exemple de *maison*, dans les actes de parole *Madame n'est pas à la maison, il représente une maison de commerce, il lutta contre la Maison d'Autriche*, le contexte fait apparaître dans chaque cas certaines virtualités et rejette les autres dans l'ombre. D'autre part, aucune unité, grammaticale ou lexicale, ne pourra être attribuée à une langue si elle n'y correspond pas à des différences phoniques qui la caractérisent et l'opposent aux catégories du même type : on ne saurait, par exemple, parler d'un subjonctif dans une langue où l'on ne dispose pas de formes de subjonctif distinctes des formes de l'indicatif, comme *je sache* est distinct de *je sais*.

2-9. Dangers de la traduction

Lorsqu'on opère sur une langue qu'on connaît imparfaitement, on ne prend conscience du sens des unités significatives qu'en les traduisant dans « sa propre langue ». Le danger, dans ce cas, est qu'on peut être tenté d'interpréter la langue décrite en fonction de celle dans laquelle on traduit. Si, pour une même forme de l'autre langue, j'ai en français, « je sais » dans un cas, « je sache » dans un autre, je me laisserai peut-être aller à parler dans le premier cas d'indicatif, dans le second de subjonctif, c'est-à-dire que j'attribuerai à la langue étrangère des traits de la langue dont je me sers pour la décrire. Cependant, si la première répond toujours par des formes identiques aux indicatifs et aux subjonctifs du français, lui attribuer un subjonctif serait aussi déplacé que si un Allemand insistait pour distinguer entre un nominatif *l'homme* et un accusatif *l'homme* sous prétexte que, dans un cas, il dit *der Mann*, dans l'autre *den Mann*. On n'a pas le droit de parler de singulier et de pluriel lorsqu'on traite d'une langue où l'on ne trouve pas de pluriels formellement distincts de singuliers correspondants. Il convient donc de prendre conscience des dangers auxquels nous expose la nécessité, pour comprendre une autre langue, de traduire chaque énoncé dans la nôtre, c'est-à-dire de réarticuler l'expérience étrangère selon le modèle qui nous est familier. Il faut, dès l'abord, poser en principe que nous ne sommes assurés de retrouver, dans une langue dont nous abordons l'examen, aucune des distinctions, aucune des unités, phonologiques ou grammaticales, auxquelles nous a habitués notre expérience linguistique antérieure. En revanche, il faut nous attendre à y rencontrer, formellement exprimées, des distinctions que nous n'aurions pu imaginer. Il ne faudra s'étonner ni de l'absence d'expression grammaticale du temps, de l'indifférence quant à la voix active ou passive, de l'inexistence de genres, ni de l'obligation pour les sujets de distinguer entre un « nous » qui inclut l'interlocuteur et un « nous » qui l'exclut ou entre des formes verbales désignant ce qui est visible et d'autres qui s'emploient en référence à ce qui n'est pas dans le champ du regard. On ne devra pas poser en principe que toute langue opère avec un sujet de la proposition, connaît des adjectifs et distingue le verbe du nom. En bref, puisque nous avons convenu d'appeler « langue » tout ce qui correspondait à une certaine définition (cf. 1-14), nous nous devons de **ne pas postuler l'existence, dans une langue, de quelque chose qui ne figure pas, de façon explicite ou implicite, dans notre définition.**

2-10. On commencera par la deuxième articulation

Lorsqu'on envisage la langue dans son fonctionnement comme outil de communication, il est normal qu'on désigne comme la première articulation celle selon laquelle s'analyse l'expérience à communiquer, et comme la seconde articulation celle des signifiants en phonèmes successifs. Mais il ne faut pas oublier que, dans la communication linguistique, on « signifie » quelque chose qui n'est pas manifeste au moyen de quelque chose qui l'est. Il est donc normal que le descripteur, qui procède par examen des faits observables, parte de ce qui est manifeste, les signifiants, pour remonter à ce qui ne l'est pas. Or les signifiants seront nécessairement décrits en termes de leurs composants phoniques, phonèmes et autres traits distinctifs éventuels. C'est pourquoi il est normal que la description d'une langue commence par un exposé de sa phonologie, c'est-à-dire qu'apparaisse en premier lieu ce que nous avons appelé la deuxième articulation. Ce sont donc les conditions et les méthodes de l'analyse phonologique que nous examinerons tout d'abord.

2-11. La phonétique articulatoire

C'est en référence à la façon dont ils sont réalisés au moyen des « organes de la parole » que seront identifiés ci-dessous les traits phoniques pertinents et que seront décrites les variantes des unités phonologiques. On pourrait utiliser aux mêmes fins les ondes sonores produites par le jeu de ces organes. Mais la phonétique articulatoire reste plus familière à la plupart des linguistes et, en général, elle permet de mieux percevoir la causalité des changements phonétiques. On rappellera ici le fonctionnement des organes qui contribuent à la production des sons de la parole.

2-12. Les notations

On symbolise les sons du langage au moyen de lettres et de signes divers auxquels on attribue une valeur conventionnelle. Il existe de nombreux systèmes de notation phonétique qui, généralement, s'adressent à des publics différents. Les symboles qu'on utilise ici sont, le plus souvent, ceux que recommande l'*Association phonétique internationale*. Une notation (on dit souvent, à tort, une transcription) phonétique marque toutes les différences que perçoit l'observateur ou celles sur lesquelles il désire, pour une raison quelconque, attirer l'attention. Elle se place entre crochets carrés : [mutšo], [oštum]. Une notation phonologique ne marque que les traits qu'une analyse de la langue a révélé distinctifs ou, plus généralement, dotés d'une fonction linguistique. Elle se place entre deux barres obliques : /mučo/.

2-13. L'air en mouvement

Les sons de la parole résultent généralement de l'action de certains organes, dits « organes de la parole », sur une colonne d'air venant des poumons. Il se peut toutefois que l'air qui agit sur les organes ne provienne pas directement des poumons, mais soit celui qui a été emmagasiné, puis comprimé entre deux points du chenal expiratoire. Il peut également se produire que la pression de l'air soit moindre à l'intérieur de la bouche qu'à l'extérieur; dans ce cas le mouvement de l'air pourra se faire non plus de l'intérieur vers l'extérieur, mais de l'extérieur vers l'intérieur. En pratique, on a cependant intérêt à considérer comme normaux les sons qui résultent d'une expiration d'air venu des poumons. Ces sons existent dans toutes les langues et beaucoup de langues n'en connaissent pas d'autres. Lorsque, dans ce qui suit, nous ne préciserons pas la source de l'air en mouvement, il faudra comprendre qu'il s'agit des poumons.

2-14. La glotte

Le premier organe qui peut faire obstacle au passage de l'air pulmonaire est la glotte, qui se trouve à la hauteur de la « pomme d'Adam ». La glotte est formée de deux replis musculaires des parois de la trachée. Ces replis sont désignés comme les **cordes vocales.** Lorsqu'elles se rapprochent, les cordes vocales peuvent obturer complètement le passage de l'air. C'est ce qui se produit avant la toux. Pendant la respiration, les cordes vocales sont largement écartées et l'air passe librement à travers la glotte dans les deux sens. Dans la parole, il est fréquent que les cordes vocales soient en contact et qu'elles entrent en vibration sous la pression de l'air expiré. Le son qui résulte des vibrations de la glotte s'appelle la **voix.**

2-15. La voix

La voix accompagne presque nécessairement certaines articulations buccales qui sont, par elles-mêmes, trop peu bruyantes pour être perçues dans des conditions normales. C'est notamment le cas pour les **voyelles,** qui représentent la voix diversement teintée par le volume et la forme variable de la cavité buccale, avec ou sans intervention des fosses nasales. Mais la voix peut également accompagner un bruit assez caractérisé pour être perceptible sans son aide : l'initiale de *saute* consiste en un frottement bien perceptible sans le support de la voix; l'initiale de *zone* présente le même frottement, mais accompagné de la voix. On dit que le [s] de *saute* est **sourd,** alors que le [z] de *zone* est **sonore** ou **voisé.** Le timbre plus ou moins grave ou aigu de la voix dépend d'abord de la longueur des cordes vocales : les femmes, dont la glotte est moins longue que celle des hommes, ont une voix naturellement plus aiguë. Il dépend, d'autre part, du degré de tension des cordes vocales, tension que le locuteur peut faire varier à sa guise. C'est lui qui constitue la mélodie de la parole. Les utilisations linguistiques de cette mélodie seront longuement examinées ci-dessous (§§ 3-24 à 32).

2-16. Le pharynx

On nomme « larynx » la partie du chenal expiratoire qui se trouve au niveau de la pomme d'Adam. Un peu plus haut, la trachée débouche dans une cavité, le pharynx, qu'on peut désigner aussi comme l'arrière-bouche. Lorsqu'on regarde le fond de sa bouche dans un miroir, on aperçoit, tout à fait à l'arrière, la paroi postérieure du pharynx; le palais, qui forme la voûte de la bouche, se termine, vers le pharynx, par un repli de muqueuse, dit voile du palais, qui forme deux arcs séparés, au milieu de l'espace buccal, par une languette qui est la luette (en latin *uvula,* d'où l'adjectif « uvulaire » pour désigner les produits phoniques résultant d'une action de la luette). Le pharynx communique avec les fosses nasales tant que le voile du palais ne vient pas s'appliquer contre sa paroi postérieure. C'est de la zone inférieure et postérieure du pharynx que part l'œsophage. On a intérêt à concevoir le pharynx comme un passage à niveau : ce qui correspond à la route sur laquelle les voitures circulent tant que les barrières ne sont pas abaissées est représenté par le chenal respiratoire proprement dit qui commence avec les fosses nasales, et se continue, au-delà du pharynx, par la trachée vers les poumons; ce qui correspond au chemin de fer est la voie alimentaire qui commence avec la bouche et continue, au-delà du pharynx, par l'œsophage vers l'estomac ; le bol alimentaire, poussé par la langue vers l'arrière et le bas correspond au train qui ne passe qu'une fois fermées les barrières qui stoppent la circulation sur la route, c'est-à-dire, ici, le passage de l'air. Ces barrières sont d'une part le voile du palais qui se relève comme on l'a décrit ci-dessus, d'autre part l'épiglotte qui vient recouvrir l'orifice de la trachée et qui empêche les particules alimentaires de s'égarer dans le larynx. L'épiglotte et l'œsophage ne semblent guère intervenir dans le fonctionnement de la parole. Lorsqu'on parle, le voile du palais est soit relevé, soit abaissé. S'il est abaissé, une partie de l'air expiré passe par les fosses nasales et s'écoule à l'extérieur sans rencontrer d'obstacles. Cet air sera perdu pour la bouche, qui est le lieu où la plupart des sons prennent leur aspect caractéristique. Les sons seront donc mieux différenciés si la colonne d'air tout entière arrive à la bouche, c'est-à-dire si le voile du palais est relevé. C'est pourquoi, dans la parole, cette position de l'organe est nettement plus fréquente que celle qui permet le passage de l'air du pharynx aux fosses nasales.

2-17. Les voyelles

Dans le parler normal, les voyelles sont de la voix répercutée dans les cavités formées par les parties supérieures du chenal expiratoire. C'est essentiellement le volume et la forme de la cavité buccale qui donnent son timbre caractéristique à une voyelle. Ce volume et cette forme dépendent en pratique de trois facteurs : la position de la langue, celle des lèvres et le degré d'ouverture de la bouche. Le plus souvent, la langue se masse, soit à l'avant, soit à l'arrière de la cavité buccale. Lorsqu'elle se masse **à l'avant,** elle laisse entre elle et les lèvres un volume d'air assez restreint. Si, au même instant, les lèvres se rétractent autant que possible, la **cavité** comprise entre la langue et les lèvres est réduite au **minimum.** Lorsque, au contraire, la langue se masse **vers l'arrière** de la bouche, elle laisse entre elle et les lèvres une cavité assez vaste. Si, au même instant, les lèvres se projettent en avant autant que possible, la **cavité** comprise entre la langue et les lèvres atteint son **maximum** d'ampleur. La différence entre cavité minima et cavité maxima n'a plus de sens si l'on s'efforce d'ouvrir la bouche toute grande, comme lorsqu'on montre sa gorge au médecin : dans ce cas la langue s'écarte au maximum du palais, les lèvres sont aussi éloignées l'une de l'autre qu'il est possible, et il ne saurait plus être question qu'elles contribuent à limiter une cavité. La voyelle formée avec la bouche grande ouverte (comme dans *pas*) est notée [a]. Lorsque la bouche est fermée au maximum compatible avec la production d'une voyelle (absence de friction), on obtient la voyelle [i] (dans *ici*) pour la cavité minima (lèvres rétractées et langue massée vers l'avant), la voyelle notée [u] (*ou* de *coucou*) pour la cavité maxima (lèvres poussées vers l'avant et arrondies, langue massée vers l'arrière). On peut donc dire que [i] est une voyelle **fermée, antérieure** et **rétractée** et que [u] (fr. *ou*) est une voyelle **fermée, postérieure** et **arrondie.** La voyelle [a] peut être dite **ouverte.**

2-18. Degrés d'ouverture des voyelles

Les voyelles [i] et [u] sont les plus fermées, chacune de son type. Lorsque l'ouverture de la bouche est supérieure à celle de [i] et de [u] et inférieure à celle de [a], il reste possible de distinguer entre une voyelle antérieure et rétractée notée [e] (*e* d'esp. *peso*) et une voyelle postérieure et arrondie notée [o] (*o* d'esp. *moza*). On peut également envisager quatre degrés différents d'ouverture vocalique supposés équidistants : un premier, maximum, pour [a], un deuxième avec une antérieure rétractée notée [ɛ] (*è* de *près*) et une postérieure arrondie notée [ɔ] (*o* de *botte*), un troisième avec [e] (ou plus spécifiquement [ẹ]; *é* d'*été*) et [o] (ou plus spécifiquement [ọ]; *o* de *métro*), et un quatrième avec [i] et [u]. On peut naturellement concevoir une infinité de différents degrés d'ouverture entre [a] d'une part, [i], [u] d'autre part. Pour décrire l'anglais, il est utile de distinguer un [æ] (dans *cat*) plus ouvert que [ɛ] et un [ɒ] (dans *not*) plus ouvert que [ɔ], l'un et l'autre moins ouverts que [a]. En français, on distingue traditionnellement entre un [a] d'avant (dans *patte*) noté [a], et un [a] d'arrière (dans *pâte*) noté [ɑ].

2-19. Types vocaliques intermédiaires

La poussée de la masse de la langue en avant peut se combiner avec la poussée en avant et l'arrondissement des lèvres. On obtient ainsi une cavité moyenne située vers l'avant. Le résultat, pour le plus faible degré d'ouverture, est ce qu'on note [y] ou [ü] (*u* de *pur*); correspondant à [e] et [o], on a la voyelle notée [ø] ou [ö] (fr. *peu*) et, avec le degré d'ouverture de [ɛ] et [ɔ], on trouve [œ] (fr. *peur*).

La poussée de la masse de la langue vers l'arrière peut se combiner avec une rétraction des lèvres. On obtient dans ce cas une cavité moyenne située vers l'arrière. Le résultat, pour le plus faible degré d'ouverture, se note [ɯ]; c'est la voyelle noté *î* dans le roumain *mînă* « main »; la voyelle notée *ă* dans le même mot est de même type et correspond à un degré d'ouverture intermédiaire entre celui de [ɯ] et celui de [a].

2-20. Voyelles moyennes, neutres et centralisées

Outre les voyelles caractérisées par des articulations extrêmes (rétraction maxima, poussée maxima vers l'avant, etc...), on rencontre des articulations moyennes de natures diverses qu'on peut caractériser en référence à celles qui ont été décrites ci-dessus; la voyelle du russe *byl*, par exemple, a le même degré de fermeture que [i] et [u], les lèvres sont rétractées comme pour [i], mais le point le plus élevé de la masse de la langue n'est ni très en avant comme pour [i] ni très en arrière comme pour [ɯ]. Une voyelle est dite neutre lorsqu'elle n'est ni très fermée, ni très ouverte, ni franchement antérieure ou postérieure, ni rétractée, ni arrondie. La voyelle neutre se note [ə]. C'est celle qu'on entend lorsqu'on hésite sur ce qu'on va dire (*heu... heu*) ou à la finale d'anglais *villa* et d'allemand *Gabe*. Une voyelle dont l'articulation tend vers celle de la voyelle neutre est dite centralisée.

2-21. Voyelles tendues et voyelles lâches

Selon que la voyelle s'articule avec une grande tension des organes, et notamment de la langue, ou avec une relative mollesse, elle est dite tendue ou lâche. C'est là l'essentiel de la différence entre fr. *sic*, *soute*, avec les voyelles tendues [i] et [u], et angl. *sick*, *soot* avec les voyelles lâches [ɪ] et [ʊ]. La voyelle lâche suggère en fait un timbre plus ouvert et une personne peu avertie peut prendre un [ɪ] pour un [e], un [ʊ] pour un [o]. La distinction n'a guère de valeur que pour les voyelles les plus fermées.

2-22. Voyelles nasales

Dans le cas de toutes les voyelles décrites jusqu'ici, nous avons supposé que le voile du palais était relevé et concentrait dans la cavité buccale tout l'air venu des poumons. Toutefois l'abaissement du voile qui permet à une partie de l'air de s'échapper par le nez n'empêche pas l'articulation des voyelles. Il y ajoute des résonances nasales particulières; mais, en privant la bouche d'une partie de l'air disponible, il atténue la netteté des différences entre les diverses articulations vocaliques. Le français connaît des voyelles nasales dans *vin*, *un*, *vent*, *fond*.

Une langue n'a pas nécessairement les mêmes timbres pour ses voyelles nasales et ses voyelles non nasales, dites aussi orales : la voyelle de *vin* est la version nasale d'une voyelle [æ] qui n'existe pas comme voyelle orale en français. Les voyelles nasales se notent au moyen du tilde ([˜]) placé au-dessus du signe désignant la voyelle orale correspondante. Les mots à nasales cités ci-dessus se notent [væ̃], [œ̃], [vã], [fõ].

2-23. Durée des voyelles

Lorsque la durée d'une voyelle est sensible, on dit que la voyelle est longue. La durée de l'articulation vocalique dépend souvent du contexte; mais il n'est pas rare que deux segments vocaliques ne diffèrent que par leur durée : chez beaucoup de Français, la voyelle de *maître* a une durée plus considérable que celle de *mettre*; on notera la première [ɛˑ], [ɛ:] ou [ɛ̄] et la seconde [ɛ] ou, si l'on veut attirer l'attention sur sa brièveté, [ɛ̆]. Lorsqu'une langue distingue des voyelles longues et des voyelles brèves, il n'est pas rare que les longues soient plus tendues et les brèves plus lâches. C'est le cas en allemand du nord où *ihm* se prononce avec un [i˙] long et tendu, *im* avec un [ɪ] bref et lâche. Les voyelles longues sont également exposées à être diphtonguées, ce qui veut dire qu'au cours de leur émission, les organes modifient graduellement leur position; c'est ainsi que les sons anglais qu'on trouve parfois notés [i˙] et [e˙] sont le plus souvent articulés respectivement [ɪi] et [ei] (dans *feed* et *fake* par ex.), c'est-à-dire qu'en fait, la bouche se ferme graduellement du début de l'émission jusqu'à la fin.

2-24. Les consonnes

On nomme consonnes les sons qui se perçoivent mal sans le soutien d'une voyelle précédente ou suivante.

Une **occlusive** est une consonne qui suppose une fermeture du chenal expiratoire. On peut percevoir le relâchement brusque de cette fermeture devant la voyelle suivante : dans [pa], la fermeture des lèvres se relâche sous forme d'une explosion devant la voyelle [a] qui suit. Mais on peut également percevoir le bruit produit par cette fermeture lorsqu'elle interrompt une voyelle précédente : ce qu'on perçoit dans [ap] est essentiellement la brusque interruption du [a] par l'occlusion des lèvres. Comme il n'y a pas d'explosion sans occlusion préalable, occlusion perçue dans [ap] et non perçue dans [pa], celui qui parle ne penserait pas à distinguer entre le [p] explosif de [pa] et le [p] « implosif » de [ap].

Une consonne qui comporte un resserrement du chenal expiratoire qui ne va pas jusqu'à la fermeture est dite **fricative** si le frottement de l'air au niveau du resserrement est nettement perçu. On parle également, dans ce cas, de constrictive. Lorsque la lèvre inférieure se rapproche des dents d'en-haut et que l'air qui s'échappe de la bouche frotte contre les deux côtés de l'étranglement ainsi formé, on obtient la fricative qui s'entend à l'initiale de *fou*.

On a intérêt à parler de **spirantes** lorsque, dans le cas d'un resserrement du chenal, on perçoit plutôt des résonances qu'un frottement : au *z* d'esp. *caza* correspond une fricative, au *d* de *cada* une spirante.

Dans le cas où l'air expiré contourne un obstacle central, on parle de **latérales**; l'obstacle est le plus souvent la pointe de la langue qui touche un point de la voûte de la bouche, tandis que l'air s'échappe de chaque côté; c'est le son qu'on perçoit à l'initiale de *lac*. Les **vibrantes** résultent de la vibration d'un organe sous la pression de l'air expiré; on entend une vibrante à l'initiale d'ital. *raro*, esp. *raza* et, chez ceux qui roulent leur r, au début de fr. *rang*.

On groupe souvent fricatives, spirantes, latérales et vibrantes sous la désignation de **continues**; par opposition, les occlusives sont dites alors **momentanées** : rien n'empêche, en effet, de prolonger l'articulation de la fricative à l'initiale de *fou*, alors que ceci n'est pas possible pour le [p] de [pa].

En principe, chacun des types consonantiques décrit ci-dessus peut être réalisé à différents points des organes de la parole. Ceci est surtout vrai des occlusives, des fricatives et des spirantes. Nous allons ci-après passer en revue les différentes productions consonantiques des différents organes. Nous commencerons par les organes dont il est le plus facile d'observer les mouvements.

2-25. Les labiales

On appelle labiales les productions phoniques qui font intervenir les lèvres ou, tout au moins, la lèvre inférieure. On distinguera les **bilabiales,** pour lesquelles les deux lèvres sont actives, et les **labio-dentales** dans la production desquelles interviennent la lèvre inférieure et les dents d'en haut.

Les occlusives bilabiales se notent [p] si elles sont sourdes, c'est-à-dire non accompagnées de vibrations glottales; elles se notent [b] si elles sont sonores, c'est-à-dire accompagnées de la voix. Articulée avec le voile du palais abaissé de façon que l'air puisse s'échapper par les fosses nasales, l'occlusive bilabiale (généralement sonore) notée par [m] est dite nasale; ce n'est plus une momentanée, mais une continue puisqu'on peut faire durer le son avant l'explosion.

Lorsque l'air s'échappe entre les deux lèvres rapprochées, la friction est peu audible et le produit se caractérise mieux comme

SCHÉMA DES ARTICULATIONS INTRABUCCALES

(les organes qui n'interviennent pas dans la phonation ne sont pas indiqués)

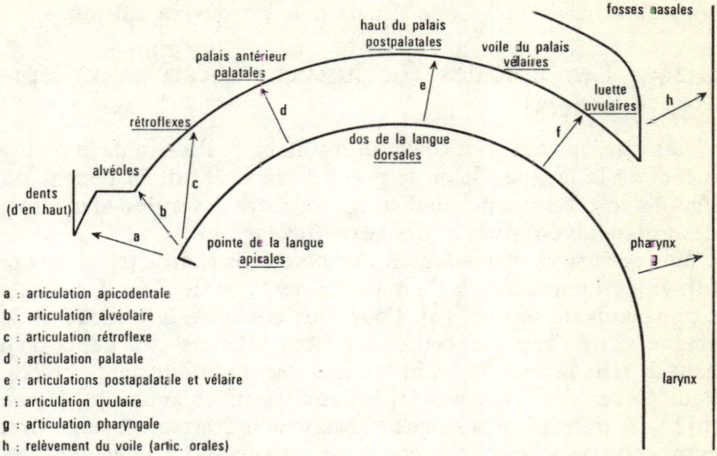

spirant que comme fricatif. Une grande tension des lèvres réclamerait probablement beaucoup plus d'énergie que celle qui est normalement disponible pour l'articulation des sons de la parole. La sourde, qui se note [φ], est rare et instable, car elle n'a, pour s'imposer à l'ouïe des auditeurs, ni vraie friction, ni vibrations glottales pour la soutenir. Que l'articulation labiale se relâche un peu, et ce qu'on percevra ne sera plus causé par l'air qui s'échappe au niveau des lèvres, mais par celui qui passe à travers la glotte, et [φ] deviendra ce qu'on appelle une aspiration et qu'on note [h]. La sonore, qui se note [β] et s'entend entre les deux voyelles d'esp. *saber*, est plus perceptible du fait de la voix qui l'accompagne.

Les fricatives labiales vraiment stables sont les labio-dentales, la sourde [f] et la sonore [v], dont la production a été décrite ci-dessus (§ 2-24). Du fait des interstices entre les dents, une occlusion labio-dentale est difficilement réalisable. On constate donc que la position des organes qui est la plus recommandée pour l'articulation fricative, ne vaut rien pour l'occlusion et, vice versa, que la position favorable à l'occlusion ne permet pas de produits fricatifs satisfaisants. Cette situation se retrouvera ailleurs.

2-26. Les apicales (occlusives, fricatives et spirantes)

Les sons apicaux sont ceux qui résultent de l'action de la pointe (*apex*) de la langue. Selon le point de la voûte de la bouche où s'applique cette pointe, on distinguera entre des **apico-dentales,** des **apico-alvéolaires** et des **rétroflexes.**

Les occlusives apico-dentales se notent, la sourde [t], la sonore [d]. Elles s'entendent à l'initiale de *temps* et de *dent*. La nasale correspondante se note [n]. Pour tous ces sons, la tranche de la langue vient s'appuyer contre les faces internes des dents d'en haut de telle façon que les interstices soient parfaitement obturés. Pour passer des occlusives [t] [d] aux fricatives notées [θ] [δ] ou [þ] [ð], la tranche de la langue s'abaisse et le frottement se produit entre cette tranche et celle des dents d'en-haut. Comme, dans ces conditions, on aperçoit entre les dents la partie inférieure de la langue, on désigne souvent ces fricatives comme des interdentales, ce qui peut laisser supposer, à tort, une intervention des dents d'en-bas.

Les occlusives apico-alvéolaires ne diffèrent des précédentes que parce que la tranche de la langue s'applique un peu au-dessus des dents, contre la muqueuse qui recouvre les alvéoles des dents supérieures. Ce sont celles qu'on entend à l'initiale d'angl. *two, do, no.* On les note en général au moyen des signes qui servent aussi pour les apico-dentales. Dans une langue comme l'anglais, où [t], [d], et [n] sont apico-alvéolaires, les fricatives [þ] [ð] s'articulent entre la tranche de la langue et la paroi postérieure des dents d'en-haut, mais acoustiquement ces fricatives diffèrent fort peu de celles qui s'articulent un peu plus bas. La différence graphique entre [θ] [δ] d'une part, [þ] [ð] d'autre part sera mise à profit, non pour distinguer entre des « interdentales » et des « post-dentales », mais pour marquer, par exemple, la différence entre la spirante [ð] d'esp. *cada* et la fricative [ð] d'anglais *that*.

Dans le cas des rétroflexes, la pointe (ou la tranche) de la langue est relevée si haut vers le palais que le contact s'établit, non plus exactement entre la pointe et le palais, mais entre le dessous de la langue et ce dernier. Les occlusives rétroflexes peuvent se noter [ṭ], [ḍ] et [ṇ]. Les fricatives rétroflexes, très différentes de celles qu'on note [þ] et [ð], appartiennent au type examiné ci-dessous sous le nom de « sifflantes ». Le son qui s'entend à l'initiale de *run* dans certaines variétés de l'anglais peut être défini comme une spirante rétroflexe sonore.

2-27. Les apicales (latérales et vibrantes)

Les latérales sont le plus souvent des apicales, des apico-dentales comme à l'initiale de fr. *lac*, it. *lago*, ou des apico-alvéolaires comme à l'initiale de port. *lago* ou la finale d'angl. *fill*. Comme les deux orifices latéraux sont trop larges pour que se produise un frottement, c'est la forme des cavités buccales qui importe ici : si la pointe de la langue est tendue vers l'avant, l'espace compris entre la langue et le palais sera sensiblement uniforme le long du chenal; si, au contraire, la pointe de la langue se relève vers les alvéoles, le corps de l'organe se creusera immédiatement derrière la pointe pour se relever vers le fond de la bouche. Ce relèvement postérieur, analogue à celui qu'on constate dans le cas de la voyelle [u], donne à [l] apico-alvéolaire son timbre caractéristique.

Les latérales sont normalement accompagnées de vibrations glottales, ce qui se comprend dans le cas d'articulations aussi peu bruyantes par nature. Dans les langues où l'on distingue, de *l* sonore, un *l* sourd, celui-ci tend à devenir fricatif de façon que le bruit de frottement compense, pour l'oreille, la voix qui manque : dans ce cas, le passage de l'air se fait d'un seul côté et cet orifice latéral unique est réduit de telle façon que la friction de l'air y soit audible.

La vibrante apicale, qui se note [r], résulte de battements de la pointe de la langue contre une partie quelconque de la partie antérieure de la bouche. Le nombre de battements successifs peut varier beaucoup sans changer l'identité du son. On oppose souvent, cependant, le battement unique (parfois noté [ɾ]) aux battements multiples. C'est ce qui distingue les deux mots espagnols *pero* (avec [ɾ]) de *perro* (avec [r] à plusieurs battements). En anglais d'Amérique, le *dd* de *ladder* et le *tt* de *latter* se prononcent communément comme [ɾ].

2-28. Les sifflantes et les chuintantes

La partie antérieure de la langue, ce que nous avons désigné comme la tranche ou la pointe, et les régions avoisinantes sont, de tous les organes dits de la parole, les plus musclés et les plus souples. Selon que cette partie de l'organe sera molle ou tendue, plate ou creusée selon son sillon médian, les sons produits pourront être fort différents. Les continues apicales notées [θ] ou [þ], [δ] ou [ð] sont toutes articulées avec la langue plate, le frottement caractéristique des fricatives se produisant sur un large front entre la tranche de l'organe et les incisives supérieures. D'autres continues, désignées comme des **sifflantes,** sont caractérisées par un frottement énergique produit par l'air passant par un orifice étroit réalisé au niveau des alvéoles par une dépression du sillon médian de la langue, alors que, sur chaque côté de ce sillon, la langue s'appuie énergiquement contre les alvéoles de façon que l'air ne puisse s'échapper que vers le centre. La sifflante sourde se note [s], la sonore [z]. On distinguera d'une part des sifflantes **apico-alvéolaires** où c'est la pointe de la langue qui est au niveau de la zone de friction : [s], dans la prononciation castillane de l'espagnol, est apico-alvéolaire; d'autre part, des sifflantes **prédorso-alvéolaires** où c'est une partie antérieure du dos (*dorsum*) de la langue qui est au contact des alvéoles; la pointe de la langue, totalement inactive dans ce cas, peut descendre jusque derrière les dents d'en bas. Les sifflantes prédorso-alvéolaires sont celles que l'on rencontre normalement en français, et de façon générale dans les langues qui présentent, à côté des sifflantes ordinaires, un type fricatif apparenté, celui des **chuintantes.** Les chuintantes sont, comme les types précédents, articulées au niveau des alvéoles, mais elles s'en distinguent par un volume différent des cavités buccales, souvent en rapport avec une poussée des lèvres vers l'avant qui détermine un large espace entre la zone de friction et l'orifice buccal. Les chuintantes se notent la sourde [ʃ] la sonore [ʒ], ou encore [š] et [ž] respectivement.

On peut désigner comme des **sulcales** (lat. *sulcus* "sillon") l'ensemble des articulations comportant une dépression du sillon médian de la langue.

Les fricatives rétroflexes, du fait de leur articulation énergique qui détermine un étroit orifice d'issue de l'air, et en raison du volume assez considérable de la cavité comprise entre la zone de friction et les lèvres, ressemblent assez à des chuintantes et se confondent souvent avec elles.

2-29. Les dorsales palatales (pré-palatales)

Les dorsales résultent de l'action du dos de la langue qui se relève vers la voûte de la cavité buccale représentée, vers l'avant, par le palais dur, vers l'arrière, par le palais mou ou voile du palais. Seules sont qualifiées de « palatales » les dorsales qui s'articulent vers l'avant, contre le palais dur. C'est dans la même zone que s'articule la voyelle [i], et ceux qui ne connaissent pas les palatales dans leur parler les perçoivent en général comme accompagnées d'un [i] bref non syllabique. On dit souvent des palatales qu'elles sont « mouillées » : ainsi l'occlusive sourde notée [c] ou, analytiquement [ṯ] est souvent conçue et désignée comme un [t] ou un [k] mouillé, tandis que la sonore correspondante, notée [ɟ] ou [ḏ], serait un [d] ou un [g] mouillé. La nasale palatale se note [ɲ], [ṉ] ou [ñ].

La fricative palatale sonore est très répandue; on lui donne parfois le nom de *yod* et on la note par [j]. Lorsque, par excès d'ouverture, le frottement de l'air entre le dos de la langue et le palais n'est plus perçu, on obtient une spirante qui n'est qu'un [i] non syllabique noté [i̯]. Mais il n'est pas rare que la notation [j] recouvre aussi bien la spirante que la fricative. La fricative sourde correspondante se note [ç] ; c'est proprement ce qu'on appelle, en allemand, le *ich*-Laut.

Les latérales palatales, qui ne sont pas rares, se notent [λ] ou [l̥]. Le *gli* de l'italien *paglia* et le *ll* de l'espagnol *calle* dans la prononciation traditionnelle sont des latérales palatales.

2-30. Dorsales post-palatales, vélaires et uvulaires

Les dorsales articulées vers le point le plus élevé de la cavité buccale ne sont plus perçues comme des « mouillées ». Elles peuvent être plus ou moins antérieures ou postérieures selon la voyelle qui les accompagne (plus antérieure dans *qui*, plus postérieure dans *cou*). Mais on peut faire abstraction de ces différences et noter l'occlusive sourde [k], l'occlusive sonore [g] et la nasale correspondante [ŋ].

Lorsque le rapprochement du dos de la langue vers la voûte buccale n'aboutit pas à une fermeture complète, on obtient un son continu qu'on notera [χ] s'il est sourd, [γ] s'il est sonore. Ces continues dorsales moyennes sont des produits phoniques assez instables : il semble qu'on répugne à relever la masse de la langue aussi haut, à moins qu'elle ne trouve appui contre la voûte, ce qui est le cas pour les articulations occlusives. Il se passe fréquemment pour [χ] ce que nous avons signalé ci-dessus (2-25) pour [φ] : dès que l'articulation se relâche un peu, ce qu'on perçoit n'est plus causé par l'air qui s'échappe au niveau du dos de la langue, mais par celui qui passe à travers la glotte, et [χ] devient ce qu'on appelle une aspiration et qu'on note [h]. C'est ce qui se produit souvent dans ceux des usages espagnols où la « jota » de *paja* s'articule au même endroit que le *g* de *paga*, l'un et l'autre respectivement comme [χ] et [γ]. Ici, comme pour les labiales, la sonore [γ] est plus perceptible que la sourde du fait de la voix qui l'accompagne, et elle se maintient mieux.

Il n'est pas rare que la sourde [χ] « bascule » vers l'avant ou vers l'arrière, c'est-à-dire en vienne à s'articuler avec des parties du dos qui sont plus naturellement en contact avec la voûte. Si elle bascule vers l'avant, le résultat est [ç] comme dans le cas du *ch* allemand de *ich*. Si elle bascule vers l'arrière, on obtient une fricative énergique, qu'on notera [x], articulée contre le fond du voile aux environs de la luette. C'est ce qui s'est produit dans le cas du *ch* d'all. *Buch*, *ach*. C'est également le cas de la « jota » de certains usages castillans où *paja* se prononce [paxa] et non [paχa]; dans ces usages, la sourde peut entraîner la sonore dans son recul, de sorte que *paga* devient [paʁa] avec une fricative sonore notée [ʁ] analogue à celle qui correspond normalement au *r* de fr. *Paris* dit souvent « grasseyé » par opposition à la prononciation comme une vibrante apicale dite « roulée ». Les fricatives dorso-uvulaires sourde et sonore sont les réalisations fréquentes de ce qu'on appelle l'*r* fort dans le portugais de Lisbonne ou de Rio de Janeiro.

Il n'est pas impossible de réaliser une occlusion dorsale contre le fond du voile vers la luette. La sourde, qui seule est assez fréquente, se note [q]. La sonore et la nasale, plus rares, se notent respectivement [ɢ] et [ɴ]. La vibrante réalisée au moyen de la luette se note au moyen de [ʀ]. Il n'est pas exceptionnel que l'articulation de [**x**] et de [ʁ] comporte quelques vibrations de cet organe.

2-31. Pharyngales

Le rapprochement des parois antérieure et postérieure du pharynx, c'est-à-dire de la partie la plus profonde du dos de la langue et du fond de la bouche, peut aboutir à une occlusion ou à une friction. Les linguistes ont peu l'occasion de traiter des occlusives pharyngales. Mais une langue bien connue, l'arabe, présente des fricatives pharyngales sourdes et sonores notées respectivement [ḥ] et [ʕ].

2-32. Les glottales

Nous avons vu, dans ce qui précède, l'importance des vibrations glottales qui, sous le nom de voix, accompagnent une majorité des sons du langage. Nous avons vu également (2-25 et 2-30) que l'on peut percevoir le frottement de l'air qui passe entre les parois de la glotte et que ce produit, qu'on désigne communément comme une « aspiration », se note [h]. On notera en outre que la fermeture de la glotte qui se produit avant la toux est une occlusion comme une autre. C'est une consonne que l'on note [ʔ].

2-33. Aspirées et glottalisées

Lorsqu'on prononce [ga], la voyelle est précédée d'une consonne sonore, ce qui veut dire que les cordes vocales vibrent du début jusqu'à la fin. Si l'on prononce [ka], la voyelle est précédée d'une consonne sourde et les vibrations ne commencent qu'avec la voyelle; si, au moment où [k] explose, les cordes vocales sont assez rapprochées pour entrer immédiatement en vibration, on percevra la voyelle dès que l'occlusion de [k] sera relâchée; le [k] sera alors non aspiré. Mais si les cordes vocales sont maintenues écartées pendant toute l'émission de [k], il leur faudra un certain temps pour établir le contact nécessaire pour que commencent les vibrations. Pendant ce temps, l'air sortant des poumons frottera contre les cordes vocales; il se produira ce qu'on nomme l'aspiration et qu'on note [h]; on percevra donc [kha]. Mais comme [h] représente le passage de la position de la glotte qui caractérise ici le [k] à celle qui est requise par la voyelle, on ne considère pas l'aspiration comme un son particulier, mais comme une caractéristique d'un [k] dit **aspiré** et qu'on note [kʻ] ou [k^h]. Les occlusives sourdes du français ne sont pas aspirées; celles de l'anglais le sont légèrement.

On peut articuler les occlusives avec la glotte totalement fermée. Dans ce cas, de l'air se trouvera enfermé entre l'occlusion particulière (occlusion dorsale pour [k] par exemple) et celle qui se réalise au niveau de la glotte. Si on relève alors l'ensemble de la glotte, la pression de l'air emmagasiné augmentera et permettra la rupture de l'occlusion particulière; l'explosion glottale, déterminée, elle, par la pression de l'air venu des poumons, suivra, précédant immédiatement les vibrations nécessaires à la production de la voyelle suivante. On percevra donc [kʔa]. Mais comme [ʔ] représente le passage de la position de la glotte qui caractérise ici [k] à celle qui est requise par la voyelle, on ne considère pas le [ʔ] comme un son particulier, mais comme une caractéristique d'un [k] dit **glottalisé** ou éjectif qu'on notera, dans le cas de la dorsale, comme [kˀ]. Si le relâchement glottal anticipe l'explosion buccale au lieu de la suivre, la consonne est perçue comme une sonore **pré-glottalisée,** par ex. [ˀg]. Le relèvement de la glotte aboutira à donner à l'air emmagasiné une pression suffisante d'autant plus facilement que le volume de la cavité comprise entre les deux occlusions sera, au départ, plus petit. C'est pourquoi il est plus facile de réaliser un [kˀ] qu'un [tˀ] et que beaucoup de langues qui présentent des glottalisées n'ont pas de [pˀ]. Glottalisées et pré-glottalisées ne sont pas rares hors d'Europe; ce qu'on note *q* dans la transcription de l'arabe est souvent une occlusive dorsale profonde glottalisée.

Dans la production d'une occlusive avec la glotte fermée, celle-ci peut s'abaisser au lieu de se relever. La pression de l'air emmagasiné, diminue alors et, lorsque se relâche l'occlusion buccale particulière, c'est l'air extérieur qui fait explosion en pénétrant dans la bouche. En même temps, l'air pulmonaire s'infiltre à travers la glotte qui vibre et le produit total est perçu comme une sonore. Les sons réalisés ainsi sont dits implosifs ou **injectifs.** On les note diversement et notamment au moyen de petites capitales ([ʙ], [ᴅ], etc.). Dans les langues d'Afrique noire qui connaissent ces sons, les labiales et les apicales sont plus fréquentes que les dorsales.

2-34. Les clics

Dans beaucoup de régions du Globe, en Europe notamment, on pratique deux clics, le baiser, qui est un clic bilabial, et un clic apico-alvéolaire qui marque l'énervement et qui, lorsqu'il est répété à plusieurs reprises, correspond à ce qu'on orthographie *taratata* (en anglais *tut tut*). Dans certaines langues, notamment en Afrique du Sud, les clics représentent des consonnes normales combinables avec les voyelles. Ils sont produits en créant un vide à quelque point du chenal expiratoire en écartant les organes entre deux points où se maintient la fermeture. Dans le cas de *taratata*, ces deux points d'occlusion sont respectivement dans les zones apico-alvéolaire et dorso-vélaire, la langue créant un vide en se déprimant entre ces deux points. Le bruit de clic se réalise en relâchant brusquement l'occlusion antérieure de telle façon que l'air extérieur pénètre dans le vide réalisé entre les deux occlusions.

2-35. Articulations buccales complexes

Nous savons que les articulations buccales se combinent nécessairement avec des positions caractéristiques de la glotte. Mais l'exemple des clics nous indique qu'une production phonique peut résulter de la combinaison de deux articulations de la bouche. Il n'est pas rare, par exemple, que l'on combine une articulation consonantique quelconque, une labiale par exemple, avec la position des organes requise pour une voyelle caractéristique comme [i] ou [u]. Les articulations consonantiques qui se combinent avec la poussée de la masse de la langue vers l'avant du palais caractéristique de [i] sont dites **palatalisées**. Il ne faut pas confondre les sons palataux, résultat d'une unique articulation dans la région du palais dur, et les sons palatalisés qui combinent l'articulation palatale avec une articulation spécifique : un [p] ne saurait être palatal, puisqu'il est labial, mais il peut être palatalisé; il se note, dans ce cas, [p′]. Le russe connaît toute une série de sons palatalisés, et notamment [t′] et [d′] qui résultent bien d'une combinaison de deux articulations concomitantes, apicale et dorso-palatale, et non, comme [t̯] et [d̯], d'une seule articulation dorso-palatale.

Les articulations consonantiques qui se combinent avec la poussée des lèvres en avant et le recul de la masse de la langue vers le voile du palais caractéristiques de [u] sont dites **labio-vélarisées** : un [t], par exemple, qui est apical par nature, peut être labio-vélarisé et se note alors [t^w]. Un [p], bien que labial par nature, peut également être labio-vélarisé, les lèvres étant pour [p^w] poussées plus loin vers l'avant que pour [p].

On appellera **labio-vélaires** les sons qui combinent l'articulation labiale et l'articulation vélaire sans qu'on puisse préciser laquelle est la plus spécifique. Certaines labio-vélaires combinent une occlusion dorsale et l'articulation labiale et linguale de [u]; on postule, pour l'indo-européen, de telles labio-vélaires notées

$^{\star}k^{w}$, $^{\star}g^{w}$, etc. Mais les véritables labio-vélaires combinent une articulation labiale et une articulation vélaire de même type : deux occlusions, deux frictions ou deux articulations du type spirant. Les labio-vélaires continues, normalement spirantes, se notent au moyen de [w] ou, si le degré d'ouverture est celui de [u], au moyen de [u̯]; dans certains usages anglais on trouvera la sourde, notée [w̥], correspondant au *wh* de la graphie. Les labio-vélaires momentanées ont deux occlusions concomitantes qui se relâchent successivement, la vélaire d'abord, la labiale ensuite; on les note au moyen des digraphes [kp], [gb]. Ces doubles occlusives ne sont pas rares en Afrique.

On peut combiner les diverses articulations consonantiques avec une poussée de la masse de la langue vers l'arrière de la cavité buccale sans qu'à cette poussée s'ajoute, comme pour les labio-vélarisées, une poussée en avant et un arrondissement des lèvres. Ces consonnes sont dites **vélarisées** ou **pharyngalisées.** La vélarisation (ou pharyngalisation) entraîne nécessairement une modification de l'articulation spécifique de certaines consonnes : la masse de la langue se portant vers l'arrière, la pointe de cet organe se trouvera derrière les alvéoles plutôt que derrière les dents, et un *t* vélarisé, noté [ṭ], sera apico-alvéolaire plutôt qu'apico-dental.

Il est compréhensible que les voyelles en contact avec les consonnes palatalisées, labio-vélarisées ou vélarisées voient leur timbre influencé par l'articulation de ces consonnes : entre deux consonnes palatalisées, pour lesquelles la langue doit prendre la position requise pour [i], une voyelle [u] tendra à prendre une articulation antérieure tout en conservant l'arrondissement des lèvres, si bien que [t'ut'], par exemple, s'articulera en fait [t'üt'].

2-36. Les affriquées

Lorsqu'on articule un son quelconque et une occlusive en particulier, il y a normalement un temps de mise en place des organes, un moment où la position ainsi réalisée est mise à profit pour produire le son caractéristique, et, finalement, un relâchement des organes vers une position neutre. En général, seul le second temps, dit « tenue » est perçu, parce qu'il est seul caractéristique. Mais il peut se faire que le troisième temps, celui du relâchement des organes, soit assez lent pour ne pas échapper à l'auditeur, surtout lorsque celui-ci n'est pas habitué à réaliser le son en question et, de ce fait, n'est pas sensible à son unité articulatoire. C'est ce qui se passe pour les palatales; comme on l'a vu ci-dessus (2-29), les gens qui n'en ont pas dans leur parler, tendent à les interpréter comme [t] ou [k], [d] ou [g] plus [ⁱ].

On désigne sous le terme d'**affriquées** (ou de mi-occlusives) les articulations occlusives dont le troisième temps est identifiable comme une fricative. Une affriquée qu'on rencontre très fréquemment est celle qui résulte d'une occlusion obtenue avec la partie du dos de la langue proche de la pointe de cet organe appliquée contre la région des alvéoles des dents d'en haut, ce qui donne une tenue qui ressemble à [t] et un relâchement qu'on peut interpréter comme [š]. Ceci explique qu'on note souvent cette affriquée au moyen du digraphe [tš]. Mais il vaut mieux réserver cette notation pour la succession [t + š] du fr. *toute chose* [tutšoz] et employer, pour l'affriquée, un signe comme [č]. On distinguera ainsi entre angl. *(r)ight ship* [...aitšɪp] et *I chip* [aičɪp]. Cette affriquée chuintante s'entend dans esp. *chato*, ital. *città*, russe *čaj*; la sonore correspondante attestée à l'initiale d'angl. *jet*, ital. *giallo*, se notera [ǧ] et, moins bien, [dž]; l'affriquée sifflante sourde à l'initiale d'all. *zehn*, ital. *zio* peut se noter [c] (au lieu de [ts] et en dépit du conflit avec l'emploi de ce signe pour l'occlusive palatale; cf. ci-dessus, 2-29). On se contente le plus souvent d'un digraphe pour noter l'affriquée sifflante sonore à l'initiale d'ital. *zero* ([dz]). On rencontre aussi des affriquées à friction labiale (ou plus exactement labio-dentale) [pf] (all. *Pferd*), à friction dorso-uvulaire [kx], à friction interdentale [tθ], à friction latérale [tl], etc.

2-37. Consonnes longues et géminées

Une consonne n'est perçue longue que lorsque sa durée excède franchement celle qu'on entend dans le contexte où elle apparaît. Comme ci-dessus (2-23) dans le cas des voyelles, on pourra noter la longueur des consonnes au moyen d'un point surélevé ou de deux points placés après le symbole de la consonne, donc [l·] ou [l:] pour [l] long. Lorsqu'une consonne de longue durée se trouve entre deux voyelles, il est fréquent que le début en soit perçu comme la fin de la première syllabe et la fin comme le début de la syllabe suivante. Ceci donne l'impression de deux articulations successives et la notation tient compte de cette impression, d'où [alla] et non [al·a]. Les consonnes longues appartenant à deux syllabes successives sont désignées comme des **géminées.**

2-38. La syllabe

Dans les cas les plus simples, il y a autant de syllabes que de voyelles séparées par des consonnes. Les voyelles étant plus perceptibles que les consonnes, ceci semble indiquer que chaque syllabe correspond à un sommet de la courbe de perceptibilité. Ceci expliquerait qu'une consonne comme [l] placée entre deux consonnes moins perceptibles qu'elle, comme [v] et [k], puisse jouer le rôle de sommet de syllabe, comme dans le tchèque *vlk* « loup » ou qu'une voyelle comme [i] en contact avec une voyelle plus ouverte, comme [a], dans des contextes comme [ia] ou [ai], puisse ne pas former de sommet syllabique distinct. Mais deux voyelles de perceptibilité différente peuvent fort bien former deux syllabes successives comme dans fr. *ébahi*; [ʁ] et [l], normalement plus perceptibles que [t] ou [k], ne forment pas syllabe dans fr. *quatre* [katʁ], *boucle* [bukl]; [ɪ], moins ouvert que [ə], est pourtant le sommet de la syllabe unique d'angl. *beer* [bɪə]. La syllabation dépend donc de facteurs multiples dont tous sont loin d'être parfaitement identifiés.

2-39. Energie articulatoire

Nous avons signalé plus haut (2-28) que les sifflantes résultent d'une friction plus énergique que les continues apicales notées [θ] et [ð]. Dans ce cas, l'énergie de la friction résulte du fait que le même volume d'air doit passer par un orifice plus étroit pour

[s] que pour [θ]. L'énergie que nous considérons ici est l'énergie de l'articulation en général, une énergie mal localisable, celle par exemple qui semble distinguer *acheter*, avec [š], de *à jeter* où, devant le [t] sourd, [ž] ne se distingue guère de [š] que par la moindre énergie de son articulation.

Cette énergie généralisée, une fois mise en branle, n'est pas aisément démobilisable. C'est pourquoi elle est relativement peu employée pour distinguer un son d'un autre et on la réserve pour donner du relief à une syllabe par mot. A cette mise en valeur, qu'on désigne comme l'accent, peuvent contribuer, comme on le verra ci-dessous, 3-31, outre l'énergie articulatoire (angl. *stress*), la durée de la voyelle et ce qui la suit dans la syllabe et certains mouvements de la courbe mélodique du discours (angl. *pitch*).

3
L'analyse phonologique

I. Fonctions des éléments phoniques

3-1. Trois fonctions fondamentales

L'analyse phonologique vise à identifier les éléments phoniques d'une langue et à les classer selon leur fonction dans cette langue. Leur fonction est **distinctive,** ou **oppositive,** lorsqu'ils contribuent à identifier, en un point de la chaîne parlée, un signe par opposition à tous les autres signes qui auraient pu figurer au même point si le message avait été différent : dans l'énoncé *c'est une bonne bière*, le signe *bière* /bier/ est identifié comme tel par ses quatre phonèmes successifs, chacun d'eux jouant son rôle par le fait qu'il est distinct de tous les autres phonèmes qui pourraient figurer dans ce contexte. Mais à côté de cette fonction phonologique essentielle, les éléments phoniques d'une langue peuvent assumer des fonctions **contrastives** lorsqu'ils contribuent à faciliter, pour l'auditeur, l'analyse de l'énoncé en unités successives. C'est ce que fait l'accent en général et tout particulièrement dans une langue comme le tchèque où il se trouve régulièrement sur la première syllabe de chaque mot. C'est ce que fait aussi le phonème /h/ de l'anglais qui joint à sa fonction distinctive (*hill* distinct de *ill*, *pill*, *bill*, etc.) une fonction de démarcation, puisque, dans cette langue, /*h*/ ne saurait, dans le vocabulaire traditionnel, apparaître qu'à l'initiale d'un monème. Une autre fonction phonologique est la fonction **expressive** qui est celle qui renseigne l'auditeur sur l'état d'esprit du locuteur sans que celui-ci ait recours, pour cette fin, au schéma de la double articulation. C'est ainsi qu'en français, un allongement et un renforcement du /p/ d'*impossible* dans *cet enfant est impossible* peut être interprété comme l'indication d'une irritation réelle ou feinte.

3-2. Traits caractéristiques non fonctionnels

On ne parle de fonction des éléments phoniques que dans la mesure où ceux-ci résultent d'un choix du locuteur. Mais on doit signaler l'existence de traits phoniques qui renseignent autrui, que celui qui parle le veuille ou non, sur sa personnalité, sa place dans la société ou sa région d'origine, et qui ont droit de figurer dans une description phonologique dans la mesure où ils n'ont ces valeurs que dans une communauté linguistique particulière : en français, par exemple, il serait bon de signaler l'existence pour le phonème /r/ de deux variantes principales, l'une dite « grasseyée » propre aux milieux urbains, et l'autre dite « roulée » encore très répandue dans les campagnes, bien qu'en régression. Il ne saurait, bien entendu, être question de signaler dans une description phonologique que les hommes parlent avec un timbre plus grave que celui des femmes, puisque ceci correspond à des différences somatiques universelles et ne caractérise pas en propre une communauté particulière. Mais lorsque, dans certaines langues de l'Asie du Nord-Est, on constate qu'un même phonème noté /c/ se réalise comme [tš] chez les hommes et comme [ts] chez les femmes, on ne saurait passer ce fait sous silence, puisque dans telle autre langue, en italien par exemple, hommes et femmes s'entendent pour prononcer [tš] à l'initiale de *cinque* et [ts] à celle de *zucchero*.

3-3. Réalité physique et fonction linguistique

Le même trait phonique peut exercer une certaine fonction dans une langue, et avoir une valeur toute différente dans une autre langue : la fermeture glottale qui, en arabe d'Égypte par exemple, est un phonème, n'a, en allemand, aucune valeur distinctive, mais bien une valeur contrastive en ce qu'elle indique le début des radicaux à initiale vocalique : dans *verachten*, de *ver-* et de *achten*, une fermeture glottale sépare le *-r-* du *-a-* suivant. En hottentot et en boschiman existe à titre de phonème le clic qui, répété, sert en français à signaler une légère irritation et se note, selon les auteurs, *taratata* ou *tststs*, c'est-à-dire que les langues de l'Afrique du Sud attribuent une fonction distinctive à ce qui a, en français, valeur expressive. En arabe, l'*r* roulé et l'*r* grasseyé, ce dernier noté *gh* en transcription dans le mot *Maghreb* par exemple, représentent deux phonèmes distincts, alors qu'en français l'emploi de l'un ou de l'autre n'affecte pas le sens de ce qui est dit, mais renseigne sur la personnalité du locuteur. Rien n'illustre mieux l'indépendance mutuelle de la réalité physique et de la fonction linguistique que l'usage qui est fait, dans les diverses langues, de ce qu'on appelle la hauteur mélodique. Comme nous le verrons ci-après, les degrés de hauteur et les directions de la courbe mélodique peuvent assumer une fonction distinctive lorsqu'elles s'opposent les unes aux autres comme des tons, une fonction contrastive lorsqu'elles participent à la mise en valeur accentuelle, une fonction expressive là où elles sont à considérer comme des faits d'intonation.

3-4. Deux critères en conflit : fonction et segmentation

Le linguiste s'intéresse aux faits phoniques dans la mesure où ils exercent une fonction. Aussi attend-on de l'analyse phonologique qu'elle groupe les faits qui assurent la même fonction, même s'ils sont physiquement différents, et qu'elle sépare ceux qui ont des fonctions différentes, même s'ils sont matériellement analogues. En fait, ce principe entre en conflit avec celui d'après lequel on classe les faits phoniques selon les dimensions du segment de la chaîne dans lequel ils assument leur fonction : la montée mélodique qui permet de distinguer *il pleut?* d'*il pleut* a bien fonction oppositive, comme le degré d'ouverture de la bouche qui permet de distinguer *ré* de *riz*; mais elle porte sur un énoncé complet, et non sur un segment phonématique; nous savons qu'une telle montée échappe à la double articulation, qu'elle n'est pas proprement distinctive, comme l'est la différence entre deux phonèmes, mais significative, comme l'est l'opposition entre deux monèmes; d'autre part, l'intonation se présente de façon telle que l'on distingue parfois assez mal si la fonction exercée est proprement oppositive (opposition de deux significations différentes) ou expressive (indication sur l'état d'esprit du locuteur). C'est pourquoi on préfère souvent la segmentation à la fonction comme principe de base de classement. C'est, bien entendu, sur la base de leur fonction que sont évalués et classés les faits pour chaque type de segmentation. Ceci veut dire, en fait, qu'on traite à part des unités de deuxième articulation, les phonèmes, et des faits prosodiques qui, par définition, échappent à cette deuxième articulation.

II. La phonématique

3-5. Les pauses virtuelles

La phonématique traite de l'analyse de l'énoncé en phonèmes, du classement de ces phonèmes et de l'examen de leurs combinaisons pour former les signifiants de la langue. Les signifiants de la langue à l'étude représentent les données d'où part le linguiste. Ces signifiants, qui représentent la face perceptible du signe linguistique, peuvent être de dimension et de complexité fort variables : il y a un signifiant /ž e mal a la tet/ correspondant au signe *j'ai mal à la tête* et un signifiant /mal/ correspondant à *mal*.

On pourrait vouloir partir, pour effectuer l'analyse phonologique, de signifiants d'énoncés complets, qui représentent les données réelles, sans aucune interprétation ou analyse préalable en phrases, en propositions, en mots ou en monèmes. Mais ceci présenterait des inconvénients considérables, aussi bien pratiques que théoriques. Il se trouve, en effet, qu'un phonème donné est susceptible de se prononcer de façon assez différente selon le contexte où il se trouve : le /l/ de l'anglais britannique se prononce très différemment selon qu'il précède la voyelle, comme dans *lake*, ou la suit comme dans *whale*; les Parisiens articulent tout autrement le /ò/ de *joli* et celui de *cor*. L'absence de phonème suivant est un élément du contexte : en français, le /ã/ de *grand* /grã/ est souvent perçu comme plus bref que le /ã/ de *grande* /grãd/. Or, cette différence entre la voyelle de *grand* et celle de *grande*, qui est évidente lorsque les deux formes sont prononcées isolément ou à la finale, est susceptible d'être conservée lorsqu'elles apparaissent au milieu d'un énoncé, par exemple dans /... œ̃ grã dadè.../ *un grand dadais* et /... la grãd adèl.../ *la grande Adèle*. Ceci veut dire que la prononciation normale devant une pause peut se maintenir là où la pause est, pour ainsi dire, virtuelle mais non réalisée. Si nous ne tenions pas compte des pauses virtuelles, c'est-à-dire de la segmentation en mots, il nous faudrait distinguer en français entre un phonème /ã/ « bref » et un phonème /ã·/ « long » puisque seule cette différence de « bref » à « long » distinguerait entre [...grãdadè...] avec [ã] bref dans *un grand dadais* et [...grã·dadè...] avec [ã·] long dans *grande Adèle*. Il convient donc de pratiquer l'analyse à partir de segments de l'énoncé non susceptibles d'être interrompus par une pause, c'est-à-dire, en pratique, ce qu'on nomme les mots. Dans la notation phonologique, les virtualités de pause seront naturellement signalées par un espace.

3-6. Les jonctures internes

Il se trouve que, dans certaines langues, le comportement phonologique particulier que l'on rencontre généralement devant une pause virtuelle, se retrouve, de façon plus ou moins marquée, à l'intérieur de ce qu'on appelle les mots, à la frontière de deux monèmes : en anglais, le mot composé *night rate* « tarif de nuit » /nait-reit/ ne se confond pas avec *nitrate* « nitrate » /naitreit/, encore que la succession phonématique et les éléments prosodiques soient les mêmes dans les deux cas; de même la finale [-ainəs] de *minus* « moins » n'est pas identique à celle de *slyness* « ruse » où l'on a affaire à l'adjectif *sly* + le suffixe *-ness*. Il convient naturellement de relever l'existence de ce type particulier de pause virtuelle, dont les effets ne se confondent pas nécessairement avec ceux du type précédemment examiné, et de le signaler dans la transcription au moyen d'un trait d'union par exemple. Ce traitement particulier peut s'étendre à des contextes inattendus, lorsque, par exemple, l'all. *Theater* est traité comme s'il était composé de *Tee* et d'un *Ater* inexistant, avec une occlusion glottale devant *-a-*. On désigne parfois ces virtualités de pause sous le nom de joncture ou jointure.

3-7. Quels signifiants soumettre à l'analyse?

On utilisera donc, pour l'analyse en phonèmes, des segments de l'énoncé dont on est sûr qu'ils ne renferment pas de pauses virtuelles. Il ne faudra pas oublier que, s'il y a un rapport évident entre les pauses virtuelles et les points de segmentation en mots et en monèmes, il n'y a pas nécessairement coïncidence absolue, et que, dans une notation phonologique, l'espace blanc ou le tiret indique, en toute rigueur, les points de la chaîne où peuvent se produire des accidents particuliers dont on a choisi de ne pas tenir compte dans l'analyse phonématique. Il faudra, d'autre part, ne rapprocher que des segments dont on est sûr qu'ils comportent les mêmes traits prosodiques : accent sur la même place, s'il s'agit d'une langue à accent, mêmes tons sur les mêmes syllabes, s'il s'agit d'une langue à tons. Dans le cas d'une langue comme le français, cette dernière recommandation est sans objet, et l'on peut utiliser comme segment n'importe quel mot. Il conviendra enfin de faire abstraction, dans un mot enregistré, de tout élément à fonction expressive, donc, par exemple, ne pas opposer *impossible* avec un /p/ allongé et fort à *impossible* avec un /p/ normal comme s'il s'agissait de deux unités différentes.

3-8. La segmentation phonématique

Les mots *chaise* et *lampe* sont, en français, bien distincts : le comportement d'un auditeur ne sera pas le même si je dis *apportez la chaise* ou *apportez la lampe*, ce qui me confirme dans mon sentiment que *chaise* et *lampe* ne correspondent pas aux mêmes faits d'expérience et que *chaise* est dans sa prononciation assez nettement distinct de *lampe* pour qu'aucune confusion ne soit vraisemblable. A l'examen, aucun segment de la forme prononcée d'un des deux mots ne me paraît rappeler un segment de l'autre. La situation est autre si les deux mots rapprochés sont *lampe* et *rampe*; ici encore, la réaction d'un auditeur sera différente à *prenez la lampe* et *prenez la rampe*, mais, à rapprocher les deux formes prononcées, j'aurai le sentiment qu'elles sont largement identiques et que ce qui empêche la confusion des deux formes, et, par suite, l'incertitude de l'auditeur sur le comportement qu'il doit adopter, se localise au début de ces formes. Il en ira de même si je rapproche *bûche* et *cruche*. Toutefois, si je compare *cruche* et *ruche*, je m'aperçois que ce qui distingue *cruche* de *bûche* est analysable en deux éléments successifs, celui qui se retrouve dans *ruche* et un autre qui le précède. Naturellement, l'orthographe laissait attendre cette analyse. Mais, aux yeux du phonologue, le témoignage de l'orthographe n'est pas valable, et seule l'analyse par rapprochements successifs permet de dégager les unités linguistiques. Si je reviens à *lampe* et *rampe*, c'est en vain que je rechercherai un mot français qui rime avec les deux mots et qui me permette d'analyser plus avant ce qui distingue *lampe* de *rampe* comme j'ai pu, grâce à *ruche*, analyser en deux éléments successifs ce qui distinguait *cruche* de *bûche*. Je constate donc que les initiales de *lampe* et de *rampe* sont des segments minima, c'est-à-dire des phonèmes. On pourrait objecter qu'il tombe sous le sens que l'initiale de *cruche* est plus complexe que celle de *bûche* puisqu'elle comporte deux « sons » successifs distincts en face du « son » unique de *bûche*. Mais à ceci on répondra que la différence d'homogénéité entre l'initiale de *cruche* et celle de *bûche* ne nous frappe que parce que nous sommes habitués par l'emploi de formes comme *cruche*, *ruche* à analyser la première en deux unités successives ; on ajoutera qu'elle est de degré plutôt que de nature et qu'elle n'a rien à voir avec l'analyse phonologique puisqu'il y a des langues, le hottentot et certains parlers suisses, qui présentent des initiales analogues à celle de *cruche*, initiales qu'on ne saurait analyser, faute de mots en *-ru*, *tru*, etc., et qu'il faut en conséquence considérer comme un segment minimum, c'est-à-dire un phonème. La situation rappelle celle, signalée ci-dessus (2-6), du [tš] de l'espagnol *mucho* qui est un phonème unique parce que [š] n'existe pas dans cette langue sans [t] précédent et que, par conséquent, [tš] représente un choix unique de la part du locuteur.

3-9. Un même son pour deux phonèmes et vice-versa

Des opérations du type de celles qui précèdent nous permettent d'établir la segmentation phonématique des énoncés, c'est-à-dire de préciser de combien de phonèmes se compose tel ou tel signifiant, par exemple trois dans *ruche* et dans *rampe*, quatre dans *cruche*, cinq dans *cruchon*. On est tenté de croire qu'elles nous permettent également de déterminer quels sont les phonèmes de la langue, dans ce sens qu'une fois réalisée l'analyse de tous les signifiants, on peut rapprocher les segments dégagés dans les différents signifiants et considérer comme des exemplaires du même phonème ceux qui se ressemblent autant que le *-ampe* de *rampe* ressemble au *-ampe* de *lampe*. On identifierait de la sorte un même phonème /r/ à l'initiale de *ruche* et à celle de *rouge*. Toutefois, lorsque nous avons rapproché *lampe* et *rampe*, nous avons constaté une identité physique de ce que l'orthographe note *-ampe* dans les deux cas, ce qui nous a permis de localiser dans l'initiale la différence entre les deux signifiants. Mais nous n'en avons pas conclu que *lampe* et *rampe*, à l'initiale près, étaient formés des mêmes phonèmes, parce que nous savons que l'identité physique ne permet pas de conclure à l'identité linguistique ; un même phonème se réalise différemment selon l'entourage, et un même son, selon l'entourage, peut être la réalisation de phonèmes différents. En danois, par exemple, le phonème /æ/ se réalise comme [ɛ] dans *net* « joli », mais comme [a] dans *ret* « correct »; le son [a] qui est une réalisation du phonème /æ/ dans *ret*, est une réalisation du phonème /a/ dans *nat* « nuit ». Si l'identité physique n'entraîne pas l'identification linguistique, c'est que le /r/ danois a pour effet d'ouvrir les articulations vocaliques d'avant qui sont en contact avec lui. Or, le danois distingue phonologiquement entre quatre degrés d'ouverture pour ces voyelles, et ceci aussi bien en contact avec /r/ qu'ailleurs. Le phonème de premier degré d'ouverture ne peut être caractérisé par son timbre, qui varie entre [i] et [e] selon le contexte, mais par ce qui le distingue, en toutes positions, des autres voyelles d'avant, à savoir son ouverture minima. De même, ce qui fait l'unité du phonème noté /æ/ est le fait qu'il y a, à l'avant de la bouche, deux phonèmes plus fermés que lui et un plus ouvert, c'est-à-dire qu'il est du troisième degré d'ouverture. C'est là ce qui l'oppose aux autres phonèmes, sa réalisation variant selon les contextes de [ɛ] à [a]. Ce [ɛ] et ce [a] sont, dans leurs contextes respectifs, dans un rapport identique avec les autres voyelles.

3-10. Définir les segments avant de les rapprocher

On ne saurait donc dire que *ruche* et *rouge* commencent par le même phonème avant d'avoir constaté qu'ils sont, avec les unités susceptibles de figurer dans leurs contextes respectifs *-uche* et *-ouge*, dans un rapport identique. Le cas est parallèle à celui du [ɛ] du danois *net* et du [a] du danois *ret*, qui sont reconnus comme un seul et même phonème parce qu'ils sont définis l'un et l'autre, relativement aux autres unités susceptibles d'apparaître dans les mêmes contextes qu'eux, comme de troisième degré d'ouverture. Avant donc de procéder à l'établissement de l'inventaire des phonèmes, il faudra définir chaque segment en précisant ce qui, dans son environnement phonique, le distingue de tous ceux qui auraient pu y figurer. Une fois ceci terminé, on identifiera comme des réalisations d'un seul et même phonème les segments provenant de contextes différents qui présentent la même définition.

3-11. Opérer avec des contextes limités

A s'en tenir à la lettre de ce qui a été dit ci-dessus sur les conditions qui permettent l'identification de différents segments minimum comme les réalisations d'un même phonème, on se heurterait vite à d'insurmontables difficultés dues au fait que, dans toutes les langues, il n'y a qu'une minorité des combinaisons phonématiques possibles qui soient réellement mises à profit pour former des mots ou des monèmes. Dans le contexte total et précis où se trouve le /r/ de *ruche*, on n'utilise guère en français d'autres phonèmes que /b/ dans *bûche* et /ž/ dans *juche*. Toutefois, si l'on n'hésite pas à utiliser des environnements phoniques un peu différents, mais qui ne semblent pas affecter les conditions d'apparition des sons devant *-uche*, on ajoutera bien d'autres phonèmes à cette liste : /l/ et /n/ par exemple qu'on trouve dans *peluche* et *grenuche*. On s'apercevra vite qu'en français tout ce qui peut figurer devant *-u* peut figurer devant *-uche*; bien plus, on notera que la nature de la voyelle n'implique dans cette langue aucune exclusive quant au choix du phonème consonantique qui précède, ce qui, on le conçoit, simplifie beaucoup la tâche. Mais tel n'est pas le cas dans bien des langues, ce qui pose, pour l'identification des phonèmes, des problèmes qui seront envisagés ci-après.

3-12. A la recherche des traits pertinents

L'identification des segments minima, préalable à toute identification des phonèmes, suppose qu'on compare la nature phonétique du segment choisi avec celle des autres segments qui peuvent figurer dans le même contexte ou, en d'autres termes, qui sont en opposition avec lui. Soit, par exemple, le premier segment du mot *douche*; il est en opposition avec le premier segment de *souche*. On note dans un cas une explosion, précédée d'une fermeture du chenal expiratoire effectuée au niveau des dents supérieures par la pointe de la langue et accompagnée de vibrations des cordes vocales. Dans l'autre cas, on observe une friction de l'air effectuée entre les alvéoles supérieures et la partie antérieure du dos de la langue, sans accompagnement de vibrations glottales. A ce point de l'analyse, nous ne savons pas si ces différentes caractéristiques vont, ou non, toujours de pair. S'il se vérifiait plus tard qu'en français l'explosion apico-dentale est toujours accompagnée de voix et que la friction prédorso-alvéolaire est toujours sourde, c'est-à-dire que l'une et l'autre résultent toujours d'un choix unique du locuteur, on devrait considérer chacun de ces complexes articulatoires comme un trait pertinent ou distinctif unique. Mais dès que nous faisons intervenir le mot *touche*, nous notons que le premier segment de ce mot s'oppose à l'initiale de *douche*, non pas du fait de l'articulation de la pointe de la langue, qui est la même, mais du fait de l'absence de vibrations glottales concomitantes. Pour réaliser *douche*, il faut donc, à l'initiale, faire le choix, 1° de l'articulation occlusive apicale commune à *douche* et à *touche*, 2° d'une articulation glottale caractéristique qui distingue *douche* de *touche*. Si maintenant nous rapprochons *mouche*, nous notons que *douche* diffère de ce mot en ce que son occlusion initiale est apicale et non labiale et en ce qu'elle est accompagnée d'un relèvement du voile du palais qui empêche l'air de pénétrer dans les fosses nasales, tandis que le premier segment de *mouche* comporte, avant l'explosion labiale, une échappée de l'air par le nez. Rien jusqu'ici ne nous dit qu'en français l'occlusion labiale sonore ne soit pas toujours accompagnée d'un échappement de l'air par le nez. Mais l'intervention de *bouche* montre qu'occlusion labiale et qualité nasale sont dissociables et représentent en conséquence deux traits distinctifs, et le *-nouche* du nom *Minouche* indique que l'on peut combiner occlusion apicale et qualité nasale. Ceci implique par contre coup que la prononciation du premier segment de *douche* suppose un troisième choix : le relèvement du voile du palais qui le distingue du premier segment de *-nouche*. Faire intervenir *couche* n'apporterait aucun élément nouveau; l'occlusion dans ce cas est dorsale et non apicale et sans accompagnement de vibrations glottales, mais ceci ne fait ressortir aucun trait particulier de l'articulation du premier segment de *douche*. L'initiale de *louche* présente, elle aussi, une articulation apicale, mais avec échappement de l'air des deux côtés de la langue (articulation latérale). Ce segment est donc à caractériser comme latéral. Comme, quoi qu'on fasse, on ne trouve ni devant *-ouche*, ni nulle part ailleurs en français, une latérale qui ne soit pas apicale, il faut considérer qu'il y a dans ce cas un choix unique et, en conséquence, un seul trait pertinent : le premier segment de *louche* s'oppose en tant que latéral à l'ensemble des autres segments susceptibles de figurer devant *-ouche*; puisque le caractère apical n'est pas ici à retenir comme pertinent, il n'y a pas à dissocier, dans le cas du premier segment de *douche*, un trait pertinent qui serait le caractère non-latéral. Nous retiendrons donc pour ce segment trois traits pertinents : 1° l'occlusion apicale, 2° la sonorité, 3° la non-nasalité ou oralité.

3-13. Proportionnalité des rapports

Si nous dégageons de la même façon les traits pertinents de tous les segments minimum qui figurent ou pourraient figurer devant *-ouche* et si nous groupons les segments caractérisés par un certain trait pertinent, nous obtenons les classes suivantes : « sourdes » : p f t s š k; « sonores » : b v d z ž g; « non nasales » : b d j; « nasales » : m n ṉ; « latérale » : l; : « uvulaire » r; « bilabiales » : p b m; « labio-dentales » : f v; « apicales » : t d n; « sifflantes » : s z; « chuintantes » : š ž; « palatales » : j ṉ; « dorso-vélaires » : k g. Les termes choisis pour désigner chacun des traits ne visent pas à donner, de la production phonique en cause, une description exhaustive : l'adjectif « sonore » correspond ici aux termes « accompagné de vibrations glottales » de l'analyse qui précède; mais ni l'une ni l'autre de ces désignations ne se veut descriptive : on sait, de longue date, que les vibrations des cordes glottales qui accompagnent la prononciation de certaines articulations buccales vont de pair avec d'autres manifestations phonétiques. Ce qu'implique ici sonore, c'est la proportionnalité des rapports de /p/ à /b/, /f/ à /v/, /t/ à /d/, etc. Quelles que soient les réalités phonétiques qui distinguent /p/ de /b/, on maintient qu'elles sont celles-là mêmes qui distinguent /f/ de /v/ avec seulement les différences qu'entraîne l'articulation occlusive et bilabiale dans un cas, fricative et labio-dentale dans l'autre cas. La mise entre guillemets d'une désignation comme « sonore » en marque le caractère largement conventionnel. On remarquera qu'une classe comme /t d n/ est désignée simplement comme « apicale », alors que l'analyse avait, pour ces trois segments, relevé très précisément une occlusion apicale. Cependant noter ici « occlusion apicale » au lieu d' « apicale » risquerait de suggérer l'existence de deux traits pertinents distincts, alors que, les « apicales » étant en français toujours occlusives, il n'y a jamais deux choix distincts : comme les « apicales » ne sont pas les seules à être occlusives, il faut naturellement retenir « apical » qui est seul spécifique. A noter également que, devant *-ouche*, les segments /m n n̮/ sont non seulement nasals, mais aussi sonores ; cependant la sonorité n'est pas ici dissociable de la nasalité puisqu'il n'y a pas, dans cette position, de nasales non sonores ; c'est naturellement pourquoi /m n n̮/ ne figurent pas dans la classe des « sonores » qui sont telles uniquement par opposition à des « non sonores ».

3-14. Représentation graphique des proportions

On peut illustrer la proportionnalité des rapports marqués par les termes « sourd », « sonore », « nasal », « bilabial », « labio-dental », « apical », « sifflant », « chuintant », « palatal » et « dorso-vélaire » en plaçant, sur les mêmes droites, horizontales ou verticales, les unités caractérisées par chacun de ces traits.

On notera expressément que tous les traits pertinents dégagés ne sont pas représentés : « non nasal » ou « latéral » par exemple. Ce sont ceux qui caractérisent les phonèmes qui n'entrent pas dans des proportions, comme /l/ et /r/, ou qui réclameraient de certains phonèmes (/b d/) qu'ils figurent deux fois dans le tableau.

	« bilabial »	« labio-dental »	« apical »	« sifflant »	« chuintant »	« palatal »	« dorso-vélaire »
« sourd »........	p	f	t	s	š		k
« sonore »	b	v	d	z	ž		g
« nasal »	m		n			ɲ	
						j	

3-15. Des inventaires de segments aux phonèmes

En principe, l'inventaire qui précède est celui des unités distinctives qui figurent ou pourraient figurer devant *-ouche*, et l'analyse, dans d'autres contextes, est susceptible d'aboutir à des inventaires plus riches ou moins fournis. Les unités de ces nouveaux inventaires seront identifiées avec celles qu'on a dégagées ci-dessus en rapprochant, non point ce qui, à l'oreille, paraît semblable, mais ce qui est caractérisé par les mêmes traits pertinents. Représentent un seul et même phonème les unités des différents inventaires qui sont dans les mêmes rapports avec les autres unités de leur inventaire respectif : l'initiale de *bûche* et celle de *bouge* seront identifiées comme des réalisations d'un même phonème /b/ parce que ces deux unités se définissent, l'une et l'autre, comme 1° « bilabiale », 2° « sonore », 3° « non nasale».

On pourra naturellement classer les phonèmes ainsi dégagés comme on l'a fait ci-dessus pour les segments distinctifs devant *-ouche*, et tenter de présenter schématiquement les proportions du système en plaçant sur des droites qui se coupent les phonèmes caractérisés par un même trait pertinent. Une classe de phonèmes consonantiques caractérisés par un même trait, comme /p f t s š k/ en français, qui s'ordonnent le long du chenal expiratoire est dite **série**; les consonnes comme /t d n/ ou /š ž/, qui s'articulent au même point de ce chenal, et au moyen du même jeu du même organe, forment ce qu'on appelle un **ordre**. On distingue, en français, entre une série sourde, une série sonore et une série nasale, entre les ordres bilabial, labio-dental, apical, sifflant, chuintant, palatal et dorso-vélaire. Deux séries comme /p f t s š k/ et /b v d z ž g/ forment ce qu'on appelle une **corrélation.** Ce terme implique que chacune des deux séries n'existe en tant que telle que du fait de l'existence de l'autre. Le trait pertinent qui distingue les deux séries s'appelle la **marque.** Ici la marque est la « sonorité ».

3-16. Les variantes combinatoires

L'identification du /b/ de *bûche* avec celui de *bouge* ne saurait dans le cadre de l'opération qui précède présenter de difficulté.

Mais il s'en faut que la chose soit toujours aussi simple. Lors de la comparaison de deux inventaires, on trouve, dans le cas le plus favorable, le même nombre d'unités de part et d'autre. Mais il est exceptionnel que la description de chacune d'entre elles dans un inventaire ait un répondant exact dans l'autre inventaire : si nous faisons l'inventaire des unités distinctives de l'espagnol dans le contexte *na...a*, nous dégageons, dans le mot *nada* qui signifie « rien », une unité que nous caractérisons comme une spirante apico-interdentale [ð], spirante qui rappelle un peu la fricative notée *th* dans l'anglais *father*; si nous faisons ensuite l'inventaire pour le contexte *fon...a*, nous trouvons, dans le mot *fonda* qui signifie « auberge », une unité qu'on décrira comme une occlusive apico-dentale [d]; mais la spirante [ð] n'apparaît pas plus ici que l'occlusive [d] n'apparaît entre deux *a*. Comme cependant les rapports de la spirante apico-interdentale avec les unités de son inventaire sont les mêmes que ceux de l'occlusive apico-dentale avec celles du sien, nous les identifierons comme deux variantes d'un même phonème noté /d/. La comparaison des deux tableaux qui suivent montre que [ð] et [d] entrent dans le même système de proportions dans leurs inventaires respectifs.

Inventaire partiel entre voyelles			Inventaire partiel entre nasale et voyelle		
p	t	k	p	t	k
β	ð	γ	b	d	g
f	θ	x	f	θ	x

On parle de variantes combinatoires ou contextuelles lorsqu'on prend conscience de la différence des réalisations d'un même phonème dans des contextes différents, c'est-à-dire lorsque cette différence est assez frappante pour qu'elle puisse aboutir, comme c'est le cas en espagnol pour [ð] et pour [d], à des descriptions non identiques. Il faut toutefois se rendre compte que certaines différences qu'un sujet perçoit peuvent échapper à un autre dont les antécédents linguistiques ne sont pas les mêmes : un Espagnol qui décrirait une langue, autre que la sienne, où [ð] et [d] seraient des variantes d'un même phonème, ne penserait pas, dans ce cas, à distinguer deux variantes : il n'a jamais à choisir entre l'une et l'autre, et de ce fait, il les identifie. De même le Parisien moyen ne penserait pas à relever une différence entre le /ò/ de *joli* et celui de *cor*. Pour un Américain, qui entend le son /ʌ/ de *sun* dans le premier et le son /ɔ/ de *lord* dans le second, ce sont des variantes ou, comme on dit aussi, des « allophones » bien caractérisés. Dire qu'un phonème ne connaît pas de variante, ou qu'il en a deux, trois, ou plus, c'est commettre l'erreur de transposer dans le système de la langue à décrire des réactions propres au descripteur.

Une variation combinatoire ne peut, bien entendu, être le fait du hasard. Elle doit s'expliquer, au moins partiellement, en référence au contexte phonique : si le phonème espagnol /d/ se réalise comme une occlusive après /n/, c'est que l'articulation buccale de ce dernier réclame une fermeture, et qu'il est plus simple et plus économique de maintenir cette fermeture pour le /d/ suivant; s'il se réalise comme une spirante entre deux voyelles, c'est que, dans le cadre du système espagnol, il est plus économique de ne pas fermer complètement la bouche entre deux articulations vocaliques qui se réalisent elles-mêmes avec la bouche largement ouverte. On dit que les variantes combinatoires d'un même phonème sont en **distribution complémentaire.**

3-17. Les autres variantes

Il existe d'autres variantes de phonème que les variantes combinatoires. Le même phonème français /r/ est grasseyé par les uns, roulé par les autres. On parle alors de variantes individuelles. Dans le cas de l'acteur qui roule à la scène, mais grasseye à la ville, on parlera plutôt de variantes facultatives. Le conditionnement des variations peut d'ailleurs s'entremêler : il est des Français qui roulent le /r/ de *très* et grasseyent celui de *fer*, c'est-à-dire qui présentent des variantes individuelles selon un conditionnement combinatoire.

3-18. Neutralisation et archiphonèmes

Il arrive très fréquemment que les inventaires dégagés pour deux contextes différents ne comportent pas le même nombre d'unités distinctives. Il peut se faire, dans ce cas, que l'unité d'un inventaire, dont on ne retrouve pas l'équivalent dans l'autre inventaire, n'entre dans aucune des proportions du système. C'est la situation dans les créoles français où la seule unité définie comme uvulaire est attestée à l'initiale d'un mot comme *riche*, mais n'est pas représentée à la finale du mot ou de la syllabe (*pour* ou *perdu* « prononcé sans *r* »). On dira simplement, dans ce cas, que le phonème en question présente des lacunes dans sa distribution. La situation est tout autre lorsque les unités en cause sont dans des rapports proportionnels. Soit, par exemple, les consonnes du russe ; l'inventaire, dans la position devant voyelle, comporte (généralement sous deux formes distinctes : palatalisée et non palatalisée) une unité caractérisée comme 1° bilabiale, 2° non nasale, 3° sourde, une autre comme 1° bilabiale, 2° non nasale, 3° sonore, une troisième comme 1° apico-dentale, 2° non nasale, 3° sonore, etc., donc un système proportionnel

p	t	
b	d	etc.
(m	n)	

Pour la position finale, l'inventaire correspondant est réduit à une unité 1° bilabiale et 2° non nasale et une unité 1° apico-dentale et 2° non nasale, soit un système où l'on ne distingue plus /p/ et /b/, /t/ et /d/. Physiquement, on ne connaît à la finale absolue que les sons [p] et [t] qui sont non sonores ; mais ce caractère sourd n'est pas pertinent puisqu'il est automatiquement déterminé par le contexte et ne fait pas l'objet d'un choix de la part du locuteur. Alors donc que, devant la voyelle, on doit distinguer, pour la plupart des types articulatoires occlusifs ou fricatifs, entre un phonème sourd et un phonème sonore, il n'en est rien à la finale du mot ni devant occlusive ou fricative où la présence ou l'absence des vibrations glottales est déterminée par le contexte. On a, dans ce cas, une seule unité distinctive qui, pour ainsi dire, coiffe les deux unités correspondantes en position prévocalique et qu'on appelle **archiphonème.** Si le phonème est défini comme la somme des traits pertinents, l'archiphonème, lui, est l'ensemble des traits pertinents, communs à deux ou plus de deux phonèmes qui sont seuls à les présenter tous. Là où l'archiphonème se réalise, on dit qu'il y a **neutralisation.** En russe, les oppositions /p/ — /b/, /t/ — /d/, etc., et pour formuler la chose de façon plus générale, l'opposition de la sonorité à son absence, se neutralisent en fin de mot et devant occlusive ou fricative. Il en va de même en allemand, où *Rad* et *Rat* se prononcent de façon identique, et dans bien d'autres langues; mais ce n'est pas le cas en français et en anglais où *rate* /rat/ et *rade* /rad/, *cat* et *cad* restent bien distincts.

La neutralisation peut affecter plus de deux phonèmes : en espagnol, les trois phonèmes nasals qu'on relève à l'initiale de syllabe, par exemple dans *cama*, *cana*, *caña*, ont leurs oppositions neutralisées en finale de syllabe où le choix des sons [m], [n], [n̯] et [ŋ] est dicté par le contexte et ne peut faire l'objet d'un choix de la part du locuteur. Soit, par exemple, le mot *razón*; devant une pause, le segment final se réalisera comme [n], ou, parfois, comme [ŋ], sans que les locuteurs soient conscients d'une différence; à la finale de la forme *gran*, on aura [m] dans *gran poeta*, [n] dans *gran torero*, [n̯] dans *Gran Chaco*, [ŋ] dans *gran capitán*. Comme on le voit par ces exemples, ces assimilations se font même d'un côté à l'autre d'une pause virtuelle.

3-19. Neutralisation et complémentarité partielle

On peut parler de neutralisation et d'archiphonème dans certains cas où les unités en cause n'entrent pas dans le système proportionnel, mais où une partielle complémentarité (cf. 3-16) confirme les indications d'apparentement que suggérait l'analyse phonique : on peut, pour opposer esp. *cerro* et *cero*, parler d'une vibrante forte dans le premier cas et d'une vibrante faible dans le second. Mais on pourrait aussi y voir deux réalités parfaitement distinctes : une vibration dans le premier cas, un battement dans le second. On notera toutefois qu'à l'initiale du mot, on ne rencontre que la forte et à la finale de syllabe que la faible; à ne considérer que ces deux positions, on est amené à voir, dans la forte et dans la faible, des variantes d'une même unité, une variante forte dans *rico*, une variante faible dans *amor*. Cette unité, qui se scinde en deux à l'intervocalique, est un archiphonème caractérisé par des vibrations apicales, et les phonèmes qu'il coiffe sont une vibrante forte /r:/ (*cerro*) et une vibrante faible /r/ (*cero*).

Dans le cas du système vocalique français, c'est de nouveau la partielle complémentarité de certaines unités distinctives qui permet de préciser la nature exacte des oppositions du système : à la finale du mot, on distingue en français de Paris quatre degrés d'ouverture pour les voyelles d'avant, comme le montrent les mots *riz*, *ré*, *raie* et *rat*. Dans la position dite couverte, c'est-à-dire lorsqu'une consonne au moins y suit la voyelle, on ne distingue plus que trois degrés, ceux de *bile*, *belle*, *bal*. Un mot commençant par /b/ et se terminant par /l/, avec, entre ces consonnes, le timbre du *é* de *ré*, non seulement n'existe pas, mais est imprononçable pour le Parisien moyen. Ce qui permet de dire que c'est l'opposition *ré* — *raie* qui est ici neutralisée, et non l'opposition *riz* — *ré*, est le fait que les timbres de *ré* et de *raie* sont partiellement complémentaires, le timbre de *raie* seul normal en syllabe couverte, celui de *ré* tendant à être seul normal dans les syllabes non couvertes ailleurs qu'à la finale, dans *maison*, *pêcheur*, *descendre* par exemple, en dépit des traditions de beau parler et des indications que semblerait donner la graphie. On parlera dans ce cas d'un archiphonème (noté /E/ ou plus simplement /e/) qui ne se scinde nettement en deux phonèmes qu'à la finale du mot, encore que certains sujets essayent parfois de distinguer en parlant le *pêcher* du *péché*. Lorsqu'on traite des voyelles non nasales du français on a intérêt à partir des archiphonèmes, notés souvent au moyen des capitales /I E A O U Ü Ø/ qui représentent, dans cette partie du système, les seules distinctions communes à tous les francophones.

3-20. La neutralisation révélée par les alternances

Lorsqu'on ne s'astreint pas à une analyse minutieuse en traits pertinents, on prend généralement conscience des faits de neutralisation par l'observation des modifications subies par les mots au cours de la flexion. Soit, par exemple, le mot *repérer* ; à l'infinitif, la voyelle [e] placée entre /-p-/ et /-r-/ a le timbre de celle de *ré* ;

dans *il repère*, la voyelle [ɛ], dans cette position, a le timbre de celle de *grès*; c'est d'ailleurs ce qu'indiquent les accents aigus et graves auxquels on peut, dans ce cas particulier, faire confiance. Il y a donc, si l'on veut, alternance, mais une alternance conditionnée par l'environnement phonique et ne dépendant pas d'un choix du locuteur : le Parisien moyen serait en peine de prononcer le *é* de *ré* dans *il repère*, et ce *é* est la seule prononciation qui lui vienne naturellement dans la deuxième syllabe de *repérer*. Cette alternance, qui est sous la dépendance de l'environnement phonique actuel et qui reflète un comportement phonologique caractéristique du français contemporain, ne saurait être mise sur le même plan que celle de *eu* et de *ou* dans *ils peuvent*, *nous pouvons* qui reflète une différenciation dont le conditionnement phonique a cessé d'exister depuis plus de mille ans : rien dans la phonologie du français contemporain ne s'opposerait à des formes comme **ils pouvent*, ou **nous peuvons* rimant avec *elles couvent* et *nous abreuvons*.

3-21. Voyelles et consonnes

Dans une langue comme le français, il n'est pas rare de trouver consonnes et voyelles dans les mêmes contextes : dans *chaos* /kao/ et *cap* /kap/, dans *abbaye* /abei/ et *abeille* /abej/ par exemple. Dire que le contexte n'est pas le même parce que la syllabation est différente, c'est oublier que la vocalité et la syllabicité ne sont ici qu'un seul et même trait. On a, toutefois, généralement intérêt à distinguer le système des consonnes et celui des voyelles. Ce qu'on attend des consonnes et des voyelles, ce n'est pas qu'elles apparaissent dans les mêmes contextes, c'est-à-dire qu'elles s'opposent, mais qu'elles se succèdent les unes aux autres dans le fil du discours, c'est-à-dire qu'elles soient en contraste.

Ceci ne veut pas dire que certains sons ne puissent, selon le contexte, jouer le rôle de sommet de syllabe, qui est normal pour une voyelle, ou celui d'accompagnateur de ce sommet, qui est le rôle qu'on attend d'une consonne : [i], dans beaucoup de langues, est sommet de syllabe devant consonne et adjoint d'un tel sommet devant voyelle : français *vite* et *viens*; [l] est sommet de syllabe, ou si l'on veut voyelle, dans angl. *battle* ou tchèque *vlk* « loup », mais consonne dans angl. *lake* ou tchèque *léto* « année » On n'a, dans ces conditions, aucune raison de distinguer deux phonèmes, un vocalique et un consonantique. Ceci vaut également si [i] devant consonne alterne avec [j] devant voyelle parce que ces deux sons ne se distinguent en fait que par un peu plus de fermeture pour [j] que pour [i], et que ce degré supplémentaire de fermeture est normal pour marquer le contraste entre [j] et la voyelle ou les voyelles voisines. S'il faut, en français, distinguer un phonème /j/ d'un phonème /i/, c'est parce que *paye* et *abeille* ne se confondent pas avec *pays* et *abbaye*. Mais on notera que l'opposition se neutralise ailleurs qu'en finale de syllabe : on ne saurait, en français, distinguer de *viens* un mot **vi-ens* en deux syllabes. Même dans les langues où l'on doit distinguer /i/ de /j/, /u/ de /w/, il est normal que leurs traits pertinents rattachent /i/ et /w/ plutôt au système des voyelles qu'à celui des consonnes.

3-22. Eléments sans valeur distinctive

L'ensemble des opérations présentées jusqu'ici permet en principe de dégager les phonèmes et les archiphonèmes d'une langue et, en même temps, de classer chacun d'eux selon les rapports qu'il entretient avec les autres phonèmes et archiphonèmes du système. Tout repose donc sur l'opération dite **commutation,** celle qui nous a permis d'opposer l'initiale de *lampe* et celle de *rampe* et d'analyser en deux unités successives l'initiale de *cruche* par rapprochement avec *ruche.* Nous savons, en théorie, comment déterminer le nombre des phonèmes successifs que comporte un signifiant donné. En pratique, des situations se présentent où nous pourrions être embarrassés.

Soit, par exemple, le mot *devant*; un rapprochement avec *revend* et un autre avec *divan* sembleraient indiquer que ce qui précède *-vant* dans *devant* se compose de deux phonèmes, /d/ suivi de /ə/. Mais, alors que nous avions conclu que le /k/ de l'initiale de *cruche* était un segment phonématique autonome, parce que sa disparition aboutissait à un autre mot, *ruche,* nous ne saurions appliquer ce critère à la voyelle de la première syllabe de *devant* :

lorsque celle-ci disparaît, dans *là-devant* ou *sens devant derrière*, nous avons en effet toujours affaire au même mot, ce qui semble indiquer, qu'au moins dans cette position, cette voyelle n'a pas de valeur distinctive : il ne peut pas y avoir en français de mot [dəvɑ̃] distinct de [dvɑ̃]. Lorsqu'on note, d'autre part, qu'en français [ə] est nécessairement précédé d'une consonne, on est tenté de conclure que [də] n'est pas autre chose que la variante du phonème /d/ lorsque celui-ci se présente, dans l'énoncé, entre deux consonnes : *là-devant* /ladvɑ̃/ avec /d/ = [d], mais *par devant* /pardvɑ̃/ avec /d/ = [də] (noter le [də] dans un nom comme *Hérold-Paquis* où l'orthographe n'a pas de *e*). Cette interprétation est certainement correcte. Mais il y a quelques contextes où la présence de [ə] est distinctive : *l'être* /letr/ — *le hêtre* /lə etr/, *dors* /dor/ — *dehors* /dəor/. On dira donc que l'opposition entre [ə] et zéro, qui existe dans des contextes très particuliers, se neutralise partout ailleurs; *recevoir* sera transcrit /rsvuar/ parce que l'insertion d'un [ə] entre deux des consonnes initiales est automatique et que sa localisation (avant ou après /-s-/) ne change pas l'identité du mot.

3-23. Deux sons successifs comme phonème unique

Soit, maintenant, le mot anglais *chip*, phonétiquement [tšɪp]; le cas du [tš] ici est très différent de celui de l'espagnol *mucho* : en anglais [š] existe sans [t] précédent; à côté de *chip* [tšɪp] nous avons *ship* [šɪp] et *tip* [tɪp]. Nous pourrions donc être tentés d'analyser le mot en /tšɪp/. Mais, dans le système anglais, l'initiale de *chip* s'oppose à celle de *gin* [džɪn] comme une sourde à la sonore correspondante, et les deux doivent nécessairement recevoir le même traitement. Or le [dž] de *gin* est aussi inanalysable que le [tš] de l'espagnol *mucho* et pour une raison analogue : [ž] n'apparaît jamais en anglais à l'initiale sans un [d] précédent; *gin* est donc formé de trois phonèmes notés /ǧɪn/ et, par contrecoup, *chip* sera analysé en trois phonèmes également : /čɪp/. C'est souvent pour des raisons analogues que des productions phoniques non homogènes, affriquées ou diphtongues, sont, dans les langues les plus diverses, à interpréter comme des phonèmes uniques.

III. La prosodie

3-24. Nature physique des faits prosodiques

On classe dans la prosodie tous les faits de parole qui n'entrent pas dans le cadre phonématique, c'est-à-dire ceux qui échappent, d'une façon ou d'une autre, à la deuxième articulation. Physiquement, il s'agit en général de faits phoniques nécessairement présents dans tout énoncé parlé : que l'**énergie** avec laquelle on articule soit considérable ou limitée, elle est toujours là, à un degré quelconque; dès que la voix se fait entendre, il faut bien que les vibrations de la glotte aient une fréquence, ce qui donne à chaque instant, aussi longtemps que la voix est perçue, une **hauteur mélodique** déterminée; un autre trait susceptible d'utilisation prosodique est la **durée** qui, bien entendu, est un aspect physique inéluctable de la parole puisque les énoncés se développent dans le temps. On comprendra, dans ces conditions, que linguistiquement ces faits ne puissent guère valoir par leur présence ou leur absence en un point, mais plutôt par leurs modalités, variables d'une partie à une autre d'un énoncé. En conséquence, ils se prêtent moins bien à caractériser des unités discrètes que d'autres, comme, par exemple, la nasalité ou l'occlusion labiale, qui peuvent figurer ou ne pas figurer dans un énoncé : dans *allez chercher les livres*, il n'y a ni nasalité ni occlusion labiale, mais on ne peut normalement prononcer cette injonction sans faire intervenir, qu'on en soit conscient ou non, la durée d'une part, et, d'autre part, une hauteur mélodique et une énergie articulatoire qui varient du début à la fin de l'énoncé. On sait toutefois que les tons, faits prosodiques puisqu'ils échappent à la segmentation phonématique, sont des unités discrètes au même titre que les phonèmes.

3-25. L'intonation

La voix résulte de vibrations des cordes vocales et ces vibrations supposent une tension de ces organes. Lorsqu'une corde est fortement tendue, elle vibre sur une note élevée. Faiblement tendue, elle vibre sur une note basse. Il en va ainsi des cordes vocales. Dans le chant, la montée et la descente se font par paliers : les notes. Dans la parole, la montée et la descente sont continues et rappellent le bruit d'une sirène plutôt qu'un air joué au piano. Comme les cordes vibrent à chaque instant à une hauteur déterminée, on peut, pour tout énoncé, tracer une courbe des hauteurs mélodiques (avec quelques brèves solutions de continuité correspondant aux consonnes sourdes). Cette mélodie du discours est donc, en un sens, automatique, c'est-à-dire que le locuteur ne choisit pas entre sa présence et son absence. Bien que ses latitudes d'utilisation linguistique soient ainsi limitées, elle n'en joue pas moins un rôle dont la nature et l'importance varient largement d'une langue à une autre : seules certaines d'entre elles l'emploient sous forme d'unités discrètes, les tons; son utilisation à des fins contrastives pour la mise en valeur accentuelle n'est pas rare. On a intérêt à réserver le terme d'**intonation** à ce qui reste de la courbe mélodique une fois qu'on a fait abstraction des tons et des faits accentuels.

Comme nous l'avons vu (1-16), le mouvement de la courbe d'intonation est largement conditionné par la nécessité de tendre les cordes vocales en début d'émission et par la tendance économique à les détendre dès que s'annonce la fin de cette émission. Cependant, les locuteurs peuvent utiliser ce mouvement à certaines fins différenciatives selon des principes qui semblent communs à l'ensemble de l'humanité, mais sous des formes qui peuvent varier d'une communauté à une autre. On ne saurait donc dénier toute valeur linguistique à l'intonation. Mais son jeu n'entre pas dans le cadre de la double articulation puisque le signe que peut représenter la montée mélodique en finale ne s'intègre pas dans la succession des monèmes et ne présente pas un signifiant analysable en une série de phonèmes. Les variations de la courbe d'intonation exercent, en fait, des fonctions mal différenciées, fonction directement significative comme dans *il pleut?*, mais, le plus souvent, fonction du type de celle que nous avons appelée expressive. Ce qu'il faut surtout noter au sujet de la mélodie du discours, dans une langue comme le français, c'est que les variations de sa courbe ne sont pas susceptibles de changer l'identité d'un monème ou d'un mot : le *pleut* de *il pleut ?*, sur une mélodie montante, n'est pas un autre mot que le *pleut* de l'affirmation *il pleut*, avec sa mélodie descendante. Même si la différence entre les deux courbes ne se manifeste que sur un seul mot, ce n'est pas la valeur de ce seul mot qui est affectée, mais celle d'un segment d'énoncé plus vaste qui peut être la phrase entière.

3-26. Les tons

En français, ces faits d'intonation épuisent l'usage linguistique qui est fait de la hauteur mélodique Mais dans d'autres langues, notamment parmi celles qu'on parle en Afrique, au sud du Sahara, et dans l'Asie de l'Est et du Sud-Est, cette même réalité physique est utilisée à des fins distinctives sous la forme d'unités discrètes, comme les phonèmes, mais qui ne sont pas rangées parmi les traits phonématiques parce qu'elles affectent des segments de l'énoncé qui ne se confondent pas nécessairement avec les unités de deuxième articulation. Il s'agit de ce qu'on appelle les **tons.** Dans une « langue à tons », un mot ou un monème n'est parfaitement identifié que si l'on a dégagé ses tons aussi bien que ses phonèmes. Il serait à peu près aussi inexact de dire qu'en chinois la poire et la châtaigne se disent également *li* que d'affirmer qu'en français *le pré* et *le prêt* sont de parfaits homonymes ; en fait, le mot chinois qui désigne la poire se prononce avec un ton montant, celui qui désigne la châtaigne avec un ton descendant, et la différence entre ces deux tons est aussi efficace que celle, de timbre vocalique, qui permet de distinguer *pré* de *prêt*.

3-27. Tons ponctuels

Un ton comporte toujours un mouvement mélodique d'une durée variable. Mais ce n'est pas nécessairement l'ensemble de ce mouvement qui est pertinent, c'est-à-dire qui permet de reconnaître ce ton comme distinct des autres tons qu'emploie la langue. Il y a des langues à tons où les tons sont **ponctuels,** c'est-à-dire que seul y compte, pour l'identification, un point de la courbe mélodique, celui par exemple qui est le plus haut (le plus aigu) ou le plus bas (le plus grave); la montée de la courbe jusque vers le point le plus haut et la descente qui suit ce point, la descente et la remontée qui accompagnent le point le plus bas sont automatiques et, par conséquent, sans valeur linguistique. Dans une langue qui distingue deux tons ponctuels, un de ces tons est nécessairement haut, l'autre bas. Certaines langues distinguent trois tons ponctuels, un ton haut, un ton moyen, un ton bas. On dit qu'une telle langue connaît trois niveaux pertinents ou trois **registres.** Dans la plupart des langues à tons ponctuels, le ton caractérise une syllabe et chaque syllabe a un ton. Soit, par exemple, le lonkundo, langue à deux registres, parlé dans la région du Congo : avec un ton bas sur chacune des trois syllabes, *lokolo* y désigne le fruit d'un palmier. Avec un ton bas sur la première syllabe et un ton haut sur chacune des deux suivantes, *lokolo* veut dire « exorcisme ». Si nous notons le ton haut au moyen de l'accent aigu et le ton bas au moyen de l'accent grave, nous écrirons *lòkòlò* dans un cas, *lòkóló* dans l'autre; dans la même langue, *àtáòmà* se traduira « tu n'as pas tué aujourd'hui » et *àtáòmá* « tu n'as pas tué hier ». Il faut noter que ton haut et ton bas ont le même statut fonctionnel et que, par exemple, un mot n'a pas obligatoirement une syllabe à ton haut. Il est clair que, puisque les hommes, les femmes et les enfants qui parlent ces langues ont, comme partout ailleurs, des voix naturellement plus ou moins graves ou aiguës, un ton haut n'est reconnu comme tel que par contraste avec le ton des syllabes voisines.

3-28. Tons mélodiques

En face des langues à tons ponctuels, on trouve des langues à **tons mélodiques** où les tons ne se définissent plus par référence à un seul point de la courbe, mais où interviennent la direction ou les directions successives de cette courbe. Dans le cas le plus simple, on doit distinguer entre un ton montant et un ton descendant; à côté de ces deux tons, on peut trouver un ton uni, sans montée ni descente appréciable. A un ou plusieurs tons simples caractérisés par une direction unique, on peut opposer un ton complexe caractérisé par un changement de direction. C'est ainsi qu'en suédois le mot *komma* « virgule » comporte un ton caractérisé par une direction unique, montante ou descendante selon les dialectes, et s'oppose ainsi au mot *komma* « venir » prononcé avec un ton descendant puis montant. Les tons mélodiques caractérisent assez souvent des segments correspondant aux syllabes, de telle sorte que chaque syllabe a son ton propre. Mais, comme on le voit par l'exemple suédois, il y a des langues où le ton mélodique caractérise des segments plus considérables que la syllabe : en effet la distinction indiquée entre les deux tons dans cette langue demande au moins deux syllabes pour se réaliser; un monosyllabe suédois ne saurait être accompagné d'un mouvement mélodique complexe.

Les tons mélodiques d'une langue peuvent appartenir au même registre. Ceci ne veut pas dire que le début d'un ton montant sera nécessairement de même hauteur que la fin d'un ton descendant, mais simplement que deux tons ne s'y distinguent jamais uniquement du fait de leur hauteur respective. Toutefois, il y a des langues qui combinent tons mélodiques et registres, celles où l'on distingue par exemple un ton montant haut d'un ton montant bas, chaque point de la mélodie du premier étant plus haut que le point correspondant du second.

La tension brusque des cordes vocales qui correspond à une montée rapide de la voix peut aboutir à une fermeture momentanée de la glotte; c'est pourquoi il est des tons qui sont moins caractérisés par une forme particulière du mouvement mélodique que par une brève interruption, ou même simplement une sorte d'étranglement de la voix. C'est un tel étranglement qui distingue essentiellement en danois *anden* « le canard » de *anden* « autre ». Dans certains usages vietnamiens, six tons, qui se répartissent en deux registres, peuvent être définis comme : 1) montant haut, 2) montant bas, 3) ponctuel haut, 4) ponctuel bas, 5) « étranglé » haut, et 6) « étranglé » bas. Comme on le voit, les tons ponctuels peuvent coexister avec les tons mélodiques. Ne sont dites « à tons ponctuels » que les langues où tous les faits tonals se laissent analyser en termes de tons ponctuels.

3-29. Les mores

On a parfois intérêt, pour simplifier la description, à considérer un ton mélodique simple comme une succession de deux tons ponctuels : un ton montant s'analysant en un ton bas suivi d'un ton haut, un ton descendant en un ton haut suivi d'un ton bas. Dans ce cas, chacun des segments caractérisés par un des tons ponctuels successifs est appelé **more.** Le recours à cette analyse est particulièrement indiqué dans le cas de langues à tons normalement ponctuels qui, de loin en loin, présentent des mouvements mélodiques dans le cadre d'une seule syllabe : soit, par exemple, une succession *-tata-* avec un ton haut sur la première syllabe et un ton montant sur la seconde. Il sera tout à fait indiqué d'analyser ce dernier en deux tons ponctuels successifs (bas, haut), surtout si, comme c'est fréquemment le cas, le ton montant se trouve avoir la même fonction grammaticale ou dérivationnelle que la succession d'un ton bas et d'un ton haut sur deux syllabes successives.

3-30. Tons et intonations

L'existence de tons, dans une langue, n'a pas pour effet de supprimer l'intonation : il reste normal que les cordes vocales y soient moins tendues au début de l'émission et qu'on y anticipe le relâchement des organes vers la fin de l'énoncé. Il est même compréhensible qu'on n'y renonce pas à jouer sur le fait qu'un énoncé dont la courbe mélodique ne descend pas paraît réclamer un complément, sous la forme d'une réponse par exemple. Voilà donc une situation où la même réalité physique, la fréquence des vibrations de la voix, est utilisée, dans la même langue, voire dans le même énoncé, à deux fins linguistiques différentes. On doit naturellement prévoir des interférences, puisque les nécessités de l'intonation pourront réclamer une montée là où le ton réclamera une descente et vice versa. On constate, en fait, qu'un ton haut en fin d'énoncé peut, chez le même locuteur, être beaucoup plus grave qu'un ton bas au milieu du même énoncé. Si la chute mélodique est particulièrement rapide, il n'est pas rare qu'un ton linguistiquement haut soit physiquement plus bas que le ton linguistiquement bas qui précède. Tout ceci veut dire que les auditeurs, pour juger si un ton est haut ou bas, ne se réfèrent pas à la position de la voix par rapport à ce qu'on pourrait décrire comme le timbre normal du locuteur, mais qu'ils perçoivent comme haut ce qui est plus aigu et comme bas ce qui est plus grave que ce que la courbe de l'intonation laisserait prévoir à chaque point.

3-31. La mise en valeur accentuelle

L'**accent** est la mise en valeur d'une syllabe et d'une seule dans ce qui représente, dans une langue déterminée, l'unité accentuelle. Dans la plupart des langues, cette unité accentuelle est ce qu'on appelle couramment le mot. Dans des langues comme le russe, le polonais, l'italien ou l'espagnol, chaque mot présente une syllabe et une seule qui est mise en valeur, souvent aux dépens des autres syllabes du mot : c'est la première dans russe *gorod*, pol. *wyba*, ital. *donna*, esp. *mesa*, la deuxième dans russe *sobaka*, pol. *wysoki*, ital. *mattina*, esp. *cabeza*. Ceci vaut, en anglais et en allemand, pour les mots simples (non composés) comme *father*, *Vater* accentués sur la première, *career*, *Kartoffel* accentués sur la deuxième syllabe. Lorsque le mot est isolé, la mise en valeur accentuelle est toujours réalisée. Dans un contexte, cette mise en valeur peut être plus ou moins nette, et ceci n'est pas sans effet sur la valeur du message : il s'établit entre les différents accents d'un énoncé une hiérarchie, partiellement déterminée par des habitudes acquises, mais que le locuteur peut modifier pour faire varier le contenu de l'énoncé : en anglais, le message n'est pas le même si, dans l'énoncé *we did*, la mise en valeur de *we* l'emporte sur celle de *did* ou vice versa.

Les traits phoniques généralement utilisés pour la mise en valeur accentuelle sont l'énergie articulatoire, la hauteur mélodique et la durée, réelle ou perçue, de la syllabe accentuée. Dans bien des langues, la syllabe accentuée tend à être articulée de façon plus énergique, sur un timbre plus élevé et plus longuement que les syllabes inaccentuées voisines qui contrastent avec elle, et c'est le degré d'énergie, de hauteur et de durée qui permet d'établir la hiérarchie des accents dans l'énoncé. Mais la nature physique de l'accent varie d'une langue à une autre : dans une langue comme le portugais, la durée contribue de façon décisive à la mise en valeur de la syllabe accentuée, alors qu'en castillan la voyelle de cette syllabe n'est pas plus longue que celle d'une syllabe non accentuée suivante. On a longtemps considéré l'accent de la plupart des langues de l'Europe d'aujourd'hui comme dynamique, c'est-à-dire caractérisé par un sommet de la courbe de l'intensité articulatoire. L'observation contemporaine semble indiquer que, dans une langue comme l'anglais, par exemple, la caractéristique permanente de tout accent est une variation rapide de la courbe mélodique. Ce trait serait toutefois le plus souvent accompagné et renforcé par un surcroît d'intensité et de durée.

3-32. Accents et tons

L'accent fait donc largement usage d'éléments mélodiques, plus sans doute qu'on ne l'a longtemps cru. C'est un trait physique qu'il a en commun avec les tons, et il est légitime de se demander si une même langue peut, dans ces conditions, présenter l'accent et les tons comme réalités linguistiques distinctes. En fait, il semble qu'on ne puisse parler d'accent dans les langues où toutes les syllabes sont susceptibles de recevoir un ton. Là où accent et tons coexistent dans une même langue, les tons ne s'opposent comme des unités distinctes que dans la syllabe accentuée. En d'autres termes, la mise en valeur d'une syllabe dans chaque unité accentuelle se fait aux dépens des possibilités de distinctions tonales dans les autres syllabes. Il y a donc des langues à tons sans accent, où chaque syllabe présente un ton distinctif, et des langues accentuelles à tons où chaque mot ou unité accentuelle ne peut avoir qu'un seul ton distinctif dont la place est liée à celle de l'accent. Dans ce dernier cas, on est tenté de voir, dans chaque ton, un type d'accent, et de dire, d'une langue qui distingue deux tons liés à l'accent, qu'elle présente deux types d'accent. Le suédois, où *anden* « l'esprit » se distingue de *anden* « le canard » par un dessin mélodique différent, peut ainsi être présenté comme une langue à deux types d'accent, l'accent simple de *anden* « le canard » et l'accent complexe de *anden* « l'esprit ». On dit communément que le grec attique présentait deux accents différents, l'accent « aigu » et l'accent « circonflexe » (l'accent « grave » n'indiquant pas une unité linguistique distincte), qui ne s'opposaient que dans la dernière syllabe du mot lorsque celle-ci comportait une voyelle longue ou une diphtongue; cependant, pour bien distinguer les fonctions, il vaudrait mieux dire que, sous l'accent, lorsque celui-ci tombait sur la dernière syllabe, le grec opposait deux tons si cette syllabe contenait une voyelle longue ou une diphtongue .

3-33. Fonctions de l'accent

La fonction des tons est essentiellement distinctive : un ton n'existe qu'en opposition avec au moins un autre ton; aussi une langue a-t-elle *des tons*, jamais *un ton*. La fonction de l'accent est essentiellement contrastive, c'est-à-dire qu'il contribue à individualiser le mot ou l'unité qu'il caractérise par rapport aux autres unités du même type présentes dans le même énoncé; une langue a *un accent* et non *des accents*. Lorsque, dans une langue donnée, l'accent se trouve toujours sur la première ou la dernière syllabe du mot, cette individualisation est parfaite puisque le mot est ainsi bien distingué de ce qui précède ou ce qui suit. Là où la place de l'accent est imprévisible, doit être apprise pour chaque mot et ne marque pas la fin et le début de l'unité accentuelle, l'accent a une fonction dite culminative : il sert à noter la présence dans l'énoncé d'un certain nombre d'articulations importantes; il facilite ainsi l'analyse du message. Que sa place soit prévisible ou non, l'accent permet, en faisant varier l'importance respective des mises en valeur successives, de préciser ce message. Lorsque la place de l'accent n'est pas fixe, c'est-à-dire que la succession des phonèmes caractérisant l'unité ne permet pas de déterminer la syllabe qu'il doit frapper, comme c'est le cas en espagnol où la succession des phonèmes /termino/ ne permet pas de savoir s'il s'agit de *término* « terme », *termino* /termíno/ « je termine » ou *terminó* « il a terminé », on est tenté d'attribuer à l'accent une valeur distinctive. Mais ceci ne serait acceptable que si l'on pouvait concevoir un mot espagnol /termino/ dont les trois syllabes seraient accentuées en même temps, un autre où aucune des trois syllabes ne serait accentuée, un troisième où /ter-/ et /-mi-/ seraient accentuées, tandis que /-no/ serait sans accent, etc. Ce qui peut avoir valeur distinctive, c'est la place de l'accent. Ce rôle distinctif de la place de l'accent est généralement épisodique, mais il peut acquérir une certaine importance, comme on le voit par l'exemple de l'anglais, où bien des paires de nom et de verbe phonématiquement homonymes, comme *an increase*, *to increase*, ou quasi homonymes, comme *a permit*, *to permit*, sont essentiellement distinguées par l'accent initial du nom et l'accent final du verbe. Ceci, cependant, ne doit pas faire oublier que la fonction fondamentale, commune à l'accent de toutes les langues qui le connaissent, est contrastive et non oppositive.

3-34. Rôle de l'accent dans l'identification du mot

Ce qui tend parfois à obscurcir le caractère fondamentalement contrastif de l'accent est le fait que, dans les langues où sa place dans le mot n'est pas prévisible, les auditeurs commencent à identifier le mot par référence à ce sommet qu'est l'accent : un mot espagnol comme *pasé* « je passai, j'ai passé » est tout d'abord identifié comme appartenant à un schéma accentuel /— —́/, puis, dans ce cadre, il est perçu comme distinct de *pasó* « il passa, il a passé » qui appartient au même schème, mais il n'y aura jamais confrontation, consciente ou inconsciente, avec *paso* « je passe » qui est de thème accentuel /—́ —/ et qui est, de ce fait, hors de cause dès que le schème /— —́/ de *pasé* a été reconnu. C'est ce qu'on résume en constatant qu'un mot mal accentué n'est pas compris, même si les phonèmes qui le composent sont prononcés à la perfection. Ce qui explique que l'accent soit ainsi perçu en priorité, c'est essentiellement le fait qu'on identifie la syllabe accentuée par contraste avec les syllabes non accentuées voisines; ceci implique que tous les éléments nécessaires à l'identification sont offerts par le locuteur, réellement présents dans l'énoncé, et enregistrés passivement par l'auditeur. Il n'en va pas de même des composants phonématiques qui ne sont identifiables que par une confrontation mémorielle avec les unités du système non présentes à ce point de la chaîne et qui sont en rapport d'opposition avec chaque segment successif de l'énoncé.

3-35. La hiérarchie des accents

Affirmer, comme on l'a fait ci-dessus, qu'une langue a un accent, et non des accents, semble contredire l'opinion reçue selon laquelle on doit distinguer, dans certaines langues, entre un accent principal et un accent secondaire : dans un mot anglais comme *opposition*, la première et la troisième syllabe sont accentuées, mais la mise en valeur de cette dernière est généralement plus nette ; dans l'allemand *Augenblick*, il y a un accent principal sur *Au-* et un accent secondaire sur *-blick*. La place respective de ces deux accents n'est linguistiquement nullement indifférente, puisque c'est elle qui distingue entre *unterhalten* « tenir dessous », avec accent principal sur *un-* et l'accent secondaire sur *-hal-*, de *unterhalten* « entretenir » avec la distribution inverse. En fait, la distinction d'un accent principal et d'un accent secondaire ne suffit pas pour donner une description exhaustive du système accentuel des langues en question, parce qu'il y a, en théorie, dans un mot composé, autant de degrés accentuels distincts qu'il y a d'éléments ajoutés successivement : all. *Wachsfigur* « figurine de cire » a un accent principal sur *Wachs-* et un accent secondaire sur *-gur*, mais l'adjonction d'un troisième élément, dans *Wachsfigurenkabinett* « cabinet de figurines de cire », introduit un accent sur *-nett* qui est intermédiaire entre le principal de *Wachs-* et celui, moins net, de *-gu-*.

Dans une langue comme l'allemand, la situation est claire : chaque élément de composé conserve l'accent qui le caractérise comme mot indépendant : la seconde syllabe de *Figur* aura toujours une mise en valeur, que *Figur* soit employé comme membre autonome de l'énoncé ou comme élément de composé. La situation est tout autre dans une langue comme le russe où tous les éléments de composé sauf un perdent leur accent propre : *nos*

« nez » perd son accent et le timbre propre de sa voyelle dans le composé *nosoróg* [nəsaˈrɔk] « rhinocéros »; dans l'équivalent allemand *Nashorn*, au contraire, chacun des deux éléments garde son accent avec simplement subordination de celui de *-horn* à celui de *Nas-*. On résumera tout ceci en disant que l'**unité accentuelle** est le mot en russe, le lexème en allemand.

La situation en anglais se complique du fait qu'une grosse masse du vocabulaire de cette langue est formée d'emprunts par voie orale au français médiéval et, plus récemment, sous forme écrite, au latin et au grec classiques. Ces mots sont adaptés aux schèmes accentuels du vocabulaire traditionnel : *adduction* et *arisen* présentent tous deux le schème $- \overset{/}{-} -$, *orthodoxy* et *underlying* sont l'un et l'autre du schème $\overset{//}{-} - \overset{/}{-} -$, *crucifixion* et *understanding* du schème $\overset{/}{-} - \overset{//}{-} -$, etc. Ce qui distingue toutefois, des mots germaniques, les éléments plus récents, c'est une individualité sémantique et phonique moins nette des composants du mot : aucun anglophone n'aura de difficulté à identifier *under-* dans *underlying*, avec l'adverbe et la préposition *under*; mais même si *ortho-* est senti comme une unité formelle indépendante, peu de gens seraient capables d'attacher à cet élément une valeur définie. Il est vrai que ceci vaut également de *under-* dans *understanding*; dans le même sens, quel Allemand pourrait identifier sémantiquement le *unter-* de *untersagen* « interdire »? Aussi est-il licite de ranger *ortho- -doxy*, *cruci-* et *-fixion* parmi les unités accentuelles de l'anglais au même titre que *under-*, *-lying* ou *-standing*.

On notera que l'intensité ne semble pas intervenir dans la mise en valeur accentuelle des syllabes qui suivent l'accent principal; que ce qui distingue, en fait, le verbe anglais *separate* (schème $\overset{//}{-} - \overset{/}{-}$) de l'adjectif *separate* (schème $\overset{//}{-} - -$) est la netteté de l'articulation de la troisième voyelle.

Il est clair que l'allemand et l'anglais, comme d'ailleurs les langues germaniques en général, diffèrent de la majorité des autres langues en ce qu'ils conservent à l'intérieur du mot composé la hiérarchie des accents qui est générale dans la proposition ou dans la phrase. Cette hiérarchie ne saurait se limiter à deux degrés que si la composition se limite elle-même à deux termes, ce qui n'est pas le cas. L'adjonction d'un nouvel élément à un composé peut toujours aboutir à introduire dans ce composé un degré accentuel supplémentaire. La description complète d'une langue présentera naturellement une analyse de la hiérarchie des accents dans les unités qui groupent plusieurs unités accentuelles. Dans la plupart des langues, ces unités seront plus vastes que le mot; dans certaines autres, dont les langues mentionnées ci-dessus, ces unités incluront également le mot.

IV. La démarcation

3-36. La démarcation accentuelle

La fonction contrastive, plus spécifiquement culminative (3-33), de l'accent peut se préciser en fonction démarcative là où l'accent, par sa place dans le mot ou l'unité accentuelle, marque les limites de ce mot ou de cette unité. Si l'accent est, comme en tchèque, en hongrois ou en islandais, sur la syllabe initiale, cette fonction est parfaitement assurée. Un accent, comme celui du latin classique, qui est fixe, mais dont la place est déterminée par la quantité syllabique, c'est-à-dire, en dernière analyse, le choix des phonèmes successifs, est moins efficace, puisqu'une succession de quatre syllabes brèves, accentuée sur la première et la quatrième, ne permet pas de déterminer à coup sûr où se trouve la limite entre les deux mots : dans une succession comme *bónacalígula*, les accents ne permettent pas de savoir s'il faut couper *bónaca lígula* ou, comme le sens l'indique, *bóna calígula*.

3-37. Autres moyens démarcatifs

Les traits démarcatifs autres que l'accent sont représentés, soit par des phonèmes, soit par des variantes de phonèmes ou des traits non distinctifs, soit encore par des groupes de phonèmes qui, dans la langue à l'examen, n'apparaissent qu'à l'initiale ou à la finale du mot ou d'une autre unité significative : le /h/ de l'anglais est, en même temps, phonème et signe démarcatif : un mot d'emprunt comme *mahogany* s'est adapté au schème de *behaviorist* où *be-* est suivi d'une frontière de monème; le coup de glotte [ʔ] de l'allemand est normalement un signe démarcatif non distinctif; en tamoul, les phonèmes que l'on peut noter /p t k/ ne sont aspirés qu'à l'initiale du mot; en allemand, une combinaison de phonèmes comme /-nm-/ ne peut exister que du fait de la rencontre de deux monèmes dans *unmöglich* par exemple. Dans certaines langues, en finnois notamment, certaines voyelles /a o u/ ne se retrouvent pas dans un même mot avec certaines autres /ä ö y/; le passage, dans un énoncé, d'une syllabe en /a o/ ou /u/ à une syllabe en /ä ö/ ou /y/ marque donc le passage d'un mot à un autre.

On parle de signes démarcatifs négatifs lorsqu'un phonème, une variante ou un groupe de phonèmes n'apparaît jamais qu'à l'intérieur du mot ou du monème; c'est le cas par exemple des phonèmes /d/ et /ŋ/ en finnois. Dans cette même langue /m/ n'apparaît jamais à la finale et n'existe à l'initiale que devant voyelle. Ceci implique qu'une combinaison comme /mk/ ne pourra être qu'interne.

Le parler franco-provençal d'Hauteville illustre bien comment un accent dont la place n'est pas complètement prévisible, et qui ne saurait à lui seul indiquer les limites du mot, peut se combiner avec d'autres traits pour assurer une démarcation parfaite. L'accent, à Hauteville, peut être sur la dernière syllabe du mot, comme dans /pŏ'tă/ « creux », /be'rĕ/ « béret » ou /pe'šo/ « échalas », ou sur l'avant-dernière, comme dans /'fătă/ « poche » ou /'berĕ/ « boire », et ne permet pas de déterminer où se termine le mot. Cependant, si l'accent tombe sur la dernière syllabe, la voyelle (qui est toujours finale ou suivie de /r/) aura une durée assez courte, aussi bien si elle est phonologiquement non brève, comme dans /pe'šo/, que brève, comme /pŏ'tă/ ou /be'rĕ/. Mais si l'accent tombe sur l'avant-dernière syllabe, la voyelle de cette syllabe sera allongée considérablement si elle est phonologiquement non brève, comme dans /'berĕ/ prononcé ['be:rə]. Si cette voyelle est phonologiquement brève, c'est la consonne suivante qui sera allongée, voire même doublée : alors que /pŏ'tă/ se prononce [pɔ'ta] avec un [t] bref, /'fătă/ se prononce ['fatta] avec un [t] qui s'entend dans l'une et l'autre syllabes. Ceci implique que ceux des accents qui n'entraînent aucun allongement marquent la dernière syllabe du mot, tandis que ceux qui sont accompagnés d'un allongement soit de la voyelle, soit de la consonne suivante marque la syllabe comme pénultième.

V. Utilisation des unités phonologiques

3-38. Fréquence lexicale et fréquence dans le discours

Nous savons que les latitudes phonologiques d'une langue ne sont jamais intégralement utilisées, loin de là. Soit deux phonèmes consonantiques français pris au hasard : /š/ et /d/; /š/ peut figurer devant n'importe quelle voyelle et /d/ après n'importe quelle d'entre elles; quatorze phonèmes vocaliques figurent en syllabes couvertes; il y a donc quatorze monosyllabes possibles du type /š/ + voyelle + /d/. De ces quatorze, est seul attesté /šod/ écrit *chaude*, si l'on exclut le nom propre *Chedde* connu par l'explosif la *cheddite*. Un autre choix, celui de /s/ et /k/ par exemple, aurait donné sept formes existantes sur quatorze possibles. Les différentes unités phonologiques d'une langue sont utilisées de façon très inégale. Certains phonèmes se retrouvent dans de nombreux mots d'utilisation fréquente, d'autres sont d'un emploi beaucoup plus rare. En français, par exemple, le phonème /t/ se retrouve dans de nombreux mots (fréquence lexicale) et il apparaît souvent dans les énoncés (fréquence dans le discours); parmi les voyelles, /i/ est fréquent aussi bien dans le lexique que dans les énoncés; /l/, qui est probablement moins fréquent que /t/ dans le lexique, est plus fréquent dans le discours, parce qu'il apparaît dans l'article défini; le phonème /ñ/ est généralement rare, qu'on fasse le compte dans un dictionnaire ou dans un texte; il en va de même du phonème /œ̃/, encore que la fréquence dans le discours de ce dernier soit améliorée par l'emploi de /œ̃/ comme masculin de l'article défini.

3-39. Les combinaisons de phonèmes

La façon dont les phonèmes d'une langue peuvent se grouper pour former les signifiants ressort de la comparaison des inventaires d'unités distinctives dans les différentes positions. Il est toutefois utile d'expliciter la chose, et, ce faisant, de tenir compte, bien entendu, des traits prosodiques. Une méthode assez indiquée consiste à dégager tout d'abord les unités qui peuvent, à elles seules, constituer un signifiant isolable et celles qui, non attestées dans cet emploi, peuvent apparaître dans les mêmes inventaires que les premières. On dégage ainsi, dans beaucoup de langues, ce qu'on appelle les voyelles : en français, /o/ *eau*, /i/ *y*, /ü/ *eu*, *eut*, etc., constituent des signifiants isolables ; /ò/ (*o* « ouvert ») ne peut pas constituer un signifiant isolable, mais apparaît dans les mêmes inventaires que /o/, /i/ et /ü/ : par ex. dans *molle*, *môle*, *mille*, *mule*. On recherche ensuite les phonèmes et les combinaisons qui se rencontrent avant les voyelles et après les voyelles. Ceci nous donne les groupes de consonnes qui peuvent figurer à l'initiale et à la finale de signifiant. Il reste alors à vérifier si les groupes internes compris entre deux voyelles du même signifiant sont toujours analysables en une succession d'un groupe final et d'un groupe initial. C'est bien ce qui se passe pour le groupe /kstr/, en français, qui s'analyse en un groupe final /-ks/ (cf. *fixe*, *ex*) et un groupe initial /tr-/ (cf. *très*, *tranche*). Mais ceci n'est pas toujours le cas : en finnois, par exemple, le groupe /-ks-/ figure entre voyelles, mais si /s/ peut figurer à l'initiale devant voyelle, /k/ n'existe pas à la finale. Dans un cas de ce genre, il faudra prévoir une liste de groupes internes. On n'oubliera jamais de faire intervenir le conditionnement prosodique : il est fréquent que les combinaisons d'unités distinctives ne soient pas les mêmes sous l'accent, avant l'accent et après l'accent.

3-40. La forme canonique

L'examen des combinaisons de phonèmes et d'unités prosodiques dans le cadre du signifiant minimum révèle que, dans beaucoup de langues, le monème isolable tend à prendre une forme déterminée : en anglais et en allemand, il comporte le plus souvent une syllabe dont la voyelle, diphtonguée, longue ou brève, est soit initiale, soit précédée de n'importe quel phonème ou groupe de phonèmes consonantique licite à l'initiale; si la voyelle est brève, elle est obligatoirement suivie d'une ou de plus d'une consonne; si elle est longue ou diphtonguée elle peut également être finale; cette syllabe, qui est accentuable, peut être suivie d'une syllabe inaccentuée dont la voyelle, généralement de timbre [ə], peut être suivie d'une consonne ou, plus exceptionnellement, d'un groupe de consonnes. Si l'on désigne les voyelles accentuables par v́ si elles sont non brèves, par v̆ si elles sont brèves, les voyelles inaccentuées par v, et les consonnes ou groupes de consonnes par c, on obtient les formules (c)v́(cvc) et (c)v̆c(cv) où sont facultatifs les éléments placés entre parenthèses; angl. *I* all. *Ei* sont de type v́, angl. *ill*, all. *all*, de type v̆c, ang. *fee*, all. *roh* de type cv́, ang. *fill*, *trill*, *strip*, *strict*, all. *voll*, *tritt*, *streng*, *Takt* de type cv̆c, ang. *wonder*, *bottle*, all. *Mutter*, *Schatten* de type cv̆cvc, etc.

La forme normale des monèmes isolables d'une langue est dite parfois forme canonique. La forme canonique en chinois est le monosyllabe, et dans les langues sémitiques trois consonnes, avec ou sans voyelles intermédiaires. Ce sont là des langues où cette notion a un sens évident. Il est plus difficile de dégager une forme canonique pour le français par exemple. On notera toutefois que, dans le langage courant, les mots longs tendent à se réduire à des dissyllabes du type *métro*, *vélo*, *télé* ou *té-vé*.

3-41. La « morphophonologie »

On est souvent tenté d'inclure dans la présentation de la phonologie d'une langue un examen des alternances vocaliques ou consonantiques telles que celles de *eu* et de *ou* dans *peuvent*, *pouvons*, *meurent*, *mourons*, *preuve*, *prouvons*, etc., ou encore les inflexions de l'allemand qu'on groupe sous le terme de *Umlaut* et qui servent pour former des pluriels comme *Bücher* ou des formes verbales comme *fällt* ou *gibt*. Cet examen, pratiqué sous le nom de morpho-(pho)nologie, est parfaitement justifié lorsqu'il vise à dégager certains automatismes comme celui qui entraîne le petit Allemand à former, à partir de *bringen*, *gebrungen* au lieu de *gebracht*, sur le modèle de *singen*, *gesungen*. Mais ceci n'a rien à voir avec la phonologie; le conditionnement de l'alternance est strictement morphologique et n'est, en aucune façon, déterminé par des facteurs phoniques. Le terme de morpho-(pho)nologie, qui laisse supposer un rapport avec la phonologie, est donc à écarter pour désigner l'étude de l'emploi, à des fins grammaticales, des distinctions qui sont à la disposition des locuteurs.

4
Les unités significatives

I. L'analyse des énoncés

4-1. Rôle marginal des signes prosodiques

On est naturellement tenté d'identifier unités significatives et unités de première articulation. Mais il faut ne pas oublier qu'un trait prosodique, comme la montée de la courbe mélodique qui fait d'*il pleut?* une question, combine un signifiant, la montée de la courbe, et un signifié, celui qu'on reconnaît en français au monème *est-ce que*. Il y a donc des signes qui ne se conforment pas à la double articulation. Ces signes jouent, dans les communications humaines, un rôle qui n'est pas négligeable. Mais on doit les considérer comme marginaux parce qu'un énoncé n'est proprement linguistique que dans la mesure où il est doublement articulé. Dans ce qui suit, seules les unités de première articulation retiendront l'attention, sans qu'on perde jamais de vue qu'elles peuvent être suppléées par des signes prosodiques.

4-2. Difficultés de l'analyse : l'amalgame

De même que la première opération phonologique consiste à analyser les signifiants en unités successives minima, les phonèmes, la première opération ici consiste à analyser les énoncés ou fragments d'énoncés en leurs unités significatives successives minima que nous désignons comme des monèmes. On doit signaler dès l'abord que l'opération a des chances de ne pouvoir toujours être menée à son terme. La raison en est que les monèmes sont des unités à double face : une face signifiée et une face signifiante qui en est la manifestation. Pour que le signifié soit manifesté, il convient que l'énoncé soit phonologiquement différent de ce qu'il serait sans cela. Mais il peut se faire que deux signifiés qui coexistent dans un énoncé enchevêtrent leurs signifiants de telle façon qu'on ne saurait analyser le résultat en segments successifs. Soit en français le signifié « à » et le signifié « le » des signes *à* et *le ;* leurs signifiants sont en général respectivement /a/ et /l/, dans *il est à Paris* et dans *le chapeau* par exemple; mais lorsque les deux signes coexistent dans une même région de la chaîne parlée et y sont suivis d'une consonne, ils acquièrent un signifiant unique inanalysable /o/ orthographié *au* (*il va à l'hôpital* mais *il va au marché*). Soit en anglais le signifié « couper » et le signifié « prétérit »; le signifiant du premier est /kʌt/; celui du second le plus souvent /d/; mais lorsque ces deux signes sont rapprochés dans l'énoncé, ils se manifestent conjointement sous la forme /kʌt/, dans *he cut* « il coupa », par exemple (cf. le présent correspondant *he cuts* /hi kʌts/). Dans lat. *malorum* « des pommes », *-orum* sert de signifiant aux deux signifiés « génitif » et « pluriel » sans qu'on puisse préciser ce qui correspond au génitif et ce qui correspond au pluriel. Dans tous ces cas, on dira que des signifiants différents sont **amalgamés.**

On peut voir dans l'amalgame un aspect particulier d'un phénomène plus général qui consiste, pour un signifié, à se manifester, selon le contexte, sous des formes variables : en français, le signifié « aller » se manifeste, selon les contextes, sous des formes /al/, /va/, /i/ *(i-ra)* ou /aj/ *(aille)*. L'existence de ces variantes, identifiées comme telles parce qu'elles sont en distribution complémentaire, montre qu'on ne peut à coup sûr identifier un monème par référence à son signifiant. L'utilisation du concept d'amalgame permet au descripteur certaines latitudes : dans un cas comme all. *sang*, prétérit de *singen*, il importe peu qu'on choisisse l'analyse en un signifiant discontinu /z...ŋ/ correspondant au signifié « chanter » et un signifiant /...a.../ correspondant au signifié « passé », ou l'interprétation de /zaŋ/ comme un amalgame correspondant à deux signifiés distincts.

4-3. L'analyse en monèmes

L'opération qui permet l'analyse des énoncés en monèmes n'est pas sans analogie avec celle qui permet d'analyser les signifiants en phonèmes. Il s'agit, bien entendu, dans les deux cas de déterminer les segments qui ont fait l'objet d'un choix particulier du locuteur : dans le cas des phonèmes, il s'agissait de segments qu'il fallait choisir de façon à obtenir un signifiant déterminé; ici, il s'agit de segments que le locuteur a dû choisir en fonction directe de la valeur à donner au message. L'analyse résultera du rapprochement d'énoncés de moins en moins différents dans leur phonie et de plus en plus proches sémantiquement. Soit, par exemple, en français, /ilkur/ *il court* et /nukuriõ/ *nous courions*; les signifiants ont en commun le segment /kur/ et les signifiés la notion de « courir »; les uns et les autres restent largement distincts; sensiblement moins différents sont /nukuriõ/ et /nukurõ/ qui ont en commun /nukur...õ/ et les signifiés « courir » et « première personne de pluriel » (ces deux derniers dissociés par rapprochement de /nukuriõ/ et /vukurie/ *vous couriez*, /nukurõ/ et /vukure/ *vous courez*); les signifiants ne se distinguent ici que par l'insertion de /...i.../ dans le premier et l'absence de ce /...i.../ dans le second, les signifiés par la notion d' « imparfait » qui existe dans le premier et n'existe pas dans le second; nous poserons donc un monème avec signifié « imparfait » et signifiant /i/ inséré dans le complexe avant un /-õ/ final. Ce signe d'imparfait a le même signifiant /i/ lorsqu'il coexiste avec la notion de « deuxième personne du pluriel », mais, dans d'autres contextes, il s'exprime au moyen du signifiant /-è/ (*il courait* /ilkurè/). Dans certains contextes (*que nous courions* /knukuriõ/) ce même signifiant /-i-/ correspond à un tout autre signifié, celui qui est dit « subjonctif ». Ce signifié, lorsqu'il coexiste avec les « personnes » qui entraînent pour l' « imparfait » le signifiant /-è/, ne possède (dans le cas de « courir ») aucune expression distincte : après *il veut* /ilvφ/, nous trouvons le subjonctif *que nous courions* /knukuriõ/, et après *il voit* /ilvua/, l'indicatif *que nous courons* /knukurõ/; en combinaison avec « troisième personne de singulier », la forme est la même dans les deux cas : /kilkur/ en dépit des différences d'orthographe : *qu'il coure* et *qu'il court*; on dit souvent dans ce cas que le signifiant est zéro.

Sur la base de l'examen très limité qui précède, nous pouvons poser l'existence en français d'un signifié « imparfait » dénoté selon les contextes par /-i-/ ou par /-è/ et d'un signifié « subjonctif » dont le signifiant est tantôt /-i-/ tantôt zéro. Un examen plus poussé, qui s'étendrait par exemple à des formes comme *il faisait* /ilfəzè/, *qu'il fasse* /kilfas/, nous montrerait que, si notre analyse recouvre tous les faits relativement au signe « imparfait » —/-i-/, /-è/, elle demande à être précisée dans le cas de « subjonctif » —/-i-/, zéro, puisque le subjonctif /kilfas/ n'est pas identique à l'indicatif /kilfè/. Ceci nous amène à préciser qu'en coexistence avec les signifiés « faire », « finir », « mentir » et bien d'autres, le signifié « subjonctif » entraîne l'emploi d'une variante particulière des signifiants correspondants : /fas/, /finis/, /mãt/.

4-4. Signifiants discontinus

Si maintenant nous rapprochons /nukurõ/ *nous courons* de /kurõ/ *courons*, nous notons que les signifiés ont en commun les traits « courir » et « première personne de pluriel », mais le trait « énonciation » caractérise le premier en opposition avec le trait « injonction » du second. On est tenté de dire que /nu/ est le signifiant correspondant à « énonciation »; il faudrait dans ce cas lui reconnaître une variante /vu/ dans /vukure/ *vous courez* qui s'oppose à /kure/ *courez*. Mais d'autres contextes comme *il nous l'a dit* ou *c'est pour vous*, permettent d'identifier /nu/ *nous* avec « première personne de pluriel » et /vu/ *vous* avec « deuxième personne de pluriel »; il nous faut donc poser que, dans /nukurõ/, /nu/ et /õ/ représentent le signifiant discontinu du signifié « première personne de pluriel » et qu'en outre /nu/, mais non /õ/, combine l'expression de ce signifié et de celui d' « énonciation » par opposition au signifiant zéro d' « injonction ».

4-5. L' « accord »

Les signifiants **discontinus** tels que /nu...õ/ dans /nukurõ/ résultent fréquemment de ce qu'on appelle l'accord : dans /lezanimopes/ *les animaux paissent* rapproché de /lanimalpè/ *l'animal paît*, le signe « pluriel » reçoit trois expressions distinctes : /leza.../ au lieu de /la.../, /...mo.../ au lieu de /...mal.../ et /...pes/ au lieu de /...pè/ ; on dira, si l'on veut, que le signifiant de « pluriel » est /-ez-/ accompagné d'une variante particulière des signifiants correspondants aux signifiés « animal » et « paître ». Il n'y a là, bien entendu, qu'un seul monème de pluriel, celui dont le signifiant est simplement /-e-/ dans /lešamãž/ *les chats mangent.*

Dans un cas d'accord, comme celui, en genre, de /lagrãdmõtañblãš/ *la grande montagne blanche*, la caractéristique « féminin » est incluse dans « montagne », puisqu'on ne peut jamais dissocier « féminin » de « montagne ». S'il y a en français un monème de signifiant fort variable (/es/ *-esse*, par exemple) correspondant à « sexe féminin », il n'y en a pas qui corresponde à « genre féminin ». Ce qu'on y trouve, ce sont des monèmes ou combinaisons de monèmes dits « de genre féminin » dont le signifiant est normalement discontinu en ce sens qu'outre son expression centrale (ici /...mõtañ.../) il se manifeste en d'autres points de l'énoncé : /la.../, /...ãd.../, /...ãš/, au lieu de /l.../, /...ã.../, /...ã/ que l'on aurait si l'on remplaçait *montagne* par *rideau (le grand rideau blanc)*.

4-6. Complexité variable de la structure des monèmes

Les illustrations, empruntées au français, que nous avons utilisées jusqu'ici, suggèrent que l'analyse des énoncés en monèmes est une opération complexe, ce qu'elle est effectivement en général. Mais cette complexité varie beaucoup d'une langue à une autre et, dans la même langue, d'un type de monème à un autre. Il y a des langues où l'invariabilité et la continuité des signifiants est une règle qui ne connaît guère d'exceptions : là où le français, en référence à un même signifié, dira, selon les cas, *je*, *me* ou *moi*, le vietnamien n'aura jamais que *tôi*. Dans certains cas, le signifiant de « première personne du singulier » débordera en français sur le verbe voisin, d'où /žsüi/ *je suis*, à côté de /tüè/ *tu es*, /ilè/ *il est*, /žvè/ *je vais*, face à /tüva/ *tu vas*, /ilva/ *il va*, etc., alors que les équivalents vietnamiens des verbes français ont un radical invariable. En français même, l'invariabilité des signifiants de monème n'est pas rare : « jaune » est toujours /žón/, employé seul ou dans les dérivés (cf. /žón-is/ *jaunisse*, /žón-è/ *jaunet*); le radical d'une large majorité des verbes de la langue, tels /dòn-/ « donne », /šãt/ « chante », /mãž-/ « mange » reste identique d'un bout à l'autre de la conjugaison.

L'étude des variantes de signifiant est l'objet de la **morphologie**. Pratiquée dans le cadre traditionnel du mot ou en examinant individuellement chaque monème, elle ne coïncide pas, comme on le croit trop souvent, avec l'énumération de tous les monèmes grammaticaux (cf., ci-dessous, 4-19) : le grammatical invariable fr. *pour* n'a rien à faire dans la morphologie, et le lexical *all(er)*, avec ses variantes de signifiant / al-/, /va/, /i-/, /aj/, y figure de plein droit.

4-7. Variantes de signifiants et variantes de signifiés

On peut rapprocher les variantes des signifiants de monèmes et celles des phonèmes en parlant, dans un cas comme dans l'autre, de variantes combinatoires ou contextuelles. Il faut, bien entendu, noter que le contexte qui détermine les variations est, dans le cas des phonèmes, un contexte phonique, dans le cas des monèmes un contexte signifiant : /...i.../ s'emploie, lorsque « imparfait » coexiste avec « première ou deuxième personne de pluriel », /...è/ lorsqu'il coexiste avec d'autres « personnes ». Il y a des cas cependant où le conditionnement de l'emploi de deux variantes de monème s'exprime en termes de contexte phonique : le pluriel anglais s'exprime par /...ɪz/ après sifflante ou chuintante, par /...z/ après tout autre phonème réalisé comme une sonore et par /...s/ après tout autre phonème réalisé comme une sourde; le pluriel de *sin*. /sɪn/ sera donc /sɪnz/; l'alternance de /s/ et de /z/ n'est toutefois pas déterminée *phonologiquement* par le contexte phonique, puisque *since* /sɪns/ existe à côté de /sɪnz/; son conditionnement peut être formulé en termes phoniques, mais il ne vaut que pour un emploi grammatical déterminé.

A côté des variantes combinatoires de signifiants, il existe des variantes facultatives comme /žpø/ « je peux », /žpüi/ « je puis » dans un rapport mutuel analogue à celui que nous avons noté ci-dessus (3-17) entre *r* grasseyé et *r* roulé dans le parler de l'acteur.

S'il est légitime d'employer ici la même terminologie pour les unités des deux articulations du langage, il convient de noter qu'il y a, entre les variantes des signifiants et les variantes des phonèmes, une différence fondamentale qui tient au fait que les variantes de phonème ne se définissent pas en termes de grandeurs discrètes : toute réalisation d'un phonème est une variante puisque, physiquement, elle diffère, tant soit peu, de toute autre, du fait du contexte ou de l'humeur du locuteur. Au contraire, les variantes de signifiant se définissent en termes de phonèmes, c'est-à-dire d'unités discrètes : /kur/ *cours*, *coure*, *courent*, prononcé par un rural avec un *r* roulé, n'est pas une variante du signifiant /kur/, mais le signifiant /kur/ lui-même qui, en tant que tel, ne connaît pas de variante; il y a variante du signifiant lorsque le signifié « aller » s'exprime par /...al.../ dans /nuzalõ/ *nous allons* et par /...i.../ dans /nuzirõ/ *nous irons*. Un signifiant ou une variante de signifiant est toujours identifiable en termes d'unités distinctives discrètes ou de zéro. Il en va tout autrement de la face signifiée du monème, dont la valeur varie selon les contextes ou les situations aussi largement que la réalisation d'un phonème : que l'on compare *il court après l'autobus, il court après la fortune, il court le cerf, c'est un coureur* (prononcé sur un stade ou dans un salon).

II. La hiérarchie des monèmes

4-8. La place du monème n'est pas toujours pertinente

Pour établir l'inventaire des phonèmes, nous avons commencé par dégager les unités susceptibles d'apparaître dans un contexte déterminé. Il s'agissait en effet de retrouver les unités entre lesquelles le locuteur doit choisir à chaque point de son énoncé pour que celui-ci corresponde bien au message désiré : si ce message comporte le mot *mal* /mal/, il faudra, à l'initiale, choisir /m/ parmi les phonèmes consonantiques qui peuvent y figurer, ensuite /a/ parmi ceux des phonèmes vocaliques qui peuvent figurer en syllabe couverte, enfin /l/ parmi les consonnes susceptibles d'apparaître à la finale. Il ne peut être question, une fois retenus les trois phonèmes /m/, /a/, et /l/, de les placer dans un ordre quelconque, parce qu'on obtiendrait alors des combinaisons imprononçables (/aml/) ou quelque autre monème (/lam/ *lame*). Le phonème joue en effet son rôle distinctif dans une position déterminée.

Le rôle significatif des monèmes entraîne, pour eux, un comportement assez différent : à côté d'un énoncé comme *Pierre bat Paul* qui devient autre chose si l'on inverse *Pierre* et *Paul*, comme /mal/ devient autre chose si l'on inverse /m/ et /l/, il y a des énoncés tels que *je partirai demain* dont le sens ne varie jamais si je change l'ordre de certains monèmes et dis *demain, je partirai*. Si, dans *je partirai demain*, je remplace *demain* par *en voiture* ou par *avec mes valises*, cela ne veut pas dire que j'ai eu à choisir entre *demain*, *en voiture* et *avec mes valises*, l'emploi de l'un excluant celui des deux autres, comme le choix de /m/ à l'initiale de *mal* exclut /b/ et comme l'emploi de *Pierre* dans *Pierre bat Paul* exclut *Jean*. Je puis employer concurremment les trois segments et dire, par exemple, *je partirai demain en voiture avec mes valises* ou encore *je partirai en voiture demain avec mes valises*; *demain* ne s'oppose pas à *en voiture* et à *avec mes valises*. On voit ici combien l'utilisation linguistique de « s'opposer » s'éloigne peu en fait de l'emploi ordinaire de ce terme : *demain* ne s'oppose pas à la présence dans le même énoncé d'*en voiture* et d'*avec mes valises*; mais il s'oppose à celle d'*hier* ou d'*aujourd'hui*, comme, à l'initiale du mot *mal*, /m/ s'oppose à la présence de /b/. En ce qui concerne les phonèmes, opposition implique incompatibilité en un point : dans /mal/, /m/ s'oppose à /b/ à ce point particulier de la chaîne, mais ne l'exclut pas dans une position voisine, comme on le voit par /emabl/ *aimable*. Pour les monèmes ou les signes plus complexes, opposition peut impliquer incompatibilité dans un énoncé déterminé : il n'est pas possible de dire *aujourd'hui, je partirai demain.* Pour les monèmes, aussi bien que pour les phonèmes, l'appartenance à un même système implique opposition, c'est-à-dire **choix exclusif** : on dira donc, si l'on veut, que *demain, aujourd'hui* et *hier* appartiennent à un même système, alors que *demain* et *en voiture* appartiennent à des systèmes différents. Mais on ne pourra pas, pour les monèmes, procéder sans restrictions à l'établissement de systèmes d'unités susceptibles d'apparaître en un même point de la chaîne.

4-9. Liberté syntaxique et économie

On s'explique assez bien d'une part la fixité des phonèmes, d'autre part les latitudes dont jouissent les locuteurs lorsqu'il s'agit d'ordonner les monèmes dans l'énoncé. Il est en effet économique que soient pertinents, dans le cas des phonèmes, non seulement leurs traits oppositionnels, mais leurs positions respectives : soient les phonèmes français /a/, /p/ et /l/; si leur place respective dans le signifiant n'était pas pertinente, ils ne pourraient ensemble former qu'un seul signifiant qui se prononcerait indifféremment [apl], [pal], [lap], etc. C'est le fait que cette place n'est pas indifférente qui leur permet de former les quatre mots distincts /pal/, /pla/, /alp/, et /lap/, c'est-à-dire, *pal, plat, alpe* et *lape.* Sans doute, la pertinence de la place respective des monèmes (dans *Pierre bat Paul*, par exemple) correspond-elle également à une économie, mais une certaine liberté dans l'ordonnance des monèmes ou des signes plus complexes présente pour le locuteur d'évidents avantages, puisqu'elle lui permet d'analyser l'expérience à communiquer selon un ordre adapté aux conditions particulières où il se trouve. Cette liberté de construction peut être assurée de diverses façons, comme le montrera l'analyse qui suit.

4-10. Trois façons de marquer les rapports d'un monème

L'expérience à transmettre peut être considérée comme un tout dont la langue permet de dégager certains aspects. « Hier, il y avait fête au village »; je puis envisager une langue où cette information pourrait se communiquer sous la forme de trois monèmes placés dans un ordre quelconque : un qui dénoterait à lui seul non seulement la notion de « fête », mais l'existence effective d'une fête; un autre qui désignerait, non point seulement un village, mais un village comme le lieu où se produit un événement; un troisième, équivalent exact de « hier », qui désignerait le jour qui précède celui où se transmet le message, non en lui-même, mais comme la période dans laquelle se replace l'événement. Au premier de ceux-ci correspond en français la succession de monèmes *il y avait fête*, qui comporte, en sus, un monème de passé *(-ait)* qui double *hier* avec une moindre précision; s'y trouve notamment dissociées la notion de « fête » *(fête)* et celle d'« existence effective » *(il y a)*. Au second, correspond, de même, la série de monèmes *au village* où s'expriment séparément la notion de « village » *(village)* et celle de « lieu où se passe quelque chose » *(à* amalgamé dans *au)*, sans préjudice de l'indication que le village en question n'est pas un village quelconque *(le* amalgamé dans *au)*. Le troisième, seul, trouve son équivalent français dans le monème unique *hier*, qui, par lui-même, établit un rapport défini entre le jour qui précède celui-ci et l'événement que l'on rapporte; *hier* combine en quelque sorte le sens de « dans » et celui de « le jour qui précède celui-ci ». Ceci ne veut pas dire qu'on ait le droit d'analyser le signifié de *hier* en deux signifiés distincts, mais bien que ces deux notions vont toujours de pair en français et forment une seule unité linguistique.

Pour qu'un monème simple puisse figurer, sans changer l'essentiel du message, tantôt ici, tantôt là, dans un énoncé donné, il faut normalement qu'il appartienne au type de ceux qui, comme *hier*, *aujourd'hui*, *demain*, impliquent leur rapport avec le reste de l'énoncé. Sinon, une certaine liberté de position peut lui être assurée par l'adjonction de monèmes particuliers marquant ses rapports avec le contexte, ce qu'on constate par exemple dans *au village*, *en voiture*, *avec mes valises* Un monème qui n'implique pas ses rapports avec le contexte et qui ne s'adjoint pas de monèmes de rapport devra indiquer ses relations avec le reste de l'énoncé par la place qu'il y occupe; *Paul* sera marqué comme l'objet des sévices par sa position après *bat* dans *Pierre bat Paul*, comme l'auteur des sévices par sa position avant *bat* dans *Paul bat Pierre*.

4-11. Les monèmes autonomes

Les **monèmes autonomes** comme *hier*, qui impliquent non seulement référence à un élément d'expérience, mais aussi un rapport défini avec les autres éléments de l'expérience à communiquer, ne sont pas, même en français, uniquement temporels; *vite*, par exemple, est du même type; il ne dénote pas simplement, la rapidité, mais bien la rapidité avec laquelle se déroule le processus en cause. Ces unités entrent dans la classe traditionnelle des adverbes. Elles ne sont économiques que lorsqu'elles sont d'une grande fréquence et plus fréquentes que l'expression de l'élément d'expérience isolé : *vite* est plus fréquent que *rapidité*; quant à *hier*, il est tellement plus fréquent que la même notion dépourvue de son caractère adverbial, c'est-à-dire de sa référence à un fait déterminé, qu'on doit avoir, pour exprimer celle-ci, recours à une désignation aussi complexe que « le jour qui précède celui-ci ».

La nature du rapport d'un monème autonome avec le reste de l'énoncé ne dépend pas de sa place dans cet énoncé. Ceci n'implique pas que sa position, à l'intérieur de la proposition, soit nécessairement indifférente au sens : *il faut vite courir* est autre chose qu'*il faut courir vite*. On dira que le point d'incidence n'est pas le même dans les deux cas.

On notera que les monèmes autonomes ainsi conçus ne sont pas les seuls à ne pas dépendre d'autre chose pour l'indication de leurs rapports : un monème verbal, comme *jette* ou *donne*, implique non seulement son sens, mais, également, son emploi comme prédicat, c'est-à-dire la nature de ses relations avec les autres éléments de l'énoncé.

4-12. Les monèmes fonctionnels

Dans tous les cas où un élément d'expérience est conçu comme pouvant être dans des rapports variés avec son contexte, il est plus économique d'assurer une expression distincte de cet élément d'une part, de chaque type de rapport d'autre part. Supposons une langue où existeraient un monème avec la valeur de « l'homme qui fait l'action » et un signifiant comme /bak/, un autre avec celle de « l'homme qui subit l'action » et un signifiant /som/, et un troisième du sens de « l'homme qui tire bénéfice de l'action » et de signifiant /tin/; au lieu de notre seul *homme* /òm/, on y trouverait trois « mots » parfaitement distincts : /bak/ qu'on emploierait dans l'équivalent de *l'homme marche*, /som/ dans *j'ai vu l'homme*, /tin/ dans *il l'a donné à l'homme.* Si cette situation existait pour l'ensemble des équivalents de nos noms, il y aurait dans cette langue trois fois plus de « noms » que dans la nôtre, ce qui surchargerait considérablement la mémoire. Aussi n'a-t-on jamais signalé nulle part de langue de ce type. Il est évidemment préférable de n'avoir qu'un monème pour « homme », un pour « femme », un pour « animal », etc., auquel on ajoute, selon les besoins, un autre monème qui a la valeur de « qui fait l'action », un autre du sens de « qui subit l'action », ou un troisième de signifié « qui tire bénéfice de l'action ». C'est là ce qu'on rencontre dans beaucoup de langues où existent un monème qui désigne un segment voisin comme dénotant l'auteur de l'action, un monème qui joue le même rôle pour le patient et un troisième qui fait de même pour le bénéficiaire. En français, le monème /a/ *à* désigne le bénéficiaire de l'action. Dans *il a donné le livre à Jean*, *à* signale la fonction de *Jean*. **Fonction** désigne ici le fait linguistique qui correspond au rapport entre un élément d'expérience et l'expérience globale. Nous appellerons **monèmes fonctionnels** ou **fonctionnels** les monèmes qui servent à indiquer la fonction d'un autre monème.

4-13. Le syntagme autonome

On désigne sous le nom de **syntagme** toute combinaison de monèmes dont les rapports mutuels sont plus étroits que ceux qu'ils entretiennent avec les autres éléments de l'énoncé, plus, éventuellement, le monème fonctionnel qui rattache cette combinaison au reste de l'énoncé. Un **syntagme autonome** est une combinaison de deux ou plus de deux monèmes dont la fonction ne dépend pas de sa place dans l'énoncé. Il peut être du type *l'an dernier* où c'est l'ensemble des monèmes en cause qui indique son rapport avec le contexte. Mais il est le plus souvent pourvu d'un monème fonctionnel qui assure l'autonomie du groupe. Les segments d'énoncé *en voiture*, *avec mes valises* sont des syntagmes autonomes. Un monème comme *hier* exprime par lui-même ses rapports avec le contexte ; dans *en voiture*, c'est le premier monème, *en*, qui exprime les rapports du second, *voiture*, avec le contexte ; il en va de même dans le syntagme autonome minimum *avec plaisir* ou dans les syntagmes plus complexes comme *avec mes valises* ou *avec le plus grand plaisir*. Dans le finnois *kirkossa* « dans [l'] église » c'est le second monème, *-ssa*, qui exprime la fonction du premier, *kirko-*.

4-14. Tendance à l'amalgame chez le syntagme autonome

L'autonomie dont jouit le syntagme doué d'un monème fonctionnel est parfaitement illustrée par le comportement des formes nominales en latin où chacune d'entre elles est munie de ce qu'on appelle une désinence casuelle qui suffit souvent à indiquer sa fonction et qui permet à l'usager certaines latitudes de construction. Cette autonomie de l'ensemble a pour contrepartie une union plus intime des monèmes composants : le syntagme autonome tend dans la plupart des langues à constituer une unité accentuelle à l'intérieur de laquelle peuvent s'atténuer et disparaître tous les phénomènes qui accompagnent les pauses virtuelles. Cette tendance à réduire l'autonomie des éléments successifs du syntagme est freinée tant que les monèmes composants restent séparables, c'est-à-dire tant qu'on peut introduire un ou plusieurs monèmes entre les composants primaires : *avec plaisir*, *avec grand plaisir*, *avec le plus grand plaisir*. Lorsque ceci n'est pas le cas, l'évolution phonétique peut rapidement brouiller les frontières des signifiants : les phonèmes finals et initiaux de ces signifiants se trouvant désormais constamment dans un contexte déterminé, ils subiront les pressions de ce contexte : dans un état de langue où /k/ et /g/ se palatalisent devant /i/ ou /e/, un /k/ final de monème suivi d'un /i/ initial d'un monème suivant peut échapper à la palatalisation s'il y a pause, même virtuelle, en passant d'un phonème à l'autre : mais si les frontières des monèmes sont brouillées du fait de la non-séparabilité des éléments successifs du syntagme, /-k i-/ devient -/ki-/ où /k/ se palatalise, et le groupe peut ultérieurement passer à /-či-/; comme, toutefois, dans d'autres contextes, /-k-/ se conserve tel quel, ceci aura pour résultat que le même monème se terminera tantôt en /-k/, tantôt en /-č/; en tchèque, le radical qui signifie « main » a la forme *ruk-* lorsque le monème se combine avec celui de nominatif et celui de singulier (*ruka*), la forme *ruc-* (—/ruts/) dans *ruce*, locatif singulier, la forme *ruč-* dans l'adjectif *ručni* (*ruč-n-i*) « manuel », et la différenciation de ces trois formes du radical remonte à des palatalisations successives, dans des contextes divers, d'une forme à /-k/ final. L'action du contexte agit dans les deux sens et affecte aussi bien le monème fonctionnel que les autres éléments du syntagme : en grec, un ancien **-m*, signifiant du monème fonctionnel d'accusatif, est normalement représenté par /-n/ lorsque le signifiant précédent se termine par une voyelle, par /-a/ lorsqu'il finit en consonne : *logo-n*, *korak-a*. Ce sont des phénomènes de ce genre qui sont à l'origine de la plupart des variantes de signifiants. L'aboutissement extrême de cette tendance est le chevauchement des signifiants qui peut aboutir à un complet amalgame : fr. *au* pour *à+le*, angl. *cut* pour *cut+ed*.

L'influence qu'exercent l'un sur l'autre deux signifiants en contact s'accompagne fréquemment d'une influence mutuelle des signifiés correspondants : les monèmes *arbre* et *commande* ont un tout autre sens dans *arbre de commande* que dans *arbre à pain* et *commande d'épicerie* et, à l'amalgame formel qui donne *au* à partir de *à + le*, correspond l'amalgame sémantique d'*œil-de-bœuf* qui désigne un objet qui n'a proprement rien en commun avec un œil ni un bœuf. Mais ceci ne vaut guère des rapports entre le monème fonctionnel et celui dont il marque la fonction, car les nécessités de la communication exigent que l'individualité sémantique de l'un et de l'autre reste intacte.

4-15. Le « mot »

Un syntagme autonome formé de monèmes non séparables est ce qu'on appelle communément un mot. On étend toutefois cette désignation aux monèmes autonomes comme *hier*, *vite*, ainsi qu'aux monèmes non autonomes, fonctionnels comme *pour*, *avec*, ou non fonctionnels comme *le*, *livre*, *rouge*, dont l'individualité phonologique est généralement bien marquée encore que leur séparabilité ne soit pas toujours acquise : les trois éléments de *le livre rouge* sont séparables, comme le montre *le petit livre noir et rouge*; mais *pour le*, *avec le* ne sont qu'assez exceptionnellement dissociés par un élément intercalaire (*pour tout le*), et le chevauchement *du*, pour *de* + *le*, et l'amalgame *au*, pour *à* + *le*, témoignent de l'intimité des groupes formés par les prépositions et les articles.

Il serait vain de chercher à définir plus précisément cette notion de mot en linguistique générale. On peut tenter de le faire dans le cadre d'une langue donnée. Mais, même dans ce cas, l'application de critères rigoureux aboutit souvent à des analyses qui ne s'accordent guère avec l'emploi courant du terme. On a cependant quelques chances d'arriver à des résultats satisfaisants avec une langue comme le latin où le mot se confond généralement avec l'unité accentuelle et où les signifiants des monèmes qui le composent sont souvent entremêlés de façon inextricable : soit *dominus* sous sa forme *domini* « les maîtres »; nous laissons de côté la complication qu'apporte l'analyse du genre qui ne diffère pas en principe de celle tentée ci-dessus (4-5) pour le français, et nous posons trois monèmes, dont les signifiés sont « maître », « nominatif », « pluriel ». On ne peut pas dire que le signifiant du premier soit *domin-*; il s'agit bien là du radical en latin classique, puisque c'est l'élément qui ne change pas au cours de la flexion; mais *domin-* ne veut dire « maître » qu'en combinaison avec une série particulière de désinences. La situation est nette lorsque nous considérons *clauus*, *clauis* et *claua*, trois mots de radical identique, *clau-*, mais très largement distincts du fait de variantes particulières de désinences, c'est-à-dire des signifiants des monèmes qui marquent les diverses fonctions. Le signifiant correspondant au signifié

« maître » est donc *domin-* en combinaison avec une série de désinences particulières. Le signifiant correspondant à « nominatif » est *-i*, mais en combinaison avec *domin-*; *-i* est d'ailleurs, dans les mêmes conditions, le signifiant du monème « pluriel ». Il apparaît clairement que l'analyse en signifiants distincts ne saurait ici que compliquer l'exposé sans entraîner de réels avantages. Aussi est-il en latin bien préférable de recourir à la méthode traditionnelle d'exposition des faits selon laquelle *dominus* représente un mot de la « seconde déclinaison ». L'existence d'enclitiques comme *-que* n'empêche pas d'identifier le mot ainsi dégagé et le mot comme unité accentuelle, car le groupe mot + enclitique ne se comporte pas accentuellement comme le mot seul (ex., avec trois brèves, *bonáque* en face de *pópulus*).

4-16. Difficultés à délimiter le « mot »

Il est beaucoup moins facile de cerner une unité du même type dans des langues comme l'anglais ou l'allemand. On sait que l'unité accentuelle de ces langues ne se confond pas avec ce qu'on pourrait y appeler le mot, et ceci va de pair avec la difficulté qu'on éprouve à s'accorder sur le nombre de mots que contiennent des énoncés ou des segments comme *I'll go out* ou *um nachzusehen.* L'anglais offre la difficulté supplémentaire de « génitifs » comme *the King of England's*. En français, il est également difficile de déceler dans tous les cas si l'on a affaire à un, deux ou trois mots : *bonne d'enfant* /bòndãfã/ n'a pas un comportement différent de son équivalent allemand *Kindermädchen*, et on le considère volontiers comme un mot composé; mais, si l'on utilise, comme on doit le faire si l'on veut éviter l'arbitraire, des critères formels et non sémantiques, et qu'on se prononce pour un ou plusieurs mots sur la foi des formes de pluriel, on sera tenté de considérer comme un seul mot *sac à main* qui fait au pluriel /sakamẽ/ et non /sakzamẽ/, mais comme trois mots *cheval à bascule* qui ferait au pluriel *chevaux à bascule*; on sera bien embarrassé dans le cas des *cartes à jouer* qui, selon les gens, sont des /kartažué/ ou des /kartzažué/.

4-17. On préférera au « mot » le syntagme autonome

De façon générale, la tendance à ne pas séparer, dans l'énoncé, les monèmes qui sont sentis comme étroitement unis par le sens est trop naturelle pour qu'on n'en trouve pas des traces dans toutes les langues. On sera donc très généralement tenté d'opérer avec une unité significative plus vaste que le monème et qu'on appellera « mot ». Il n'y a à cela pas d'inconvénient si l'on se rappelle que le terme de « mot » recouvre nécessairement dans chaque langue des types particuliers de relations syntagmatiques, et si l'on distingue bien, parmi les faits qui entraînent à poser ce type d'unité, entre les traits phoniques, démarcatifs ou culminatifs, d'une part, les traits formels de séparabilité et d'amalgame d'autre part, et, finalement, les indications que peut fournir la sémantique. On trouve en fait une infinité de degrés possibles entre l'inséparabilité complète et l'amalgame d'une part, l'indépendance totale d'autre part : dans la mesure où *j'ai vu* est, en français parlé, le passé normal de *je vois*, *ai vu* ne forme pas deux signifiants distincts mais plutôt l'amalgame de deux monèmes de signifiés « voir » et « passé »; formellement cependant *ai* et *vu* sont séparables (*j'ai souvent vu*), encore que l'on ne puisse intercaler entre l'un et l'autre ni l'adverbe *hier*, ni un complément comme *avec mes lunettes*; un complexe comme *je le donne* s'analyse assez aisément en signes successifs, mais comporte des variantes des monèmes de 1re et de 3e personnes /ž/ et /l/ qui, pour les signifiés correspondants, n'apparaissent que dans des contextes de ce type (ailleurs /mua/, /lüi/); sans doute, les éléments composants ne sont-ils pas inséparables puisqu'on trouve *je te le donne*, *je le lui donne*, mais le choix de ces éléments intercalaires est très limité, et des linguistes ont pu être tentés de voir dans *je te le donne* un seul mot (ž-tə-l-dòn/ comme on voit et on note un seul mot dans basque *da-kar-t* « je le porte ».

Ce qu'il convient surtout de ne pas oublier en la matière, c'est que le caractère de syntagme autonome qu'une forme latine comme *homini* partage avec ses équivalents modernes *for man*, *pour l'homme*, *para el hombre*, est plus essentiel que son caractère de mot : celui-ci n'est que l'aboutissement d'une ankylose graduelle qui a eu pour résultat de rendre aléatoire et peu recommandable une analyse formelle, sans rendre cependant impossible l'analyse en signifiés distincts, c'est-à-dire sans éliminer pour le locuteur la nécessité de choisir entre plusieurs fonctions possibles pour le monème « homme ». Pour la compréhension des fondements de la structure linguistique, c'est le syntagme autonome qui doit retenir l'attention plutôt que le type particulier de syntagme autonome caractérisé par l'inséparabilité de ses éléments et groupé sous la rubrique « mot » avec les monèmes qui n'entrent pas dans de tels syntagmes.

4-18. Fonctions primaires et non primaires

Parmi les fonctions linguistiques, il faut distinguer entre des fonctions primaires et des fonctions non primaires. Les **fonctions primaires** correspondent aux rapports constitutifs de la phrase, ceux qui s'établissent entre les cinq membres de l'énoncé (1) *hier* — (2) *le directeur de la banque* — (3) *a dicté* — (4) *une lettre de quatre pages* — (5) *au secrétaire particulier qu'il avait fait venir*. Les fonctions primaires sont celles d'éléments qui se rattachent directement à l'énoncé comme un tout, et non à un segment de cet énoncé. Dans l'exemple qui précède, la fonction de *la banque* et celle de *quatre pages*, marquées par le fonctionnel *de*, celle de *particulier* dénotée par sa nature , celle de *qu'il avait fait venir*, notée par *que*, amalgame d'un pronom et d'un monème fonctionnel, sont des fonctions non primaires.

4-19. Grammaticaux et lexicaux; détermination et modalités

On distingue souvent entre des monèmes grammaticaux et des monèmes lexicaux. Pour ce faire, on établit les inventaires des unités susceptibles d'apparaître à un point déterminé dans le cadre du syntagme autonome. Les monèmes lexicaux sont céux qui appartiennent à des inventaires illimités. Les monèmes grammaticaux sont ceux qui alternent, dans les positions considérées, avec un nombre relativement réduit d'autres monèmes. La fréquence moyenne de monèmes grammaticaux comme fr. *de*, *pour*, *avec* ou lat. « génitif », « datif », « ablatif » est bien supérieure à celle de monèmes lexicaux comme *homme*, *riche*, *mange* : si l'on prend un texte quelconque, qu'on compte d'une part toutes les prépositions, d'autre part tous les substantifs qu'on y rencontre successivement, et qu'on divise les chiffres obtenus de part et d'autre par le nombre des prépositions distinctes et celui des substantifs différents, le quotient sera beaucoup plus élevé pour les prépositions que pour les substantifs.

La distinction, traditionnelle, entre grammaticaux et lexicaux, présente l'inconvénient de confondre dans une même classe des unités aussi totalement différentes que les monèmes fonctionnels comme les prépositions et les cas, qui relient des éléments distincts de l'énoncé, et des monèmes comme les articles ou les désinences temporelles ou modales qui sont simplement des déterminants d'autres monèmes, comme l'adjectif *petit* est déterminant du nom *bateau*, dans *petit bateau*, ou comme *soupe* est déterminant de *mange* dans *il mange la soupe*.

Il est beaucoup plus intéressant de distinguer, parmi les monèmes non fonctionnels, entre, d'une part, ceux qui peuvent recevoir des déterminations c'est-à-dire être accompagnés de monèmes additionnels qui précisent le sens : c'est le cas d'un nom comme *bateau (petit bateau)*, d'un adjectif comme *petit (trop petit)*, d'un adverbe comme *vite (très vite)*, d'un verbe comme *mange (... mange la soupe)* ; et, d'autre part, un article comme *le (le bateau)* ou un monème de temps comme l'« imparfait » *-ait* de *mangeait* qui déterminent d'autres monèmes, mais ne sauraient être déterminés à leur tour. **Ce sont ces derniers qu'on désigne comme des modalités.**

4-20. Modalités et monèmes fonctionnels

Les modalités, comme les articles et le pluriel en français, ont longtemps été mal distinguées des monèmes fonctionnels. La différence entre les deux types est pourtant fondamentale : si, dans le syntagme autonome *avec le sourire*, *sourire* est considéré comme le centre du syntagme, le déterminant grammatical *le* est un élément centripète, le monème fonctionnel *avec* un élément centrifuge, selon le schéma ← *avec le* → *sourire*. Dans une langue comme le français, où l'amalgame des deux types est exceptionnel (*au*, *du*), on peut constater que, si la présence d'un indicateur de fonction comme *avec* donne une autonomie syntaxique au complexe *avec mes valises*, l'emploi de la modalité *le* dans *le chasseur tue la bête* ne donne aucune autonomie à *chasseur* qui doit toujours à sa place dans le contexte d'être identifié avec sa fonction de sujet. De façon générale, la possibilité d'emploi de tel ou tel monème fonctionnel est déterminée par des éléments extérieurs au syntagme autonome dont il fait partie : tel type de proposition peut comporter un complément au datif, tel autre non. Sans doute le locuteur garde-t-il souvent la latitude d'employer ou de ne pas employer tel syntagme autonome qui est licite dans le schéma d'énoncé qu'il a choisi : après *distribuer*, on peut toujours indiquer un bénéficiaire, mais on peut aussi s'abstenir de le faire; on dira *il distribue des prospectus aux passants*, mais également *il distribue des prospectus*, et ceci est encore plus net dans le cas des syntagmes autonomes introduits au moyen d'*avec* par exemple. Mais il n'en est pas moins vrai que, dans une mesure qui peut varier, les nécessités de la communication agissent toujours sur le choix du monème fonctionnel par le biais du choix initial d'un schéma particulier d'énoncé.

Il en va tout autrement pour les modalités : le choix de telle ou telle d'entre elles à un point de la chaîne est directement fonction des besoins de la communication et, plus précisément, de l'expérience à communiquer. A cet égard, les modalités ne diffèrent pas des autres monèmes non fonctionnels : je choisis, pour dire ce que je veux dire, entre *le cerf* et *un cerf* comme je choisis entre *cerf* et *biche*. La différence est que, dans le cas des modalités, mon choix est strictement limité : c'est « défini » ou « indéfini », tandis que le nombre de bêtes entre lesquelles je puis choisir pour compléter un énoncé comme *le chasseur tue...* est pratiquement illimité. On notera qu'en remplaçant une modalité par une autre, un singulier par un pluriel, un article défini par un article indéfini, on ne change pas le schéma général de l'énoncé.

Ceci naturellement va de pair avec le fait que dans une proposition latine ou française chaque substantif peut, au choix du locuteur, être ou non accompagné du pluriel. Au contraire, une proposition d'un certain type en latin suppose un monème fonctionnel de datif et un seul, même s'il est exprimé deux fois dans deux mots coordonnés : *urbi et orbi*.

4-21. Une confusion facilitée par l'amalgame et l'accord

Plusieurs faits toutefois contribuent à obscurcir la différence fondamentale entre monèmes fonctionnels et modalités. Il y a d'abord le fait que, formellement rapprochés dans le syntagme autonome, ils tendront, au cours du temps, à chevaucher et à amalgamer leurs signifiants. Il se trouve en outre que les uns et les autres participent aux phénomènes d'accord : les signifiants discontinus, qui en sont la conséquence, existent pour les monèmes fonctionnels et pour les modalités. La chose se vérifie dans une langue comme le latin, où leurs signifiants sont largement amalgamés : dans *prudentibus hominibus*, le fonctionnel « datif » et la modalité « pluriel » ont un signifiant unique qui a ici la variante discontinue *...ibus ...ibus*; dans *pueri ludunt*, le monème fonctionnel « nominatif » n'est représenté que dans le signifiant *-i*, mais la modalité « pluriel » est signifiée successivement dans *i-* et dans *-nt*; en français, où nous avons vu (4-5) que la modalité « pluriel » est signifiée successivement trois fois dans *les animaux paissent*, les monèmes fonctionnels sont le plus souvent séparables, c'est-à-dire que leur signifiant n'est pas indissolublement lié à quelque autre, comme *-ibus* l'est à *prudent-* et à *homin-* dans *prudentibus hominibus*; on y trouve cependant des signifiants discontinus dans *à mon père et à ma mère* en face de l'anglais *to my father and mother* et du syntagme *avec mon père et ma mère* où le monème fonctionnel *avec*, phoniquement plus lourd que *à*, n'est pas répété.

Les exemples qui précèdent pourraient faire croire que si, dans le cas des modalités, le champ de l'accord est assez vaste, il ne s'établirait, en ce qui concerne les monèmes fonctionnels, qu'à l'intérieur du syntagme autonome : ne seraient marqués comme datif que ce qu'on appelle communément les compléments d'attribution et les adjectifs qui les qualifient. Mais ce serait là limiter indûment l'éventail des possibilités linguistiques : dans basque *gizonari eman-diot* « je l'ai donné à l'homme », le monème de fonction « datif » est marqué non seulement par le *-i* du complément d'attribution *gizonari*, mais également, dans le verbe, par le *-io-* d'*eman-diot* qui combine l'expression de « datif » et de « 3e personne de singulier ».

4-22. Exemples d'enchevêtrements

L'accord est souvent conçu comme un moyen, peu économique sans doute, de marquer les rapports dans l'énoncé : l'accord du verbe avec le sujet « servirait » à signaler quels sont les deux mots de l'énoncé qui sont dans le rapport sujet et prédicat. Dans bien des cas d'accord de ce type, la fonction des deux éléments en cause est clairement indiquée sans qu'intervienne l'accord : dans *pater pueros amat* « le père aime les enfants », ce n'est pas l'accord en nombre du verbe qui permet d'identifier *pater* comme le sujet. Toutefois, il se trouve que, par raccroc ou de façon assez régulière, l'accord assume le rôle d'indiquer la fonction de certains éléments. Dans lat. *uenatores animal occidunt* « les chasseurs tuent l'animal » il se trouve que ni *uenatores*, ni *animal* n'indiquent quel est le sujet et quel est l'objet; *occidunt*, qui s'accorde avec *uenatores*, indique que c'est là le sujet et que, par conséquent, *animal* est l'objet; sans doute l'accord serait-il superflu si le sujet était *uiri* « les hommes », et impuissant si l'objet était au pluriel (dans *uenatores animalia occidunt*, par exemple). Mais dans le contexte considéré, on pourrait penser que c'est le signifiant de la modalité « pluriel » qui assume le rôle d'indicateur de la fonction « sujet » de *uenator-* et que la distinction entre monème fonctionnel et modalité est ici brouillée. Il faut comprendre en fait que le signifiant de nominatif, lorsqu'il se combine avec un radical de 3e déclinaison et le monème de pluriel, se réalise sous forme de l'amalgame discontinu /*...es ...nt*/, alors que l'accusatif, dans le même cas, a simplement la forme /*...es*/;/*...nt*/, qui est une partie du signifiant discontinu du seul « pluriel » lorsque le sujet a une forme non ambiguë comme *uiri*, fait ici partie du signifiant du « nominatif », monème fonctionnel. C'est évidemment l'enchevêtrement souvent inextricable de leurs signifiants dans certaines langues qui a retardé la mise en valeur de la distinction fondamentale entre monème fonctionnel et modalité.

4-23. Le cas du « genre »

Les faits d'accord peuvent s'étendre à d'autres monèmes que les modalités et les indicateurs de fonction puisqu'il y a, en français par exemple, accord en genre, et que ce qu'on appelle ainsi est simplement le signifiant discontinu d'un monème correspondant à ce qu'on nomme un substantif. Comme les éléments de ce signifiant détachés de leur noyau central (/...a ...d ...š/ détachés de /mõtañ/ dans *la grande montagne blanche*) ont un comportement formel qui rappelle celui des modalités, on est tenté de poser en français une modalité « féminin » s'opposant à une modalité « masculin ». Le fait que la différence entre *grand* et *grande* peut fonctionner seule (*la cour des grands*, *la cour des grandes*) pourrait sembler justifier une telle démarche si l'on ne se souvenait que le choix de *grands* ou de *grandes* est normalement dicté, non par le sexe des personnes en cause, mais par le genre des mots *garçons* et *filles* dont les deux adjectifs sont ici les représentants. L'emploi de *grande* au lieu de *grand* n'implique pas un choix distinct de celui, latent de *fille* au lieu de *garçon*. Il faut noter cependant que l'emploi du pronom *elle* est parfois déterminé, non par le genre, mais par le sexe de la personne en cause : *...le docteur... elle...*

4-24. Le syntagme prédicatif

Revenons au message dont nous sommes partis ci-dessus : « Hier, il y avait fête au village ». L'énoncé français qui y correspond comporte un monème autonome *hier* et un syntagme autonome *au village*. L'autonomie de ces deux segments est assurée par le sens même du monème dans un cas, par l'emploi d'un monème fonctionnel dans l'autre. L'un et l'autre peuvent disparaître sans que l'énoncé cesse d'être un énoncé normal : *il y avait fête*; *hier* et *au village* ne font que compléter cet énoncé, et c'est ce qu'on constate quand on dit, traditionnellement, qu'ils sont des compléments. Puisque le segment *il y avait fête* peut, à lui seul, constituer le message, ce n'est pas à lui de marquer ses rapports avec d'éventuelles adjonctions, et les compléments sont identifiables comme tels précisément parce qu'ils correspondent à des éléments d'expérience dont on juge nécessaire de marquer le rapport avec l'ensemble de l'expérience à communiquer, rapport qui correspond, sur le plan linguistique, à la fonction. Le syntagme *il y avait fête* n'est pas autonome, il est indépendant. On le désigne comme un **syntagme prédicatif.**

4-25. L'actualisation

Nous avons envisagé ci-dessus la possibilité d'exprimer en un seul monème la notion de « fête » et l'existence effective d'une fête. Ceci n'est pas possible en français, où les deux notions font nécessairement l'objet d'une expression distincte. Dans beaucoup de langues, le fait qu'un monème s'emploie dans une situation bien définie, de la bouche d'un certain locuteur, dans des circonstances particulières, ne suffit pas à concrétiser suffisamment une des virtualités sémantiques que comporte sa signification pour en faire un énoncé linguistiquement satisfaisant : *fête* n'est pas, à lui seul, un message linguistique; pour qu'il le devienne, il faut l'ancrer dans la réalité en marquant l'existence effective (*il y a fête*), l'existence éventuelle (*il y aurait fête*), voire l'inexistence (*il n'y a pas fête*). Il convient, comme on dit, d'**actualiser** le monème. Il faut, pour ce faire, un contexte, c'est-à-dire, au minimum, deux monèmes dont l'un est spécifiquement porteur du message et dont l'autre peut être considéré comme l'actualisateur. Le français est une langue de ce type. La situation n'y suffit guère à actualiser un monème unique que dans le cas d'injonctions, d'insultes ou de salutations : *va*! *cours*! *vole*! *vite*! *ici*! *traître*! *salut*!

Dans les réponses comme *oui*, *non*, *Jean*, *demain*, la question a préalablement fourni le contexte nécessaire à l'actualisation. Ailleurs, les énoncés d'un seul monème sont des formes abrégées d'énoncés plus longs, de sens identique : *défendu* ! pour *c'est défendu*. Il s'agit d'énoncés mutilés que le locuteur peut toujours restituer s'il le faut, un peu comme un Allemand, qui dit [na·mt] pour *Guten Abend*, retrouvera la forme [gu·tn ʔa·bnt] si on lui demande de répéter.

4-26. Le sujet

Là où l'actualisation est de rigueur, elle peut résulter de la création d'un contexte quelconque. Il pourra donc suffire, pour la réaliser, d'adjoindre un monème grammatical au monème central de l'énoncé : en français, le monème *tue* /tü/ pourra être actualisé par l'adjonction des monèmes *je*/žə/ ou *on*/õ/. Mais, bien entendu, quelque autre monème, accompagné ou non de déterminants, jouera également bien le rôle de contexte actualisateur : *l'alcool tue* /lalkòl tü/. Ceci aboutit à rendre obligatoire un énoncé minimum à deux termes dont l'un, qui désigne normalement un état de choses ou un événement sur lequel on attire l'attention, reçoit le nom de **prédicat,** et dont l'autre, dit **sujet,** désigne un participant, actif ou passif, dont le rôle est ainsi, en principe, mis en valeur. Le sujet peut être un « pronom », dans *il marche* /il marš/, ou comporter un « nom » dans *l'homme marche* /lòm marš/, ou encore combiner « nom » et « pronom » dans la forme populaire *l'homme il marche* /lòm imarš/ ou le latin *uir ambulat*. Sémantiquement, le sujet peut désigner aussi bien le patient ou le bénéficiaire de l'action que l'agent : *he* désigne le patient dans angl. *he suffered*, *he was killed*, le bénéficiaire dans *he was given a book*, l'agent dans *he killed* ou *he gave a book*. Selon les langues, le sujet peut ou non former un syntagme autonome : en latin, le sujet est ou bien une modalité du prédicat, dans *occidunt* par exemple, ou un syntagme autonome (accompagné d'une modalité du verbe) dans *uiri occidunt*, *uiri* comportant un indicateur de fonction. En français, le sujet n'est pas autonome, sa fonction étant marquée par sa position par rapport au prédicat.

Formellement donc, le sujet est toujours caractérisé soit par un monème fonctionnel, soit par sa position. Mais ce qui permet de l'identifier comme tel, et de le distinguer des compléments, c'est sa présence obligatoire dans un certain type d'énoncé ; dans *les chiens mangent la soupe* ou *ils mangent la soupe*, on ne peut pas plus supprimer *les chiens* ou *ils* que le noyau prédicatif *mangent* ; *la soupe*, au contraire, peut disparaître sans mutiler l'énoncé ni modifier l'économie de ce qui reste. C'est à juste titre qu'on désigne traditionnellement un tel segment comme « complément ». Des deux éléments obligatoires, sujet et prédicat, sera sujet le monème qui a le plus de chance de figurer également parmi les compléments : les sujets des exemples précédents sont compléments dans *les Chinois mangent les chiens*, *les Chinois les mangent*, où *les* est une variante de *ils*.

4-27. Prédicats nominaux dans les langues à sujet

Dans les langues où la combinaison sujet-prédicat est formellement obligatoire hors des cas où la situation suffit à l'actualisation, certaines constructions régulières ont été pratiquement réduites au rôle d'actualisateurs du véritable prédicat. C'est le cas, en français, d'*il y a*, où l'on distingue formellement un sujet *il* et un monème prédicatif *a*. Cette analyse est synchroniquement correcte dans *il y a son argent* (*dans cette banque*), où la prononciation, même familière, est /il i (j) a/. Mais, dans *il y a des gens sur la place*, *il y a* ne fait qu'introduire le prédicat réel *gens* et se prononce normalement /ja/ ; de même, *voici*, *voilà* (de *vois ci*, *vois là*) ne sont plus en fait que des actualisateurs d'un prédicat suivant.

4-28. Langues sans sujet

Quelque fréquent que soit le type d'organisation sujet-prédicat, on aurait tort de le croire universel. Il ne manque pas de langues où un énoncé parfaitement normal comporte un seul monème qu'on pourrait traduire par « pluie », pour « il pleut », par « renard », pour « voici un renard », etc., et ceci non seulement dans les cas marginaux que représentent les injonctions et les formes elliptiques de communication, mais aussi dans les messages proprement énonciatifs. Comme, bien entendu, l'énoncé d'un seul monème présente la même courbe d'intonation que les énoncés plus vastes d'un même type : affirmatif, interrogatif, etc., on peut être tenté de parler dans ce cas d'un monème actualisateur à signifiant intonationnel. Mais, pour la clarté de l'exposé, on a intérêt à ne parler d'actualisation que dans les cas où le monème qui intervient est une unité de première articulation, c'est-à-dire un monème segmental.

4-29. Le monème prédicatif et les voix

Le prédicat comporte un monème prédicatif accompagné ou non de modalités. Ce monème prédicatif est l'élément autour duquel s'organise la phrase et par rapport auquel les autres éléments constitutifs marquent leur fonction. Il faut noter toutefois que dans certaines langues, le français notamment, les locuteurs ont la latitude d'orienter le prédicat par rapport aux participants de l'action : soit l'action d'ouvrir, un patient qui est le portail du jardin et un agent qui est le jardinier; si l'on emploie la forme du prédicat dite « voix active », on dira le *jardinier ouvre le portail du jardin*; si l'on emploie la forme dite « voix passive », l'énoncé deviendra *le portail du jardin est ouvert par le jardinier*. Dans le premier cas, le prédicat (*ouvre*) est orienté par rapport au jardinier; dans le deuxième cas, le prédicat (*est ouvert*) est orienté par rapport au portail. Dans une langue comme le malgache, on peut en outre orienter le prédicat par rapport à ce qui serait en français un complément circonstanciel. En revanche, d'autres langues, comme le basque, ne connaissent pas cette possibilité d'orienter le prédicat : une fois posés l'action, les participants de l'action et les diverses circonstances, la structure de l'énoncé y est définitivement arrêtée.

III. L'expansion

4-30. Expansion : tout ce qui n'est pas indispensable

On appelle **expansion** tout élément ajouté à un énoncé qui ne modifie pas les rapports mutuels et la fonction des éléments préexistants. Si l'énoncé consiste en un monème prédicatif isolé, toute adjonction d'autres monèmes qui ne modifient pas le caractère prédicatif du monème primitif représente une expansion du prédicat initial; ces monèmes pourront être des types les plus divers : à partir de l'énoncé français *va*!, on obtient par expansion *va vite!* avec un monème autonome, *va le chercher*! avec un syntagme dépendant à base prédicative, *va chez la voisine*! avec un syntagme autonome, *va le chercher chez la voisine*! avec trois de ces éléments réunis. On peut donc, en un sens, dire que tout, dans un énoncé, peut être considéré comme expansion du monème prédicatif, à l'exception des éléments indispensables à l'actualisation de ce monème, comme le sujet là où il existe : dans *les chiens mangent la soupe*, *la soupe* est une expansion du prédicat, *les chiens* n'en est pas une. Mais l'expansion ne se limite pas aux éléments qu'on peut à volonté joindre au monème prédicatif. Elle comporte des adjonctions, non seulement au noyau central de l'énoncé, mais à chacun des types de segments examinés jusqu'ici. On aperçoit l'importance du rôle qu'elle joue dans la constitution des messages.

4-31. La coordination

Il convient dès l'abord de distinguer entre deux types d'expansion : l'expansion par coordination et l'expansion par subordination. Il y a expansion par **coordination** lorsque la fonction de l'élément ajouté est identique à celle d'un élément préexistant dans le même cadre, de telle sorte que l'on retrouverait la structure de l'énoncé primitif si l'on supprimait l'élément préexistant (et la marque éventuelle de la coordination) et si l'on ne laissait subsister que l'élément ajouté : soit l'énoncé *il vend des meubles*, il y aura expansion par coordination si l'on ajoute, après *vend*, *achète*, précédé d'un monème particulier (*et*) qui marque un certain type de coordination; ceci donnera *il vend et achète des meubles*, où *achète* a exactement le même rôle que *vend*, à savoir le rôle prédicatif, et dans le même cadre, c'est-à-dire dans les mêmes rapports avec les autres éléments de l'énoncé. Si l'on supprime, dans le nouvel énoncé, le prédicat primitif *vend* (et la marque de coordination *et*), on obtient *il achète des meubles*, qui a un autre sens, mais la même structure que l'énoncé initial.

L'expansion par coordination peut affecter n'importe laquelle des unités considérées jusqu'ici; un monème autonome dans *aujourd'hui et demain*, un monème fonctionnel dans *avec et sans ses valises*, une modalité dans angl. *with his and her bags*, un lexème dans *rouge et noir*, *homme et femme*, un syntagme prédicatif dans *il dessine et il peint avec talent*. On notera que peuvent être coordonnés des éléments comme *aujourd'hui* et *demain* (par exemple dans *le beau temps se maintiendra aujourd'hui et demain*) qui s'excluent l'un l'autre comme éléments autonomes dans un même énoncé.

4-32. La subordination

L'expansion par **subordination** est caractérisée par le fait que la fonction de l'élément ajouté ne se retrouve pas chez un élément préexistant dans le même cadre. Cette fonction est indiquée soit par la position de l'élément nouveau par rapport à l'unité auprès de laquelle cet élément exerce sa fonction, soit au moyen d'un monème fonctionnel; l'expansion que représente *la soupe* dans *les chiens mangent la soupe* a sa fonction indiquée par sa position après le noyau prédicatif formé par le monème prédicatif accompagné de ses modalités; celle qui a la forme *de la route*, dans *la poussière de la route*, a sa fonction marquée par le monème fonctionnel *de*. On voit que l'expansion permet de compléter des éléments non prédicatifs de l'énoncé de la même façon qu'on en complète le prédicat, encore que ce puisse être, comme ici, par l'emploi de moyens linguistiques différents : en français, la fonction de « complément d'objet direct » est distincte de celle de « complément de nom » en ce que l'une est marquée par la position, l'autre par le monème fonctionnel *de*. Mais, bien entendu, rien n'empêche que la fonction soit la même dans les deux cas, par exemple dans une langue où l'énoncé complet utilisé ci-dessus aurait une forme comme *il y a manger de la soupe par les chiens* où *la soupe* serait, linguistiquement, à *manger* ce que *la route* est à *poussière*.

L'élément subordonné peut caractériser (traditionnellement : « dépendre de ») à peu près n'importe quel élément de première articulation, monème simple ou syntagme, y compris les modalités (*plus grand* > *bien plus grand*) et même les indicateurs de fonction (*sans argent* > *absolument sans argent*), qui pourtant, le plus souvent, échappent aux spécifications : on le trouve précisant la valeur d'un monème autonome *(vite > très vite)* ou de tout autre monème *(la robe > la robe rouge, la robe de bal, la robe qui est rouge, le pinceau de l'artiste)*; cet élément peut lui-même être une expansion par subordination d'un autre monème *(il va vite > il va très vite, la belle robe > la très belle robe)*. L'élément subordonné peut caractériser un monème prédicatif : *il dit > il le lui dit, il dit un mot, il dit qu'il viendra*; *il part > il part demain, il part quand elle arrive*.

L'élément subordonné peut prendre la forme d'un monème unique autonome *(il court > il court vite)* ou non autonome *(grand > très grand)*. Ce peut être un syntagme autonome du type de ceux que nous avons rencontrés jusqu'ici : *il part > il part avec ses valises*, *les églises > les églises de Rome*. Ce peut-être aussi un syntagme de forme prédicative, normalement rendu autonome par l'adjonction d'un monème fonctionnel, qui est souvent une « conjonction de subordination », mais qui peut aussi être signalé comme expansion simplement par la place qu'il occupe dans l'énoncé : *il part > il part quand elle arrive*, *la robe > la robe qu'elle porte*, et, sans monème fonctionnel, angl. *the face was black > the face he saw was black*.

On voit que le concept de subordination couvre exactement les mêmes phénomènes que celui de détermination (cf. ci-dessus,

4.19). Ce n'est que le point de vue qui diffère : un élément subordonné est un déterminant. Un monème déterminé, qui est celui dont dépend un élément subordonné, est souvent désigné comme un **noyau** dont le déterminant, c'est-à-dire l'élément qui lui est subordonné, est à considérer comme un **satellite**.

4-33. La phrase

Les monèmes subordonnés de forme prédicative (le noyau des « propositions subordonnées ») ne sauraient être assimilés à des prédicats véritables puisqu'il leur manque le caractère de non-marginalité et d'indépendance que nous avons considéré comme le trait caractéristique du prédicat. On les désigne comme des prédicatoïdes. Ceci nous permet de définir la **phrase** comme l'énoncé dont tous les éléments se rattachent à un prédicat unique ou à plusieurs prédicats coordonnés, et nous dispense de faire intervenir l'intonation dans cette définition, ce qui présente un sérieux avantage, étant donné le caractère marginalement linguistique de ce phénomène.

IV. La synthématique

4-34. Composition et dérivation ne sont pas expansion

Les procédés qu'on désigne au moyen des termes « composition » et « dérivation » pourraient, dans certains cas, être considérés comme des formes particulières de l'expansion. Mais, très souvent, ils aboutissent à des combinaisons de monèmes qui ne sauraient être décrites comme résultant de l'adjonction à un énoncé d'un élément « qui ne modifie pas les rapports mutuels et la fonction des éléments préexistants » : si l'on remplace *route* par *autoroute*, dans *il est venu par la route*, on reste dans les conditions caractéristiques de l'expansion puisque l'addition d'une précision supplémentaire n'a rien changé à l'ordonnance de l'énoncé ni à la nature des rapports mutuels de ses éléments (le changement du /la/ de *la route* en /l/ dans *l'autoroute* ne change pas l'identité du monème). Il en va de même si je remplace *maison* par *maisonnette* dans *il a pénétré dans la maison.* Dans l'un et l'autre cas, la soustraction des monèmes ajoutés, *auto-* et *-ette*, ne peut faire aucune difficulté. La situation est tout autre si j'essaye de supprimer un monème du composé *vide-poche* ou du dérivé *lavage* dans les énoncés *je l'ai mis dans le vide-poche* ou *elle procède au lavage.* Dans *vide-poche* et dans *lavage*, à partir de *vide* et de *poche*, de *lav-* /lav-/ et de *-age*/ -až/, il n'y a évidemment pas expansion, c'est-à-dire adjonction syntagmatique à un énoncé existant, mais création hors contexte d'une unité nouvelle. En réalité, il n'y a pas non plus expansion lorsqu'on emploie des composés comme *autoroute* ou des dérivés comme *maisonnette* : en fait, on choisit entre *autoroute* et *route* comme on choisit entre *route* et *chemin*, entre *maisonnette* et *maison* comme entre *maison* et *villa.* Mais, contrairement à ce qui est le cas pour *vide-poche* et *lavage*, rien ne s'oppose à ce que ces composés et ces dérivés prennent naissance sous forme d'expansions, l'*autoroute* étant d'abord pensé comme *route*, mais une *route* de nature particulière, ce que marque l'adjonction d'*auto-*. Il y a bien des cas où *petite maison* représente un choix aussi unique que *maisonnette* sans qu'on puisse tout à fait écarter l'interprétation de *petite* comme une expansion de *maison.* On dira donc qu'il y a des cas de composition et de dérivation dont on ne saurait affirmer qu'ils ne remontent pas à des cas d'expansion, alors que cette éventualité est à exclure comme formellement impossible dans d'autres cas. On peut, pour les premiers, parler de composition et de dérivation **endocentriques,** ce qui rappelle que l'action mutuelle des éléments en présence n'affecte pas les rapports de l'ensemble avec ce qui est extérieur à cet ensemble : remplacer le segment *maison* par le segment *maisonnette* aboutit à changer le segment en lui-même, mais non dans ses rapports avec ce qui est hors du segment. Pour les syntagmes du type *vide-poche*, *lavage*, on parlera de composition et de dérivation **exocentriques :** le rapprochement des deux éléments aboutit à créer de nouveaux rapports avec ce qui est extérieur au composé ou au dérivé.

Les composés endocentriques résultent fréquemment de ce qu'on appelle des figements (6.20) : le syntagme *jeune fille* où chaque monème garde son sens plein, coexiste avec le figement *jeune fille* qui assume, avec un autre figement, *vieille fille*, le soin de désigner les célibataires du sexe féminin. Il y a figement également lorsque, dans *elle a l'air gentille*, l'accord de l'adjectif ne se fait plus avec *air*, mais avec le sujet *elle*, *avoir l'air* étant traité comme un équivalent de « sembler ».

Parmi les figements, on rencontre des composés prépositionnels comme *peinture à l'huile* ou *Armée de l'air*, parallèles à ceux, comme *moulin à vent* ou *Armée de terre*, où l'absence d'article suggère l'existence d'un schème de composition.

4-35. Les synthèmes

Ce qu'il y a de commun à tous les composés et tous les dérivés, c'est d'abord l'unité sémantique du complexe qui est marquée par le fait que chacun correspond normalement à un choix unique. Mais ce trait est trop difficile à constater, même par introspection, pour qu'on puisse le retenir pour identifier ces complexes et les opposer aux syntagmes proprement dits *(avec les valises*, *donne-r-i-ons)* qui résultent de choix multiples. La seule caractéristique que nous devions retenir, c'est qu'ils se comportent, dans leurs rapports avec les autres éléments de l'énoncé, exactement comme les monèmes qui apparaissent dans les mêmes contextes qu'eux, ce qui implique, par exemple, qu'ils peuvent être accompagnés par les mêmes modalités, et que ces modalités ne sauraient jamais porter sur un élément seulement du composé ou du dérivé : une *chaise-longue* d'une taille inaccoutumée n'est pas une *chaise-plus-longue*, mais une *chaise-longue* plus longue que les autres.

Les composés, qu'ils dérivent de figements ou non, et les dérivés sont désignés comme des **synthèmes**. Les monèmes composants du synthème sont dits **conjoints** par opposition aux monèmes **libres** des syntagmes : le segment *entreposions* /ãtrəpoziõ/ est un syntagme formé du synthème /ãtrəpoz-/ (lui-même formé des monèmes conjoints /ãtr-/ et /-poz-/) et des monèmes libres, imparfait /-i-/ et « 1ère pers. du pluriel » /-õ/. On voit que le caractère libre de ces deux derniers monèmes ne se dégage pas de la graphie, mais bien du fait qu'ils ont été, l'un et l'autre l'objet d'un choix distinct de celui, unique, qui nous vaut /ãtrəpoz-/.

Il ne faudrait pas croire qu'un synthème est détruit lorsqu'un élément étranger, modalité ou déterminant quelconque, vient s'insérer entre deux des monèmes conjoints : le statut de synthème de *bonhomme* /bònòm/ n'est pas affecté par l'intrusion du monème libre « pluriel » dans *bonshommes* /bõzòm/; le synthème *a l'air* /aler/ d'*elle a l'air gentille* garde son identité dans *avait l'air*, *aura l'air*; on a simplement affaire à un synthème de signifiant discontinu, comme on avait un monème pluriel de signifiant discontinu dans *les animaux paissent* (4.5); le synthème *ministre du commerce* n'est pas détruit par l'insertion d'*italien* dans *le ministre italien du commerce*.

4-36. Différence entre la composition et la dérivation

La différence entre composition et dérivation se résume assez bien en disant que les monèmes qui forment un composé existent ailleurs que dans des composés, tandis que, de ceux qui entrent dans un dérivé, il y en a un qui n'existe que dans les dérivés et qu'on appelle traditionnellement un affixe. Le passage d'un monème du statut d'élément de composé à celui d'affixe se produit dès que ce monème cesse d'être employé autrement qu'en composition, ce qui semble contradictoire dans les termes, mais qui illustre bien l'étroite parenté des deux procédés. Aujourd'hui, le monème -*hood* de l'anglais *boyhood* et le monème -*heit* de l'allemand *Freiheit* sont des affixes parce qu'ils ne se rencontrent pas hors de complexes indissociables comme *boyhood* et *Freiheit*; ils ont été des éléments de composés aussi longtemps que v.-angl. *hàd* et v.-h.-a. *heit* ont pu se trouver dans des contextes analogues à ceux où l'on rencontre *boyhood* et *Freiheit*.

Le traitement qui précède ne fait pas entrer en ligne de compte le cas où les deux monèmes qui s'associent n'existent pas en dehors des combinaisons de ce type. Il s'agit surtout d'éléments dits « savants » qui, à l'origine, font partie de vocables empruntés à une langue « classique » et ne sont guère perçus comme formant des unités signifiantes que par ceux qui les font entrer dans l'usage. Toutefois, lorsque les mots de ce type deviennent nombreux et usuels, le sens de leurs composants finit par se dégager. Tous les usagers savent que *thermostat* est formé de deux éléments *thermo-* et *-stat*, bien représentés dans d'autres combinaisons du même genre et dont le sens se dégage assez bien pour que, sans être technicien, on puisse être tenté de former d'autres mots en *thermo-* et d'autres mots en *-stat*. L'assez grande spécificité sémantique des deux éléments, étayée parfois par la connaissance de l'étymologie, peut tendre à faire interpréter de telles formations comme des composés. Mais un élément comme *télé-*, particulièrement favorisé par les découvertes des derniers siècles et qui se combine aujourd'hui librement avec des monèmes ou des synthèmes qui existent hors des combinaisons en cause (cf. *télévision* et *vision*, *téléguidé* et *guidé*), se comporte en fait comme un affixe. On a là une situation linguistique particulière qui ne s'identifie ni avec la composition proprement dite, ni, de façon générale, avec la dérivation qui suppose la combinaison d'éléments de statut différent. On peut parler ici de **confixation,** chacun des éléments d'un synthème comme *thermostat* étant désigné comme un **confixe.**

4-37. Critère de la productivité

On a, en linguistique synchronique, intérêt à ne voir de composition et de dérivation que là où l'on a affaire à des processus productifs. Certes, il est parfois difficile de se prononcer sur la productivité de tel ou tel affixe « doit-on parler d'un suffixe *-ceté* si un enfant, partant de *méchant*, *méchanceté*, forme *cochonceté* à partir de *cochon*? Entend-on encore des mots nouveaux formés au moyen du suffixe *-aison*? Ce qu'il faut, en tout cas, éviter, c'est de pousser l'analyse au-delà de ce que permet le sens : il serait ridicule de voir dans *avalanche* un dérivé d'*avaler* puisque seuls les étymologistes peuvent apercevoir une analogie sémantique entre les deux mots. Il serait abusif de poser un monème *-cevoir* extrait de *recevoir*, *percevoir*, *décevoir*, puisque l'usager ordinaire n'est jamais déterminé par le sentiment qu'il y aurait, entre ces mots, autre chose qu'une analogie formelle, et que, pour faire un monème, il faut un signifiant et un signifié.

Il arrive parfois que, des deux éléments d'un composé, l'un perde son autonomie et ne se maintienne dans la langue que dans ce seul composé. C'est le cas, par exemple, de *-tin*, dans *laurier-tin*. On ne saurait, dans ce cas, parler d'un affixe, puiqu'un affixe est un outil de dérivation et que la dérivation est un processus productif de nouveaux synthèmes.

4-38. Affixes et modalités

Lorsqu'on se croit tenu d'opposer, dès le départ, des monèmes grammaticaux et des monèmes lexicaux, la question semble se poser de savoir dans quelle catégorie se rangent les affixes. Les affixes, comme les grammaticaux forment des classes d'effectif limité qu'on peut donc énumérer dans les grammaires. Traditionnellement, on ne rangeait pas les affixes dans les dictionnaires. Mais, bien entendu, tout cela n'est guère décisif.

Ce qui pourrait sembler plus prometteur est le fait que, pas plus que les modalités, les affixes ne sont susceptibles de recevoir des déterminations, puisque c'est le synthème comme tel, ici le dérivé, qui peut les recevoir à l'exclusion de ses éléments constitutifs. Mais, dans ces conditions, on devrait également rapprocher des modalités la base à laquelle se rattache l'affixe : dans *lavage*, la base *lav-* ne peut être plus déterminée que le suffixe *-age*.

Il y a, en fait, des cas où l'examen des latitudes combinatoires permet d'opposer nettement affixes et modalités : si nous considérons *tisse* /tis/ et *tissage* /tis + až/, nous constatons que le premier se combine avec toute une série de modalités temporelles, modales, etc. celles qu'on peut désigner comme verbales, tandis que le second ne peut être accompagné d'aucune d'entre elles, mais uniquement de modalités de tout autres types, comme l'article, la possession, le pluriel. Ceci, nous allons le voir (4.40) veut dire que l'affixe *-age* qui a le pouvoir de métamorphoser un « verbe en un « nom », est tout autre chose qu'une modalité dont la présence ne peut que confirmer le caractère verbal ou nominal du noyau auquel elle se rattache.

Si l'on envisage le problème sous un autre angle, on peut dire que si les éléments d'un synthème ne sont pas susceptibles d'être déterminés, c'est qu'ils ont perdu leur autonomie sémantique. Ceci n'est, en aucune façon, le cas des modalités qui conservent parfaitement la leur, mais dont la valeur très générale n'autorise aucune spécification.

4-39. Synthème et syllemme

Bien que synthèmes et syntagmes soient à distinguer soigneusement, il peut être intéressant de comparer les complexes, synthèmes d'une part, syntagmes de l'autre, qui sont tels que toute détermination n'en affecte pas les divers composants individuellement, mais, dans le cas du synthème, l'ensemble du complexe, dans celui du syntagme, le seul noyau. Dans l'un et l'autre cas, on trouve souvent ce que la tradition désigne comme des mots : le synthème *lavage*, tout comme le syntagme *mangeait*.

Si le besoin s'en fait sentir, on peut désigner comme un **syllemme** le syntagme formé d'un noyau, de ses modalités et, éventuellement, du fonctionnel qui le rattache au reste de l'énoncé. Des mots latins, comme *dominorum* ou *amabantur* sont des syllemmes, tout comme les complexes français *les tableaux* ou *il le lui a dit*. Bien entendu, *les petits tableaux* n'en est pas un, puisque *petits*, qui peut être déterminé individuellement (*très petits*) n'est pas une modalité, mais le noyau potentiel d'un autre syllemme.

V. Le classement des monèmes

4-40. Composés et dérivés traités comme des monèmes

Il convient dès l'abord de préciser que ce qui sera dit ci-après du classement des monèmes s'applique également aux synthèmes, c'est-à-dire aux combinaisons de monèmes qui sont avec le reste de l'énoncé dans le même rapport que les monèmes simples. En d'autres termes composés et dérivés entreront ci-dessous en ligne de compte : ce qui est dit du monème autonome *vite* vaudra pour le dérivé *vivement*, ce qui est dit du monème *route* vaudra pour les composés *autoroute*, *vide-poche*, ou *chemin de fer*. Ce qui nous empêche de parler ici de « mots » est le fait que ce terme recouvre la combinaison, non seulement d'éléments lexicaux, monèmes libres et affixes, mais également celle, éventuelle, de ces éléments avec des modalités et des monèmes fonctionnels sous la forme de désinences. En d'autres termes, « mot » peut désigner un syntagme qui inclut ce que nous désirons traiter comme du contexte quel que soit le degré d'enchevêtrement des signifiants en cause. Selon la terminologie traditionnelle, nous opérons ici avec les « radicaux » ou les « thèmes ».

4-41. Un même monème dans différentes classes

La hiérarchie des monèmes qui a été dégagée ci-dessus (4-8 à 29) se fonde sur le degré d'autonomie syntaxique du segment significatif considéré dans un contexte déterminé. Tel segment dans tel contexte est un monème ou un syntagme autonome; dans un autre contexte il peut fort bien être un monème ou un syntagme non autonome : *le dimanche* est autonome dans *les enfants s'ennuient le dimanche*, mais ne l'est plus dans *le dimanche s'écoule tristement*. Sans doute a-t-on pu être entraîné à dire que fr. *pour* était un monème fonctionnel, c'est-à-dire à poser que tel était bien son rôle dans tous les contextes où on le rencontre. Mais ce qui est probablement vrai de cette unité française ne l'est pas nécessairement de ses équivalents ailleurs; dans beaucoup de langues, le monème qui signale le bénéficiaire de l'action est celui-là même qui, dans un environnement différent, aura une fonction prédicative et correspondra à notre verbe *donner*. Ce qui, en la matière, caractérise chaque langue est la façon dont s'établissent les classes de monèmes susceptibles d'assumer les mêmes emplois.

4-42. Chevauchements, transferts, cas difficiles

Ces classes sont rarement délimitées exactement : dans les langues où l'équivalent de *donne* fonctionne aussi bien comme indicateur de fonction (« à », « pour ») que comme prédicat, il y a généralement une foule de monèmes qu'on emploie comme indicateurs de fonction sans jamais les utiliser comme prédicat et vice versa. Il existe, en français, une classe d'« adjectifs » caractérisée par des emplois prédicatifs (« attributs » accompagnés d'une « copule » ou d'un verbe d'état) et des emplois comme déterminants lexicaux (« épithètes »). Mais les monèmes de cette classe peuvent s'employer avec toutes les fonctions de la classe des « substantifs ». Il y a donc chevauchement. De plus, on peut distinguer ici les emplois résultant d'une ellipse encore sentie comme telle *(la cour des grands* [*garçons*]*)* et où l'on peut restituer sur-le-champ l'élément manquant, et les cas où il y a eu réellement passage d'une catégorie à une autre *(les grands de ce monde, un grand d'Espagne)*. Nous parlerons, dans l'un et l'autre cas, de **transfert.**

Il n'est pas toujours facile de distinguer nettement entre les deux situations linguistiques suivantes : d'une part, un verbe et un substantif présentent le même radical sans qu'on puisse dire que seuls les contextes où ils apparaissent soient responsables des différences sémantiques entre l'un et l'autre : en anglais, *fish* se prononce de la même façon dans *a fish* et *to fish*; les sens de « poisson » et « prendre du poisson » sont évidemment apparentés, mais il est clair que, si *fish* représentait, dans les deux cas, la même unité, *I fish* voudrait dire « je suis un poisson » « je me comporte comme un poisson » plutôt que « je pêche »; d'autre part, un même monème peut s'employer soit dans un emploi prédicatif, soit comme expansion du prédicat, les différences sémantiques qu'on relève d'un emploi à l'autre résultant directement et synchroniquement de l'influence de contextes différents et des fonctions respectives. C'est le cas dans les langues où, par exemple, la jambe est désignée au moyen d'une forme qui se comprendra, par ailleurs, comme « il (ou elle) marche », ou encore lorsqu'en kalispel, langue indienne du Washington, un arbre est désigné comme *es-šit*, forme qui serait rendue, dans un contexte où elle aurait fonction de prédicat, par « il se tient droit ». On a naturellement affaire, dans ces derniers cas, à la même unité linguistique parce que, dans ces langues, contrairement à ce qui est la règle en français, un élément linguistique déterminé peut, sans changer d'identité, fonctionner comme prédicat ou comme expansion de prédicat.

4-43. « Noms » et « verbes »

En ce qui concerne les lexicaux, on distinguera tout d'abord, s'il y a lieu, entre ceux qui sont susceptibles d'emplois prédicatifs et les autres. Cette distinction ne recouvre pas nécessairement celle, traditionnelle, entre des « verbes » et des « noms » : dans lat. *Paulus bonus* « Paul est bon » et russe *dom nov* « la maison est neuve », *bonus* et *nov* sont des prédicats sans être des verbes. Les langues où cette distinction n'existe pas, c'est-à-dire où tous les lexicaux peuvent être utilisés comme prédicats, ne sont nullement exceptionnelles. Ceci ne veut naturellement pas dire qu'on y renoncera à établir différentes classes de lexicaux fondées sur leurs latitudes de combinaison avec les différentes modalités : certains qui peuvent se combiner avec des modalités de temps et de personne pourront être dits « verbes »; d'autres qui se combinent avec des modalités de nombre ou de possession pourront être appelés « noms ». Mais l'emploi de ces termes présente l'inconvénient qu'ils évoquent des réalités linguistiques particulières aux langues de ceux qui ont établi la terminologie grammaticale traditionnelle. En tous cas, il vaudrait mieux s'abstenir de parler de « noms » et de « verbes » lorsqu'on décrit une langue où tous les lexicaux sont combinables avec des modalités de personnes et de modes, mais où seuls certains, qu'on pourrait vouloir appeler « verbes », s'accommodent de modalités d'aspect, celles qui présentent l'objet ou l'acte dans sa durée, indépendant de cette durée, ou comme le résultat d'autre chose : en kalispel, des monèmes comme *tum'* « mère » ou *cítx^u* « maison » se combinent avec des modalités correspondant 1° à nos pronoms personnels (*čin-túm'* « je [suis] la mère »), 2° à nos adjectifs possessifs (*an-cítx^u* [c'est] ta maison »),

3° à notre subjonctif (*q-cítx*^{u} « que ce soit la maison »); d'autres monèmes comme *moq*^{u} « montagne », ou *kup* « pousser » se combinent avec ces mêmes modalités, mais en ajoutent d'autres, et notamment celles d'aspect, par exemple l'aspect continuatif, où la chose ou l'action est considérée dans sa durée, marqué par *es(ə)*- ou *es-...-i* dans *esə-móq*^{u} « [c'est] une montagne » et *es-kúp-i* « il pousse [quelque chose] ». Il est clair que les lexicaux de cette langue qui se combinent avec les aspects et ceux qui ne le font pas ne forment aucunement deux classes diamétralement opposées comme nos verbes et nos noms, mais bien deux subdivisions d'une même classe d'unités qui sont toutes susceptibles d'emplois prédicatifs et non prédicatifs. Il est, sans doute, assez explicable que les monèmes qui désignent des actions et ceux qui désignent des objets tendent à se combiner avec des modalités différentes. Mais l'illustration qui précède montre que le signe qui désigne l'objet « montagne » peut se « fléchir » comme celui qui dénote l'action de pousser, et non point comme celui qui désigne un autre objet, la maison.

On aura, en fait, intérêt à réserver le mot « verbe » pour désigner les monèmes qui ne connaissent pas d'autres emplois que les emplois prédicatifs. Tels sont, en français, *jette*, *donne*, *mange* qui ne sont susceptibles d'emplois autres que prédicatifs que sous la forme de participes ou d'infinitifs, c'est-à-dire en s'adjoignant un monème qui en change le statut.

4-44. « Adjectifs »

Les monèmes qui désignent des états ou des qualités sont éminemment susceptibles d'emplois prédicatifs. Ils peuvent être du type russe *dom nov* « la maison est neuve », du type latin *caelum albet* « le ciel est blanc », ou du type français, avec transfert des modalités à une « copule », *la maison est neuve*. Mais ces monèmes s'emploient très fréquemment aussi comme « épithètes » c'est-à-dire en tant qu'expansions de monèmes non prédicatifs. En russe, on emploie dans ce cas (*dom nov-yj...* « la maison neuve... ») un indicateur de fonction, formellement combiné avec l'indication du cas, du nombre et du genre, qui a dû être l'équivalent d'un relatif (« la maison, qui [est] neuve,... »). Ceci explique l'existence, dans bien des idiomes, d'une classe particulière d'« adjectifs », qui, selon les langues, se distingue plus ou moins nettement de celles des verbes et des noms.

4-45. « Adverbes »

Ce qu'on appelle traditionnellement « adverbe » comporte des unités appartenant à des classes assez variées. On y trouve notamment les monèmes autonomes *hier*, *vite*, et les synthèmes dérivés de même comportement comme *vivement*, *doucement*. Il s'agit là d'expansions du prédicat. Lorsque le prédicat correspond à une action, l'adverbe est naturellement un complément de cette action : *il allait tristement*. S'il correspond à un état, l'adverbe sera un déterminant de cet état, même si l'expression de la prédication implique le recours à une « copule » : dans *il est tristement célèbre*, *tristement* se rapporte, non à *est*, mais à *célèbre*; on coupera *il est... tristement célèbre* et non *il est tristement... célèbre*. Ceci entraîne le transfert de l'adverbe dans les constructions épithétiques : *l'individu tristement célèbre...*, mais, bien entendu, n'implique pas que les deux classes de déterminants du verbe et de déterminants de l'adjectif se confondent nécessairement : *très* appartient uniquement à la seconde, *beaucoup* seulement à la première.

4-46. « Prépositions » et « conjonctions »

Ce qu'on appelle « préposition » entre directement dans la classe des indicateurs de fonction, sans naturellement l'épuiser puisqu'y figurent au même titre des monèmes à signifiant désinentiel d'une part, des conjonctions de subordination, voire des pronoms relatifs, d'autre part. Les monèmes qu'on désigne d'ordinaire comme des conjonctions de coordination n'ont pas un statut linguistique uniforme : *car*, par exemple, n'apparaît pas dans tous les contextes où l'on trouve *et* ou *ou*. Les monèmes proprement coordinatifs comme ces derniers forment une classe particulière et ne sauraient être identifiés aux indicateurs de fonction.

4-47. « Pronoms »

Les pronoms ont en commun avec les noms leur emploi en fonction primaire, mais leur appartenance à des inventaires limités tend à les faire ranger, parmi les grammaticaux. Il est très fréquent qu'un même pronom se présente sous des formes différentes dans les contextes où il alterne avec les noms et là où il est étroitement intégré au syntagme prédicatif. En français, par exemple, *te* et *Jean* n'apparaissent pas dans les mêmes contextes *(je te vois, je vois Jean)*, mais *toi* et *Jean* peuvent alterner *(je vais avec toi, je vais avec Jean)*. On pourra, dans un cas de ce genre, ou bien voir, dans *te* et *toi*, des variantes du signifiant d'un même monème, ou bien rapprocher *toi* des noms et identifier *te* comme une modalité du prédicat. De même, les possessifs *ton* et *tien* peuvent être considérés comme des variantes combinatoires ou comme, d'une part, une modalité de nom *(avec ton livre)*, d'autre part, un monème déterminable *(avec les tiens)* accompagné lui-même de diverses modalités (« défini », « pluriel »). Le fait que *je* ou *tu* se réfère, selon les cas, à des personnes réelles différentes n'a pas plus d'implications linguistiques que le fait qu'*aujourd'hui* ne se rapporte pas à la même réalité si on l'emploie le 10 décembre 1958 ou le 5 mai 1959.

5
La variété des idiomes et des usages linguistiques

5-1. Hétérogénéité des structures socio-linguistiques

Nous avons jusqu'ici supposé que tout homme appartient à une communauté linguistique et à une seule. Nous avons, en passant, signalé que tous les membres d'une telle communauté ne parlent pas de façon identique et que les divergences peuvent s'étendre à certains points de la structure de la langue. Mais nous nous sommes empressés d'oublier ces diversités afin de ne pas compliquer notre exposé : l'analyse d'une langue supposée uniforme est chose assez délicate pour qu'on ait intérêt à simplifier au maximum les données du problème. Cependant, une fois réalisée cette analyse, il est indispensable de faire intervenir dans l'examen celles des données qui avaient été provisoirement écartées.

5-2. Communauté linguistique et corps politique

Il convient tout d'abord de préciser, si la chose est possible, la notion de communauté linguistique : le monde est aujourd'hui divisé en corps politiques dont chacun, en règle générale, utilise officiellement une langue déterminée. On tend, en conséquence, à croire que tous les individus qui appartiennent à une même nation forment une communauté linguistique homogène et fermée : beaucoup de Français ont de la peine à concevoir que les citoyens des États-Unis puissent être de langue anglaise, et certains sont convaincus que, passé la frontière du nord, on parle « belge ». Les langues officielles présentent une forme écrite, le plus souvent fixée dans tous ses détails, qui est celle avec laquelle l'étranger fera tout d'abord connaissance. Dans le cadre de son propre pays, le sujet est en général très sensible au prestige de la forme écrite. De la fixité et de l'homogénéité de cette forme, il conclut volontiers à celles de la langue officielle. Les linguistes eux-mêmes ont longtemps concentré leur attention sur les grandes langues littéraires qu'ils étudiaient en tant que philologues, et ne se sont avisés qu'assez tard de l'importance que présentait pour leurs recherches l'examen des idiomes sans écriture qui coexistent avec les langues nationales. Il a fallu plus de temps encore pour qu'on prît conscience des différences souvent considérables qui existent entre ces langues officielles et littéraires, et l'usage parlé quotidien de ceux-là mêmes dont le comportement en général paraît le plus digne d'imitation.

L'emploi restrictif que l'on fait généralement du mot langue se fonde sur la même identification simpliste des corps politiques nationaux et des communautés linguistiques : un idiome mériterait le titre de langue dans la mesure où il est l'instrument d'un État organisé. Même les gens cultivés hésiteront à traiter le catalan comme une langue en dépit de la littérature dont celui-ci peut s'enorgueillir ; pour beaucoup, parler d'une langue basque ou d'une langue bretonne serait se rendre coupable de menées autonomistes. Ces restrictions se reflètent dans l'emploi qui est fait du terme « bilingue ». Dans l'usage ordinaire, est bilingue celui qui est censé manier avec une égale aisance deux langues nationales ; un paysan du Pays Basque ou du Finistère n'est pas un « bilingue » bien qu'il parle, selon les interlocuteurs, le français ou l'idiome local.

5-3. L'intercompréhension comme critère

Le linguiste ne saurait se satisfaire d'un emploi des termes fondé sur une vision aussi sommaire des faits. A s'en tenir à la définition qui a été donnée plus haut de ce qu'est une langue, nous devons poser qu'il y a langue dès que la communication s'établit dans le cadre d'une double articulation de type vocal, et qu'on a affaire à une seule et même langue tant que la communication est effectivement assurée. Ceci recouvre bien les emplois courants du terme : le français est en effet l'instrument qu'utilisent avec succès pour communiquer entre eux un certain nombre d'êtres humains. Mais on ne pourra plus refuser l'étiquette de « langue » à l'idiome local de notre paysan basque ou breton qui est incontestablement un instrument linguistique de communication entre les populations rurales d'une certaine zone, et un instrument distinct du français, puisqu'il ne permet pas d'établir la communication avec un francophone ordinaire.

Malheureusement, le critère de l'intercompréhension n'est pas toujours décisif : soit un territoire où les gens de chaque vallée ou de chaque canton comprennent sans difficultés leurs voisins immédiats; nous dirons qu'ils parlent la même langue, alors même qu'il existe d'une localité à une autre des différences affectant le lexique, la grammaire ou le système phonologique. Mais si nous mettons en contact des sujets originaires de deux extrémités opposées du territoire, il est fort possible que la somme de ces différences soit telle qu'ils ne se comprennent plus. De façon générale, il y a tous les degrés possibles entre la compréhension immédiate et l'incompréhension absolue. D'autre part, la communication peut s'établir facilement sur certains sujets, alors qu'elle est presque impossible sur d'autres : un Français comprend, en général, les gens de la province de Québec; mais, à moins qu'il puisse avoir recours à l'anglais, il risque d'avoir des difficultés auprès des garagistes et des serveuses de restaurant. Il arrive fréquemment que l'incompréhension initiale fasse place à des rapports linguistiques presque normaux dès qu'une méfiance initiale a été vaincue et qu'ont été reconnues certaines correspondances systématiques : un Danois et un Norvégien qui s'aperçoivent que l'un dit [sk] là où l'autre dit [š], dans *ski* par exemple, sont sur la voie de la compréhension mutuelle.

Il y aura donc nécessairement des cas-limites; il pourra arriver que le linguiste laisse intervenir des considérations extrinsèques et parle de langues au lieu de dialectes lorsque deux variétés deviennent les idiomes officiels de deux corps politiques distincts. Il se peut, d'autre part, que le linguiste ait intérêt à grouper et à classer différentes variétés linguistiques en fonction de la nature de leurs emplois ou de leur extension dans l'espace et la société sans qu'intervienne utilement le degré de compréhension entre gens parlant les variétés en cause : les dialectes d'une même langue sont conçus comme formant un tout sans que cela laisse nécessairement supposer une intercompréhension générale.

5-4. Bilinguisme et « diglossie »

L'idée que le bilinguisme implique deux langues de statut identique est si répandue et si bien ancrée, que des linguistes ont proposé le terme de « diglossie » pour désigner une situation où une communauté utilise, selon les circonstances, un idiome plus familier et de moindre prestige ou un autre plus savant et plus recherché. Il n'y aurait de bilinguisme qu'individuel, alors que la diglossie serait le fait de communautés tout entières. Toutefois, il y a tant de possibilités diverses de symbiose entre deux idiomes, qu'on peut préférer conserver un terme comme « bilinguisme » qui les couvre toutes, plutôt que de tenter une classification sur la base d'une dichotomie simpliste : le français et l'anglais sont deux langues nationales de grand prestige, mais au Canada on ne peut pas dire qu'elles soient réellement sur un pied d'égalité; devrait-on, dans ces conditions, parler de diglossie dans la province de Québec?

5-5. Complexité des situations linguistiques réelles

Avant de chercher à illustrer la variété des idiomes et des usages linguistiques, il est utile de rappeler un certain nombre de faits d'expérience : 1° aucune communauté linguistique ne peut être considérée comme composée d'individus parlant une langue en tous points semblable; 2° il y a des millions d'êtres humains qui appartiennent à deux ou plus de deux communautés linguistiques, c'est-à-dire qui, selon leurs interlocuteurs, emploient une langue ou une autre; 3° il n'est pas rare qu'une personne qui ne parle qu'une langue en comprenne plusieurs, à l'audition ou à la lecture; 4° la plupart des hommes sont susceptibles d'employer, selon les situations, des formes assez divergentes d'une même langue; 5° ceux qui n'utilisent pas activement différentes formes de ce type comprennent en général sans difficulté celles qu'ils ont l'occasion d'entendre assez fréquemment.

5-6. Diversité non perçue

L'idéal linguistique serait sans doute que les interlocuteurs pratiquassent toujours très exactement les mêmes distinctions phoniques, morphologiques et lexicales, en d'autres termes qu'ils fissent tous usage de la même structure linguistique. En réalité, dans les rapports entre personnes d'une même communauté, l'absolue identité des systèmes semble être l'exception plutôt que la règle : sur 66 Parisiens de 20 à 60 ans appartenant dans l'ensemble à la bourgeoisie et réunis par le hasard en 1941, il ne s'en est pas trouvé deux pour répondre de façon absolument identique à une cinquantaine de questions visant à dégager le système vocalique de chaque informateur. Ce qui est remarquable, en la matière, c'est que les différences linguistiques que suggèrent ces réponses divergentes n'affectent pas la compréhension, ne sont ni relevées, ni perçues. Chacun croit parler comme tous les autres puisque tous parlent « la même langue ». Cette identité linguistique, que les besoins de la communauté obligent à postuler, s'impose à l'esprit des sujets, les rend sourds aux divergences, les incline à mettre au compte des particularités personnelles, comme le timbre de la voix, un trait linguistique particulier qui, par hasard, s'imposerait à l'attention de l'auditeur.

Cette tolérance involontaire s'acquiert bien entendu en même temps que les habitudes linguistiques, c'est-à-dire dans la tendre enfance : l'enfant qui apprend « sa » langue le fait par imitation de son entourage; dans la mesure où il n'y a pas homogénéité linguistique totale dans cet entourage, l'enfant sera amené à choisir, à syncrétiser, à biaiser; il obtiendra finalement un système aux oppositions nettes qu'il utilisera activement, mais aucun trait linguistique auquel il aura été exposé au cours de son apprentissage ne lui paraîtra anormal, qu'il fasse ou non partie de son système personnel. Au plus, tel trait pourra-t-il lui sembler déplaisant, vulgaire, grossier ou, au contraire raffiné, délicat, prestigieux, selon les sentiments qu'il éprouvait pour les personnes de son entourage qui le pratiquaient. En fait, une foule de comportements linguistiques lui paraîtront si normaux, si habituels, même s'il n'en use pas lui-même, qu'il ne les percevra pas comme des divergences. En d'autres termes, tout sujet a sa norme linguistique active, impérative, qui règle l'emploi qu'il fait de la langue, et une norme passive, beaucoup plus lâche et tolérante. Le Français qui distingue /a/ d'avant et /â/ d'arrière est dressé à comprendre une forme de français où *patte* et *pâte*, *tache* et *tâche* se prononcent de façon identique, et il n'« entendra » même pas que tel de ses concitoyens prononce *âge* ou *sable* avec un *a* antérieur là où il emploie un *a* postérieur. Quant au sujet qui ne distingue pas entre deux *a*, il ne prête aucune attention à la distinction faite par ses contemporains tant que les variations dans la réalisation de leurs deux phonèmes n'outrepassent pas les limites auxquelles il est habitué. En matière de lexique, la tolérance est plus considérable encore; souvent, mais non nécessairement, plus consciente : une même réalité sera désignée comme un *pain* ou comme une *miche*; je *brasse* la salade, alors que d'autres la *remuent*; tel parle d'une *citrouille* là où un autre voit une *courge*. En ce qui concerne les faits « grammaticaux », la norme française a été largement uniformisée par des siècles d'interventions conscientes; à ce degré, la chose représente parmi les langues plutôt une exception que la règle. Cependant, même en français, il reste dans ce domaine quelques latitudes : *il s'assied* ou *il s'assoit*, *je puis* ou *je peux* et quelques autres.

5-7. Différences sociales

Il arrive toutefois que tout un ensemble de divergences apparaisse avec une particulière fréquence et une grande cohérence chez des gens qui, comme les domestiques, font partie de l'entourage, mais avec un statut social particulier. Un complexe de même type peut aussi être le fait de presque tous les sujets, mais ne se manifester que dans des circonstances particulières. Dans tous ces cas, l'enfant identifie ces traits linguistiques divergents, non seulement avec les réalités qui sont censées leur correspondre, mais aussi avec la personnalité de ceux qui les manifestent et les circonstances où il les constate. Les adultes s'étonnent souvent d'entendre de jeunes enfants employer les termes avec un sens exact des convenances, c'est-à-dire des circonstances où la société les attend. Pourtant, ceci se comprend bien dès qu'on réfléchit aux conditions dans lesquelles l'enfant apprend sa langue.

5-8. Complexité réelle d'une situation unilingue

Le nombre des variétés de langue que l'enfant peut être amené à identifier dépend de la communauté dans laquelle il vit et du statut social qui est celui des siens. Il y a une trentaine d'années, un enfant appartenant à la bourgeoisie parisienne arrivait vite à distinguer, de la forme linguistique qu'il employait lui-même dans la vie de tous les jours, un parler populaire remarquable surtout par sa syntaxe et sa prosodie (accent automatique sur la pénultième), une forme littéraire caractérisée par des faits de vocabulaire et de syntaxe accompagnés d'une morphologie particulière du verbe (le passé simple), et une forme poétique ajoutant aux traits de la forme littéraire des exigences métriques et des traits phonologiques particuliers (le *e* muet dans le compte des syllabes). A ceci pouvait s'ajouter un style argotique, voire grossier, de mise dans la cour du lycée, mais généralement évité en famille. Les autres expériences linguistiques, latin d'église ou d'école, langues vivantes diverses, n'entraient pas en ligne de compte parce que ne faisant pas, pour l'enfant, partie de « sa » langue. Cette séparation tranchée entre langue « maternelle » et langues étrangères est sans doute parfaitement justifiée dans le cas que nous venons d'examiner : toutes les différentes formes de français que nous avons pu énumérer ont en commun l'essentiel des systèmes phonologique, grammatical et lexical, et s'opposent réellement comme un tout à ce qu'on peut appeler « latin » ou « anglais ». Mais il s'en faut qu'on puisse toujours tracer aussi nettement la limite.

5-9. Les patois

Dans une grande partie de la campagne française au XIXe siècle, dans maintes communautés rurales encore aujourd'hui, l'enfant est exposé avant dix ans à des formes linguistiques assez divergentes dans leur phonologie, leur grammaire et leur lexique pour suggérer à l'observateur linguiste l'existence de deux idiomes concurrents, plutôt que celle de deux variétés d'une même langue. Dans ce cas, la forme linguistique apprise la première et normalement employée au sein de la famille est appelée **patois**; concurremment avec le patois, l'enfant identifie et fréquemment pratique une forme linguistique où l'on n'hésitera guère à reconnaître du français, bien qu'elle diffère sur bien des points des diverses formes parlées à Paris ou dans les villes de province; dès qu'il ira à l'école, il se familiarisera, en outre, tout comme le petit Parisien, avec la forme littéraire et la forme poétique. Il importe relativement peu que le patois soit roman, c'est-à-dire dérivé du latin comme le français et, par conséquent, assez proche de lui, ou beaucoup plus lointainement apparenté, comme c'est le cas dans un village de Flandre ou de Basse-Bretagne ou, encore, comme au Pays Basque, qu'il soit un parler dont les rapports génétiques avec d'autres familles de langues restent hypothétiques. Les traits distinctifs de la situation patoisante sont les suivants : d'une part, les deux systèmes en présence sont assez divergents pour que le patoisant conçoive comme deux registres différents son parler vernaculaire et la forme locale de l'idiome général; d'autre part, le parler local est considéré comme une forme linguistique imparfaite qui ne peut que gagner à tout emprunt à la langue nationale. De ceci il résulte qu'un patois ne se maintient qu'aussi longtemps qu'il est des gens qui trouvent dans certaines circonstances plus facile de l'utiliser que la langue nationale; aussi les patois sont-ils, par définition, pourrait-on dire, voués à la disparition. Ils peuvent disparaître par confusion progressive avec la forme locale du parler général : il y a des régions où le français local est plus ou moins « patoisé » selon les circonstances et les interlocuteurs. Ils peuvent aussi disparaître par abandon pur et simple, les parents décidant un jour de ne plus parler patois aux enfants. Une situation patoisante peut également être éliminée du jour où le parler local, ou une forme très voisine, acquiert, aux yeux de ceux qui le pratiquent, un prestige suffisant pour renverser le courant qui tend à le priver de son autonomie au profit du parler général : un parler flamand de la France du Nord reste un patois tant qu'il ne se maintient que du fait de l'inertie de ceux qui le parlent; il devient une variété de la langue néerlandaise chez ceux qui le veulent consciemment comme tel. Cette différence de point de vue entraînera rapidement des différences appréciables dans le comportement linguistique des sujets qui éviteront certains mots et certaines formes et en favoriseront d'autres.

5-10. Conditionnement d'une situation patoisante

Le terme de patois n'a guère d'équivalents hors du français, et ceci suggère que la situation linguistique que l'on constate en France n'a pas d'équivalent exact ailleurs : c'est celle d'un pays où la langue nationale jouit depuis longtemps d'un prestige considérable et s'est assez généralement imposée pour que les habitants d'une même province, mais de villages un peu éloignés, l'emploient plus aisément entre eux qu'un parler local qui varie de canton à canton, voire de commune à commune. Comme une langue s'apprend par la pratique, la langue nationale, le français en l'occurrence, est de mieux en mieux sue. D'autre part, les sujets perdent l'occasion de confronter leurs vernaculaires, et les différences entre ces derniers, auxquelles on aurait pu s'habituer et qui se seraient finalement éliminées, deviennent des obstacles considérables à la communication. On aboutit finalement à restreindre l'usage du patois aux rapports entre gens du même village ou de localités pratiquement contiguës. Les patoisants, qui parlent la langue commune à peu près aussi couramment que le vernaculaire, se convainquent dès lors que celui-ci n'a aucune valeur pratique et, s'ils continuent, par inertie, à l'employer avec leurs contemporains, ils prennent l'habitude de s'adresser en français à leurs enfants et, en général, à tous les jeunes du village.

5-11. Les situations dialectales

Dans les pays où la langue officielle n'a acquis son statut qu'assez récemment, là notamment où des résistances au pouvoir central se sont longtemps manifestées, les parlers locaux continuent à être employés sur d'assez vastes domaines et souvent dans toutes les circonstances de la vie, mis à part les rapports avec les autorités nationales. Ils se parlent à la ville comme à la campagne, chez le bourgeois comme dans le peuple. Souvent même ils s'écrivent. A l'intérieur d'un de ces domaines, qui coïncident souvent avec les provinces, il existe des différences linguistiques sensibles, mais les sujets y sont habitués, savent en faire abstraction, et il y a des chances pour qu'elles se résorbent à la longue, dans la mesure où la situation décrite ici se stabilise. On parle dans ce cas d'un **dialecte,** les divergences entre les différents parlers locaux étant négligées. Des dialectes de ce type sont ceux dont on admet traditionnellement l'existence dans des pays comme l'Allemagne et l'Italie : il existerait un dialecte souabe, un dialecte bavarois, un dialecte piémontais, un dialecte sicilien, etc. Il est clair cependant qu'une situation dialectale comme celle qui est esquissée ci-dessus peut assez vite dégénérer en une situation patoisante analogue à celle que nous avons relevée en France. Il suffit pour cela que les progrès de l'unité nationale amènent un renforcement sensible de la position de la langue officielle. Il n'y a naturellement pas de limite nette entre le dialecte et les patois : le processus de désagrégation qui aboutit en fin de compte à l'élimination des parlers locaux commence en fait dès qu'une forme linguistique extérieure s'impose aux dépens des formes locales. Il n'est pas certain que la situation en Gascogne et au Piémont soit aussi différente que l'opposition tranchée établie ci-dessus entre la France et l'Italie le laisserait attendre.

5-12. « Dialecte » opposé à « langue »

Ce qu'il faut, en tout cas, bien noter, c'est qu'appliqué à l'Italie, à l'Allemagne et à d'autres pays d'Europe, le terme de dialecte implique dans l'usage courant un jugement de valeur. Certes, ce jugement est moins sévère que celui que suppose l'emploi de « patois ». Mais, quels que soient les sentiments qu'un Allemand ou un Italien éprouve pour son dialecte, il ne penserait pas à le placer au même rang que la langue nationale. Le bavarois est bien de l'allemand, le piémontais est bien de l'italien, mais il y a une forme d'allemand, une forme d'italien qui n'est pas « dialecte », mais « langue ». Il y a des Italiens et des Allemands qui ne parlent aucun dialecte, mais uniquement la langue nationale. Il n'est pas rare cependant que la langue officielle et commune ne se confonde avec aucun vernaculaire et ne soit parlée comme langue première par aucun membre de la communauté. Son emploi est limité à certains usages pour lesquels les vernaculaires ne sont pas admis. Il se peut que cette langue soit avant tout une langue traditionnelle littéraire ou sacrée, qui est mal adaptée aux besoins les plus variés de la communauté, comme l'est l'arabe classique dans les pays musulmans. Ceci crée les conditions de l'apparition d'une deuxième langue commune mieux adaptée aux besoins quotidiens. Là où une langue commune d'emploi restreint et certains des vernaculaires sont étroitement apparentés, les sujets sont généralement plus conscients de l'unité de l'ensemble que des divergences, et sont tentés de considérer langue commune et vernaculaire plutôt comme deux styles d'une même langue que comme deux idiomes distincts.

5-13. Les dialectes comme variétés de la langue

Il existe, du mot « dialecte », un emploi tout différent, celui qui en est fait aux États-Unis par exemple où le terme désigne toute forme locale de l'anglais sans qu'il soit question d'opposer aux dialectes une forme de langue plus recommandable. Tout Américain parle un dialecte, celui de Boston, celui de New York, celui de Chicago, ou, s'il a beaucoup voyagé, quelque dialecte hybride, sans avoir le sentiment qu'il parle jamais autre chose que l'anglais d'Amérique sous une forme parfaitement acceptable dans toutes les circonstances de la vie. Cette situation rappelle ce qui se passe à Paris et dans les centres urbains de la France non méridionale où existent de multiples variétés du français qui, dans la bouche des gens cultivés, paraissent si acceptables que ce qui les distingue passe en général inaperçu. Les dialectes américains correspondent à peu près à ce qu'on appelle les français locaux, et nullement aux patois de France, ou encore aux dialectes allemands ou italiens, qui sont bien trop différents les uns des autres pour permettre l'intercompréhension d'un bout à l'autre du territoire national. Cet emploi du mot correspond bien à celui qui en est fait lorsqu'on parle des dialectes grecs antérieurement à l'établissement de la *koiné*, c'est-à-dire d'une langue fondée sur le parler d'Athènes qui a ravalé les autres parlers grecs au rang de vernaculaires incultes, avant de les éliminer tous à une exception près (le laconien, qui survit sous le nom de tsakonien). Au VIe siècle avant notre ère, on parlait à Athènes non point le « grec », mais le dialecte attique, comme les Thébains parlaient le dialecte béotien et les Lacédémoniens le dialecte laconien, ce qui, probablement, n'empêchait pas l'intercompréhension, au moins au centre du monde grec.

5-14. Divergence et convergence

Les considérations qui précèdent permettent de jalonner un processus qui a dû se répéter à des milliers d'exemplaires depuis qu'il est des hommes, et qui parlent : un groupe humain, agressif ou prolifique, étend son domaine au point que les contacts entre ses différentes tribus perdent de leur fréquence et de leur intimité. Ceci entraîne un processus de différenciation linguistique qui ira s'amplifiant si les contacts se relâchent encore entre les différentes tribus, et si de nouveaux contacts s'établissent avec les tribus d'autres groupes. Il y aura dialectalisation de la langue initiale, et cette dialectalisation pourra entraîner, d'un canton à un autre, une incompréhension totale. Mais une tribu plus agressive, plus prolifique, plus inventive ou plus cultivée que ses voisines pourra un jour leur imposer son hégémonie politique ou culturelle. Son dialecte deviendra la langue officielle ou littéraire aussi loin que s'étendra son hégémonie, et, à ce titre, commencera à déloger les dialectes locaux, soit, s'ils sont encore peu différents, par un procès de convergence poursuivi jusqu'à confusion complète, soit par pur et simple remplacement. Il n'est pas dit que les limites de cette hégémonie coïncideront avec celles de l'expansion initiale du groupe : sur certains points, elles les outrepasseront, et la nouvelle langue couvrira des régions où le parler local est de tout autre origine; sur d'autres points, elles seront en retrait, et certains dialectes de notre groupe pourront se voir intégrés à une autre nation ou à une autre zone d'expansion culturelle dans laquelle ils finiront par disparaître.

La dialectalisation n'est pas une conséquence inéluctable de l'expansion géographique. Ce n'est pas la distance par elle-même qui produit la différenciation linguistique, mais le relâchement des contacts. Si l'augmentation des distances est compensée par une amélioration des communications, les comportements linguistiques resteront identiques : tant qu'il fallait des semaines pour traverser l'Atlantique, l'anglais d'Angleterre et celui d'Amérique ont divergé; le vocabulaire des chemins de fer diffère, en gros et en détail, en Grande-Bretagne et aux États-Unis. Mais les conditions sont autres à une époque où il ne faut plus que quelques heures pour se rendre de New York à Londres et où la voix traverse presque instantanément l'Océan; aussi note-t-on aujourd'hui plutôt convergence que divergence. Si, un jour, les citoyens soviétiques établissent une station d'observation sur la lune, il n'y a aucune chance que le russe s'y dialectalise, aussi longtemps que les rapports avec la terre ne seront pas interrompus.

5-15. Comment préciser la valeur de « dialecte »

Il y a un moyen, pour les linguistes, de corriger l'ambiguïté du mot dialecte. Il consiste à préciser dans chaque cas de quelle langue commune le parler en question est un produit divergent. C'est ainsi qu'en Espagne on pourra distinguer entre un dialecte espagnol comme l'andalou qui n'est, en dernière analyse, qu'une façon provinciale de manier le castillan, et un dialecte roman d'Espagne comme l'asturien qui, à la base, représente une différenciation locale du latin apporté autrefois dans la Péninsule. En Grèce, le tsakonien est un dialecte proto-grec; la plupart des parlers romaïques locaux sont des différenciations de la *koinè*;

quant aux formes locales du parler de la bourgeoisie, elles seraient à étiqueter « dialectes du grec moderne ». Il y a malheureusement bien des cas où l'on est en peine de reconstruire le processus de différenciation, et ce qu'on peut dire du souabe et du bavarois, c'est qu'ils sont des dialectes allemands, sans, bien entendu, que ceci implique qu'ils soient des variétés de l'allemand commun contemporain.

5-16. Les créoles

Les idiomes qu'on désigne sous le terme de « créoles » sont parlés par les descendants d'esclaves amenés d'Afrique au Nouveau Monde et dans les îles de l'Océan Indien. Ils ont dû résulter d'un processus particulier dont on s'efforce par la pensée de reconstruire les stades. Mais leur comportement contemporain vis-à-vis de la langue de culture, dont ils semblent être une version mutilée et déformée, rappelle celui des dialectes et des patois. La situation d'un créole français comme celui de la Dominique, qui est le vernaculaire de gens dont la langue officielle est l'anglais, a sa contrepartie en France où des patois néerlandais sont le parler familier de gens qui utilisent le français comme langue nationale.

5-17. Les dialectes sociaux

Le terme « dialecte » est employé, le plus souvent, en référence à des variétés linguistiques comportant une localisation géographique particulière. Mais rien n'empêche de l'utiliser aussi pour désigner le comportement linguistique divergent de certaines classes sociales. Là encore, il y a eu diminution de la fréquence et de l'intimité des contacts entre deux segments de la population; ceci a entraîné un processus de différenciation linguistique qui n'est freiné que par le minimum de coopération que suppose la coexistence dans une même cité.

5-18. Langue parlée et langue écrite

La croyance en l'unité et l'homogénéité de chaque langue nationale a pour effet, non seulement de faire oublier la variété des conditions linguistiques à l'intérieur des frontières de chaque état, mais de convaincre, à tort, qu'il y a nécessairement identité entre la langue que parle un peuple et celle qu'il écrit. Lorsqu'une communauté linguistique, jusqu'alors illettrée, fait connaissance avec l'écriture, c'est avec cette écriture au service d'une autre langue; dissocier, dans ce cas, écriture et langue réclame un pouvoir d'analyse qui peut fort bien manquer tout d'abord, et il y a des chances pour que les premiers sujets qui s'essayent à l'écriture le fassent dans une langue étrangère. Il arrive que cette situation se stabilise et que les gens instruits, qui continuent à parler leur vernaculaire à l'exclusion de tout autre idiome, ne sachent écrire que la langue étrangère. Dans bien des cas la langue qui s'impose dans l'usage écrit est celle d'une littérature « classique » ou celle de textes liturgiques, comme le latin en Europe jusqu'à l'aube de l'époque contemporaine et, jusqu'à nos jours, le sanscrit dans l'Inde et l'arabe du Coran dans les pays musulmans. Ceci, certes, n'exclut pas les efforts pour écrire les vernaculaires : on écrivait, au Moyen Age, le français, l'anglais, l'allemand, concurremment avec le latin, lorsqu'il s'agissait d'atteindre un public local plus vaste que celui des clercs.

5-19. Autre langue ou autre style?

On est tenté de distinguer le cas où la langue écrite est une « autre langue » que le vernaculaire, de celui où elle est conçue simplement comme un autre style. Mais la chose n'est pas toujours aisée. Lorsque la langue écrite est reconnaissable comme un état antérieur du parler ordinaire, il est difficile de préciser objectivement le degré de différenciation qui permet de parler de deux langues au lieu de deux styles : devons-nous dire que les clercs romanophones du VIIIe siècle se servaient, dans leurs écrits (en latin, mais quel latin !), d'un style archaïsant de leur propre langue, ou qu'ils employaient, selon les circonstances, une langue, un « roman » local, et une autre langue, le latin? Ou, pour prendre un exemple contemporain, dans quel cadre classer les rapports mutuels, en Égypte, de l'arabe parlé, de la langue des journaux et de celle du Coran? Il est clair que l'existence d'une même étiquette (« romane loqui », « arabe ») est, tout ensemble, une indication que l'unité est toujours sentie derrière la diversité, et un instrument puissant pour maintenir la conviction que les divergences sont stylistiques plutôt que fondamentales. On dira peut-être que l'unité persiste tant que les différentes formes linguistiques sont senties comme complémentaires, que chaque circonstance de la vie réclame telle forme à l'exclusion de toute autre, et que, par conséquent, le sujet n'est jamais placé en face d'un choix. L'existence de styles très variés de langue parlée et de langue écrite qui donnent l'impression d'un vaste éventail sans solution de continuité ne peut, bien entendu, que renforcer l'impression d'unité. C'est bien là ce qui existe dans la France d'aujourd'hui et qui contribue à voiler les différences considérables entre la langue officielle et celle de la conversation familière : entre une forme écrite qui connaît le passé simple comme temps du récit, qui marque l'interrogation au moyen de l'inversion du sujet et ne connaît que *nous* comme pronom atone de première personne du pluriel, et un parler familier et relâché où une histoire se raconte au présent, où les questions sont marquées comme telles par une intonation montante ou l'emploi d'*est-ce que*, où *nous partons* devient *on se trotte*, il y a des styles intermédiaires qui rejettent le passé simple, mais connaissent à titre de variante l'inversion interrogative (*veux-tu...*?) et conservent *nous* atone à l'exclusion de *on* de première personne de pluriel ou concurremment avec lui.

5-20. Forme parlée et forme écrite d'une même langue

Cependant, il ne faut pas oublier que l'opposition entre une langue littéraire traditionnelle et le parler quotidien ne se confond nullement avec celle, beaucoup plus tranchée, qui existe entre forme primaire parlée et forme secondaire graphique : la forme « parlée » *est-ce que* connaît une expression graphique aussi bien qu'orale, et le passé simple *ils dévorèrent* se prononce aussi bien qu'il s'écrit. Il arrive cependant qu'on hésite sur la graphie d'un mot familier comme /pagaj/ (*pagaye*, *pagaïe* ou *pagaille*?) ou sur la prononciation d'un mot littéraire comme *pusillanime* ou *transi*. Fréquents sont, en anglais, les cas où l'on ne sait trop comment prononcer un mot dont on connaît la forme écrite : au cours de la soutenance d'une thèse sur la graphie du chinois, les membres d'un jury américain ne se sont révélés d'accord ni sur la place de l'accent dans *ideogram*, ni sur la qualité des deux premières voyelles du mot.

5-21. Français parlé et français écrit

En français, les différences entre la graphie et la phonie sont de nature telle que l'on peut dire, sans aucune exagération, que la structure de la langue écrite ne se confond pas avec celle de la langue parlée : dans l'une, le pluriel se marque régulièrement par l'adjonction d'un *-s* au substantif et secondairement par des faits d'accord; dans l'autre, il s'exprime en priorité par des modifications formelles apportées aux déterminants du substantif (/le(z)/ au lieu de /l/, /la/; /de(z)/ au lieu de /œ̃/, /ün/). Ces divergences sont, bien entendu, encore plus frappantes si l'on fait intervenir les différences d'inventaire de formes entre la langue quotidienne et la langue littéraire (absence dans celle-là du passé simple et de l'imparfait du subjonctif). Une grammaire du français, fondée uniquement sur la langue parlée sous sa forme phonique, présenterait une structure qui différerait profondément de celle qu'offrent les grammaires classiques qui ne tiennent guère compte que de la langue traditionnelle sous sa forme graphique : on n'y parlerait pas, par exemple, de conjugaisons différentes, mais on y distinguerait entre les verbes à thème unique (ex./dòn-/ « donner ») et des verbes à thèmes variables (ex. /fini- finis-/ : /fini fini-ra/ mais /finis-õ finis-iõ/; /sè- sav- so-/ : /il sè/, /nu sav-õ/, /il so-ra/). En fait, le sentiment de l'unité du français au-delà de ces formes divergentes ne peut se maintenir qu'au prix d'un long dressage qui permet à l'enfant d'identifier le syntagme /izem/ qu'il prononce depuis qu'il sait parler, et le graphisme *ils aiment*, qui doit reproduire assez fidèlement la succession des phonèmes et des monèmes qu'on employait il y a quelque mille ans.

5-22. Conditionnement particulier des usages littéraires

On peut déplorer un état de fait qui contraint les jeunes francophones à consacrer à ce dressage de longues heures qui pourraient être employées à l'acquisition de talents plus réellement productifs. C'est un fait que la graphie française, qui permet relativement bien à l'étranger de retrouver la prononciation d'un mot dont il connaît la forme écrite, est exceptionnellement exigeante pour ceux qui ont appris à prononcer la langue avant de la lire et de l'écrire. Mais il faut se convaincre qu'il est absolument normal qu'il s'établisse des différences entre l'usage parlé et l'usage écrit. On fait généralement valoir que, l'écriture reproduisant très imparfaitement les intonations de la voix, il n'est pas étonnant qu'il s'y établisse, par compensation, quelques précisions supplémentaires : la distinction entre les homonymes, si fréquente dans l'orthographe française, trouve là une certaine justification. Mais ceci n'est qu'un aspect d'une différence fondamentale des conditions dans lesquelles s'exercent, en général, l'usage de la parole et l'activité littéraire : dans la vie courante, la parole ne fait souvent que gloser une situation; on peut donc s'y permettre maints tours elliptiques : « par ici! » dans un couloir du métro, avec un geste de la main; « quelle tête! », « là-bas! », etc. La parole est le domaine de prédilection des pronoms de première et de seconde personnes et, de façon générale, des mots ou des syntagmes qui, comme *ici*, *hier* ou *demain*, n'ont de sens concret qu'en référence à la situation dans laquelle ils sont émis. Sans doute n'est-il pas rare qu'on se place, dans le parler, hors de la situation où se trouvent les interlocuteurs : la médisance, qu'on ne considère pas nécessairement comme une activité littéraire, implique le plus souvent un comportement linguistique qui ne prend pas assise sur la situation particulière dans laquelle se déroule l'entretien. On pourrait dire, d'ailleurs, que l'emploi du langage indépendamment de circonstances de toutes sortes représente un idéal, puisque c'est dans ce cas seulement que la communication s'établit par des moyens strictement linguistiques.

Mais alors qu'il n'est pas très fréquent que le parler échappe totalement aux contingences, l'auteur, en face de sa page blanche, est presque nécessairement condamné à pratiquer cet idéal, puisqu'il ne saurait prévoir toutes les conditions dans lesquelles sera délivré son message. Les échanges épistolaires sont naturellement à mettre à part en ce qu'ils ne participent pas, en principe, au désir de généralité et de permanence qui est nécessairement celui de l'auteur. Il convient de rappeler ici que la littérature orale est une réalité qui a précédé la littérature écrite qui nous est familière, et que la multiplication des machines parlantes peut laisser prévoir une résurgence de la composition orale des ouvrages et leur transmission par voie phonique. Mais, dans la mesure où cette littérature orale reste strictement linguistique et ne s'accompagne ni de bruits ni de projections lumineuses destinées à restituer une situation, on y retrouvera l'idéal linguistique d'une communication qui s'établit au moyen de signes arbitraires. Toutefois des éléments non linguistiques, comme le timbre de voix du locuteur, et l'importance que pourront assumer des effets d'insistance et des éléments non discrets de la courbe mélodique éloigneront de l'idéal que représente la notation graphique des seuls traits pertinents de l'énoncé.

5-23. Les sabirs et les « pidgins »

Nous n'avons, jusqu'ici, cherché à illustrer la variété des situations socio-linguistiques qu'à l'intérieur de domaines auxquels l'existence d'une langue commune confère une certaine unité. La situation qui retient maintenant notre attention est celle où un individu ou un groupe d'individus cherche à établir des contacts hors du domaine de la langue commune qui lui est propre. Si, comme il est vraisemblable, cet individu ou ce groupe désire établir avec ceux qu'il va rencontrer une communication linguistique, il lui faudra ou bien convaincre ces gens d'apprendre sa langue, ou apprendre lui-même la langue de ces gens. Il n'est pas exclu, toutefois, qu'un désir de communication se manifeste de part et d'autre, que chacun des deux groupes en présence fasse un effort pour identifier ce que dit l'autre et l'imiter au mieux de ses capacités. Il en résultera une langue mixte que chacun des groupes en contact sera tenté d'identifier plus ou moins avec la langue de l'autre groupe et qui se trouvera en fait à mi-chemin. Cet idiome sera, pour tous ses usagers, une langue d'appoint, d'une structure mal caractérisée, d'un lexique limité aux besoins qui l'ont fait naître et qui en permettent la survie. Ces outils de communication un peu sommaires reçoivent souvent le nom de *sabirs*, du nom de celui qui a longtemps fleuri dans les ports de la Méditerranée et qu'on connaît aussi sous la désignation de *lingua franca*. Les sabirs ne sont pas nécessairement limités aux usagers des deux groupes ethniques, mais, comme la lingua franca elle-même, ils peuvent servir de truchement à tous les peuples représentés dans une zone géographique déterminée. L'expression populaire *macache bono*, qui est empruntée au sabir nord-africain, illustre bien le caractère composite de cet idiome : *macache* est une déformation de l'arabe *mā kan ši* « ce n'est pas », et *bono* une sorte de dénominateur commun des formes romanes du mot *bon*. Parmi les langues mixtes de ce type il faut signaler le jargon chinook qu'utilisaient au XIXe siècle les Indiens de la côte septentrionale du Pacifique dans leurs rapports de nation à nation et avec les trappeurs de langues française ou anglaise. Plus près de nous dans l'espace et dans le temps, le russenorsk, né de contacts entre pêcheurs russes et norvégiens de la côte de l'Océan Arctique, a eu une existence éphémère, mais il a été assez bien décrit, et c'est un excellent exemple d'un idiome mixte à la genèse duquel ont contribué, à peu près à égalité, deux langues parfaitement connues.

Il n'y a pas de limite tranchée entre les sabirs et ce qu'on appelle les *pidgins*, encore que ces derniers aient un vocabulaire emprunté essentiellement à une seule langue, l'anglais. En fait, le pidgin proprement dit et ses congénères ont joué et jouent encore, dans le Pacifique, le rôle qui a été celui de la lingua franca dans le Bassin Méditerranéen. D'ailleurs tous les pidgins présentent au moins des traces d'influence d'autres langues que l'anglais : on trouve partout le mot *savvy* « savoir », d'origine évidemment romane (cf. *sabir*), qu'emploie automatiquement l'anglophone unilingue qui cherche à se faire comprendre d'un étranger. Le « petit nègre » est à peu près l'équivalent français des pidgins, et sert comme eux de langue d'appoint dans les contacts entre des gens parlant des langues différentes.

5-24. Différence entre sabirs et créoles

Les langues créoles sont, synchroniquement, tout autre chose puisqu'elles sont parlées, à l'exclusion de tout autre idiome et dans toutes les circonstances de la vie, par des groupes compacts de locuteurs. On peut supposer, certes, qu'elles ont débuté sous forme de pidgin ou de petit nègre comme langues d'appoint, et qu'elles ont finalement remplacé les langues africaines dans tous leurs emplois dans les régions où, comme les Antilles, la traite amenait des esclaves de provenances diverses et, par conséquent, de langues fort variées. Comme elles ont dû s'imposer à l'occasion de rapports entre gens d'origine africaine, et que les Européens ont toujours cru bien faire d'user du sabir en s'adressant aux Noirs, on ne s'étonnera pas de retrouver dans la structure des différents créoles, qu'ils soient de vocabulaire anglais, français, espagnol, hollandais ou portugais, une foule de traits communs qui rappellent l'Afrique plus que l'Europe. Rien, dans sa structure linguistique, ne disqualifie, au départ, un créole comme langue de culture. Mais tant qu'un créole est senti et identifié comme une forme abâtardie d'une grande langue de civilisation, son statut ne diffère guère de celui des patois métropolitains.

5-25. L'individu établi à l'étranger

L'individu isolé ou le petit groupe qui se rend à l'étranger ou qui s'expatrie aura, en général, un intérêt évident à apprendre aussi vite et aussi bien que possible la langue du pays de destination, car il ne peut guère espérer forcer les habitants de ce pays à apprendre la sienne. Il n'échappera à cette obligation que dans la mesure où il trouvera dans le pays étranger des groupes assez importants de ses compatriotes auxquels il puisse s'intégrer. On rencontre souvent, dans les grandes villes des États-Unis, de vieilles femmes, établies depuis des années, qui ne connaissent pas un mot d'anglais. Selon l'âge auquel il arrive dans son nouveau pays, selon son degré de culture et d'intelligence et selon le milieu dans lequel il vit, l'immigrant se fera comprendre tant bien que mal, ou il finira par parler la nouvelle langue comme les natifs à la satisfaction générale; il pourra soit oublier complètement sa première langue, soit continuer à la pratiquer mais, finalement, avec moins d'aisance que sa seconde langue, soit la garder toujours comme la seule où il se sente vraiment à l'aise.

Si le même individu ou le même petit groupe utilise, comme sa langue première ou comme langue acquise plus tard, un idiome de grand prestige, et que ses moyens lui permettent de louer un peu partout les services de gens qui parlent cet idiome, il pourra s'abstenir d'apprendre aucun vernaculaire, quelle que soit l'ampleur de ses déplacements : un Anglais peut passer sa vie dans les hôtels de la Côte d'Azur sans parler un mot de français.

Le cas où un groupe se présente en force et s'établit dans un nouveau pays par droit de conquête peut initialement entraîner une situation socio-linguistique qui ne diffère guère que par son échelle de celle que nous venons de considérer. Mais il semble qu'à la longue, c'est-à-dire après plusieurs générations, la communication s'établira généralement entre conquis et conquérants et que, lorsque l'unité linguistique se créera, les facteurs de culture et de nombre pèseront plus dans la balance qu'une supériorité militaire initiale : la conquête romaine de la Gaule a eu pour effet la romanisation linguistique du pays, alors que la conquête franque n'a abouti à germaniser que les franges septentrionales et orientales du territoire.

5-26. Apprentissage des langues étrangères

Parmi les contacts linguistiques, on n'oubliera pas ceux qui s'établissent indirectement par l'intermédiaire d'une littérature. Ici, le contact peut se réaliser à travers le temps si la littérature étudiée survit à la communauté linguistique où elle s'était épanouie. Dans certains cas, l'apprentissage d'une langue étrangère, vivante ou disparue comme langue parlée, peut être institutionalisé, tous les jeunes gens d'une certaine classe sociale étant censés en acquérir la pratique. Dans le monde d'aujourd'hui, les gens cultivés et les spécialistes de tous ordres sont amenés à apprendre à lire, sinon à parler, plusieurs langues. On comprend qu'une langue étrangère qui est apprise et pratiquée par les classes les plus influentes d'une nation puisse cesser d'être une langue étrangère et devenir une langue commune qui finalement éliminera, par dialectalisation et émiettement, l'ancienne langue nationale. C'est ce qui a dû se passer en Gaule à partir du premier siècle avant notre ère.

5-27. Langue « maternelle », bilingues et unilingues

Dans toutes les éventualités envisagées jusqu'ici, il y a apparition de situations bilingues ou plurilingues. L'examen attentif de ces cas divers permet d'écarter la conception naïve selon laquelle il existerait une situation bien définie, dite « bilinguisme », dans le cas où un même individu manierait deux langues avec une égale perfection, qui n'aurait rien en commun avec celle où l'individu parle, parfois avec une grande facilité, une ou plusieurs langues autres que la première apprise, la langue dite « maternelle ». Il convient ici de relever un certain nombre de faits d'expérience et, ce faisant, d'écarter quelques préjugés qui, à la faveur du romantisme, se sont imposés au XIXe siècle à la bourgeoisie unilingue des grandes nations européennes : la première langue apprise n'est pas nécessairement celle de la mère, mais peut être celle de serviteurs ou de toute autre personne constamment en contact avec l'enfant; cette première langue n'est pas forcément celle que l'individu parlera à l'âge adulte avec le plus de facilité : un enfant de cinq ans peut, en quatre mois, acquérir une seconde langue et devenir incapable de rien dire dans la première ou d'en comprendre un seul mot; des millions d'adolescents, de par le monde, apprennent à utiliser une nouvelle langue avec plus de sécurité et de précision que l'idiome qu'ils ont exclusivement pratiqué au cours de leur enfance, que cet idiome soit un patois, un dialecte ou une langue nationale. Il est clair que, plus cet idiome premier garde, pour le sujet, d'utilité et de prestige, moins il risque de s'oblitérer ou de se détériorer, et il semble que l'acquisition de la seconde langue se fasse moins vite et moins parfaitement dans la mesure où la première se maintient mieux. Lorsque les deux langues demeurent en compétition, il est normal que chacune s'emploie de préférence à l'autre et avec plus de sécurité qu'elle dans des situations données : un docteur mélomane pourra être pratiquement incapable de s'entretenir de musique dans la langue qui est la seule dans laquelle il sache exercer sa profession. Quant à ceux à qui l'on pense en général lorsqu'on dit « bilingue », à savoir les personnes qui ont appris concurremment deux langues au cours de leur tendre enfance, il faut d'assez exceptionnels concours de circonstances pour que les deux idiomes se maintiennent chez eux sur un pied qui se rapproche de l'égalité, et on retrouve presque nécessairement, dans ce cas, les emplois préférentiels que nous avons notés plus haut. Le critère de la perfection n'a guère de sens : il y a dans toutes les communautés linguistiques des unilingues qui emploient des formes considérées très généralement comme incorrectes. L'unilingue ne parle pas à la perfection, mais à la satisfaction d'un entourage immédiat où l'on connaît son appartenance au groupe. C'est là un critère qui n'est guère utilisable pour toutes les langues parlées par le plurilingue, au moins en même temps, puisqu'il lui faut nécessairement un certain temps pour qu'on le considère comme intégré à un groupe social.

Il y a, en réalité, d'une part, des gens dont toutes les communications linguistiques ne font jamais intervenir qu'un seul complexe d'habitudes, qui utilisent toujours la même structure phonologique, la même morphologie, la même syntaxe, voire le même lexique : ce sont des unilingues. L'unilingue jouit de certaines latitudes que lui offre la structure de sa langue : il peut employer différents styles. Il dira en français, selon l'interlocuteur et les circonstances, *Monsieur votre père vient-il?* ou *Il vient, ton père?* D'autre part, il y a ceux qui, avec plus ou moins de succès, sont capables, d'un message à un autre, de changer totalement de code, d'employer une autre phonologie et une autre syntaxe. Ce sont des bilingues, ou, s'ils disposent de plus de deux cordes, des plurilingues, quel que soit le degré de perfection qu'ils atteignent dans leur maniement de chacun des idiomes.

5-28. L'interférence

Le problème qui se pose ici pour le linguiste est celui de savoir dans quelle mesure le bilingue parvient à maintenir distinctes, dans tous leurs détails, les deux structures linguistiques avec lesquelles il opère tout à tour. En principe, les signes de chaque langue forment une structure *sui generis*, c'est-à-dire qu'ils s'opposent les uns aux autres de façon particulière, de telle sorte qu'il n'y a pas de correspondance sémantique exacte d'une langue à une autre. Toutefois le bilingue franco-anglais ne peut manquer d'être sensible au fait que, dans la grande majorité des cas où il dit *chien* dans une langue, il doit dire *dog* dans l'autre. Ceci peut l'entraîner à identifier complètement *chien* et *dog* de façon telle que toutes les situations, tous les faits d'expérience qui suscitent *dog* dans l'un des registres suscitent *chien* dans l'autre; ceci aboutit par exemple à employer *chien-chaud* sur le modèle de *hot-dog* pour désigner une saucisse de Francfort en sandwich. Il en résulte, en quelque sorte, une unité à signifié unique (« chien »), et deux signifiants (/šiẽ/ et /dɔg/). Sur le plan de la deuxième articulation, il arrive fréquemment que le bilingue identifie un phénomène d'une langue et un phénomène de l'autre et les articule de façon identique; beaucoup de bilingues anglo-espagnols aux Etats-Unis identifient le /h/ de l'anglais et la *jota* espagnole dont la prononciation varie entre [h] et [x], de telle sorte que leur réalisation d'angl. *have* varie de [hæv] à [xæv]. Sans doute ces identifications, sémantiques et phoniques, ne sont-elles pas automatiques, et les bilingues cultivés arrivent à les éviter. Mais elles représentent une telle économie et sont de ce fait si naturelles que ce n'est que par un souci constant de garder intactes l'une et l'autre structures que le bilingue peut espérer les exclure de son comportement linguistique. Il n'y a, en fait, que quelques virtuoses qui soient capables de manier deux ou plus de deux langues sans que se produisent jamais chez eux les phénomènes qu'on désigne sous le nom d'**interférence** linguistique. L'interférence se manifeste sur tous les plans des langues en contact et à tous les degrés : dans le domaine du lexique, elle déterminera, outre les extensions de sens ou d'emploi (cf. ci-dessus l'extension d'emploi de *chien*), l'emprunt pur et simple d'un signe (ex. un *living-room*, un *film*, un *gag*, une *star*, un *western*), le calque, c'est-à-dire la combinaison de deux signes existants sur un modèle étranger (ex. *fin de semaine* sur le modèle de *week-end*, *autoroute*, all. *Autobahn*, sur le modèle d'it. *autostrada*), le calque approximatif (ex. *gratte-ciel* pour *sky-scraper*, fr. canadien *vivoir* à partir d'angl. *living-room*) et l'équivalent suggéré (ex. fr. récent (*salle de*) *séjour*, employé comme équivalent de *living-room*). Dans tous les cas qui précèdent, il s'agit de faits d'interférence à peu près fixés dans la langue emprunteuse, c'est-à-dire dans l'usage des unilingues, et qui ne sont plus la manifestation d'un comportement linguistique individuel comme l'est l'emploi de *solver* pour *résoudre* dans la pratique d'un bilingue franco-anglais. Mais l'emploi, attesté chez des unilingues, de *il est supposé* (*sortir*), pour *il semble* (*qu'il sortira*) et calqué de l'angl. *he's supposed* (*to go out*), montre bien le processus qui mène de l'interférence chez le bilingue à l'adoption par la communauté.

En matière phonique, une interférence peut aboutir, on l'a vu, à élargir le champ des variations d'un phonème (angl. /h/ dont les variations s'étendent de [h] à [x]). Mais elle peut également affecter le système lorsque deux phonèmes différents d'une langue sont confondus sur le modèle d'une autre : certains bilingues anglo-espagnols dont le phonème /y/ en espagnol varie de [j] à [dj] et [dž] (*yo* « je » se prononçant selon les cas [jo], [djo] ou [džo]) confondent les phonèmes /y/ et /ǧ/ (réalisé [dž]) de l'anglais, et des mots comme *yet* et *jet* sont prononcés l'un et l'autre indifféremment [jet], [djet], [džet].

En matière de syntaxe, les interférences sont surtout fréquentes à partir des langues dites à ordre fixe, c'est-à-dire les langues où la fonction des syntagmes est très fréquemment marquée par leur position dans l'énoncé, vers des langues dites à ordre libre, c'est-à-dire celles où les différents déterminants du prédicat sont caractérisés au moyen de monèmes fonctionnels spécifiques : rien n'empêche le bilingue franco-russe de placer automatiquement ses accusatifs russes dans les positions requises pour les compléments d'objet direct en français puisque l'identification des fonctions n'en sera pas affectée. Mais le russe ainsi traité acquerra une raideur insolite. On notera que le même bilingue ne saurait se prévaloir en français des libertés syntaxiques du russe parce qu'elles y aboutiraient à la confusion des fonctions. Dans l'expression des fonctions, les interférences joueront moins par le transfert de monèmes d'une langue à une autre, bien que la chose existe (fr. *à* adopté par plusieurs langues européennes dans les syntagmes du type *livre à dix francs*), que du fait de calques (emploi en anglais de *at*, équivalent ordinaire de fr. *à*, pour indiquer un prix : *books at a dollar each*). Dire, comme on l'a souvent fait, que les faits de structure morphologique ne s'empruntent pas ou ne s'empruntent guère, c'est simplement constater que le bilingue est aussi embarrassé que le serait l'unilingue pour analyser un amalgame, et qu'il ne transfère d'une langue à une autre que des monèmes formellement bien délimités.

5-29. L'interférence couvre tous les faits d'emprunt

On aboutirait à déformer les faits si l'on s'obstinait à distinguer entre emprunts populaires et emprunts savants en identifiant les uns avec des interférences entre des communautés linguistiques contemporaines, et les autres avec des prélèvements lexicaux opérés sur d'anciennes langues employées à des fins diverses, parallèlement aux vernaculaires. L'histoire de mots francais aussi divers que *haïr*, *ange*, *sucre*, *causer*, *fraction*, *théorie*, *abeille*, *redingote*, *rail* suppose bilinguisme et interférence, ou plus exactement, des situations bilingues et des périodes d'interférence distinctes de celles qu'il faut supposer à la naissance même de la langue, lorsque des populations de langue gauloise du centre de la moitié nord de l'hexagone que forme la France d'aujourd'hui ont, au cours de plusieurs siècles, appris à parler latin concurremment avec leur vernaculaire celtique. C'est dire l'importance des phénomènes de contact de langue lorsqu'il s'agit de rendre compte de la façon dont les langues changent dans le temps.

6
L'évolution des langues

I. Changement social et changement linguistique

6-1. Toute langue change à tout instant

Il suffit, pour un Français, de parcourir *la Chanson de Roland* ou, sans remonter si haut, de lire Rabelais ou Montaigne dans le texte original, pour se convaincre que les langues changent au cours du temps. Personne, cependant, n'a l'impression que la langue qu'il parle change de son vivant ou que les différentes générations en présence ne s'expriment pas de façon uniforme. Tout conspire à convaincre les sujets de l'immobilité et de l'homogénéité de l'idiome qu'ils pratiquent : la stabilité de la forme écrite, le conservatisme de la langue officielle et littéraire, l'incapacité où ils sont de se rappeler comment ils parlaient il y a dix ou vingt ans. Ils ont en outre naturellement intérêt à ne pas percevoir ce qui pourrait contribuer à retarder la compréhension du message, et à ignorer toute divergence qui n'empêche pas cette compréhension : je prononce *âge* avec un [a]; mon interlocuteur y prononce un [ɑ]; s'il me demande *Quel âge avez-vous?*, je comprendrai immédiatement le sens de sa question, et je n'aurai jamais le temps de remarquer qu'il prononce *âge* autrement que moi.

C'est pourtant un fait que toute langue est, à tout instant, en cours d'évolution. Il suffit d'examiner le détail de son fonctionnement pour y déceler les processus divers qui peuvent aboutir, à longue échéance, à la rendre méconnaissable. Tout peut changer dans une langue : la forme et la valeur des monèmes, c'est-à-dire la morphologie et le lexique; l'agencement des monèmes dans l'énoncé, autrement dit la syntaxe; la nature et les conditions d'emploi des unités distinctives, c'est-à-dire la phonologie. De nouveaux phonèmes, de nouveaux mots, de nouvelles constructions apparaissent, tandis que d'anciennes unités et d'anciens tours perdent de leur fréquence et tombent dans l'oubli. Ceci se produit sans que les locuteurs aient jamais le sentiment que la langue qu'ils parlent et qu'on parle autour d'eux cesse d'être identique à elle-même.

Pour simplifier notre analyse, nous supposerons que la langue qui évolue est celle d'une communauté strictement unilingue et parfaitement homogène, en ce sens que les différences qu'on y pourrait constater ne correspondraient qu'aux stades successifs d'un même usage, et non à des usages concurrents. Ceci, bien entendu, ne correspond guère à la réalité telle qu'on l'observe, par exemple, dans le cas du français parlé à Paris, où s'enchevêtrent toutes sortes d'influences et où existent concurremment des usages d'origine sociale et géographique variée. Il faudra donc ici, comme nous l'avons fait ci-dessus en matière de description, nous abstraire de ces variations et supposer une homogénéité qui ne doit se réaliser que très exceptionnellement.

6-2. Nouveautés lexicales et syntaxiques

On peut poser, au départ, que l'évolution d'une langue est sous la dépendance de l'évolution des besoins communicatifs du groupe qui l'emploie. Bien entendu, l'évolution de ces besoins est en rapport direct avec l'évolution intellectuelle, sociale et économique de ce groupe. La chose est évidente en ce qui concerne le développement du lexique : l'apparition de nouveaux biens de consommation entraîne celle de nouvelles désignations; les progrès de la division du travail ont pour conséquence la création de nouveaux termes correspondant aux nouvelles fonctions et aux nouvelles techniques. Ceci va de pair avec l'oubli des termes désignant les objets et les techniques abandonnés.

Il est exceptionnel que la désignation de nouveaux objets ou de nouvelles techniques aboutisse directement à l'apparition de nouveaux monèmes, à moins, bien entendu, que les termes ne soient empruntés à une autre langue, ce que nous n'envisageons pas pour l'instant. Les usagers procèdent, le plus souvent, par spécification d'un monème ou d'un groupe de monèmes existant, au moyen d'un ou de plusieurs monèmes également traditionnels : *chemin*, *chemin de fer*, *chemin de fer métropolitain*. Il n'y a là, évidemment, qu'un aspect particulier du phénomène linguistique fondamental de la première articulation, selon laquelle une expérience spécifique s'articule en une succession linéaire d'éléments moins spécifiques et polyvalents. Ceci implique que la nécessité de désigner de nouveaux objets ou de nouvelles expériences entraînera, non seulement un élargissement du lexique, mais, au premier chef, un accroissement de la complexité des énoncés : à la vue du bateau de Denis Papin, on a pu dire « ce bateau marche à la vapeur », en combinant selon un schème traditionnel des monèmes préexistants. Mais une fois un tel engin entré dans les mœurs, il faut pouvoir, non seulement constater la conjonction possible de la vapeur et de la locomotion sur l'eau, mais marquer les rapports qui s'établissent entre le nouvel engin et d'autres réalités observables. On devra donc pouvoir dire « Le bateau qui marche à la vapeur... », ou « Le bateau à vapeur... », pour terminer sans doute par « Le vapeur... ». Les raffinements syntaxiques que représente la proposition relative ou l'emploi épithétique de l'adjectif sont, bien entendu, plus anciens que la machine à vapeur, mais l'illustration qui précède indique comment ils ont pu naître sous la pression des besoins techniques. La comparaison des langues indo-européennes montre que la proposition relative est une acquisition tardive, et l'observation synchronique indique que le type d'expansion représenté par les propositions subordonnées ne s'impose, dans certaines communautés, que sous la pression de besoins nouveaux apportés par la culture occidentale.

6-3. Apparition de nouvelles fonctions

Un accroissement de la complexité des relations humaines entraînera nécessairement une perception plus aiguë de la variété des rapports entre les différents éléments de l'expérience. Ceci déterminera l'agencement de moyens linguistiques destinés à marquer ces rapports, c'est-à-dire l'apparition de nouvelles fonctions. Les nouveaux indicateurs de fonction (prépositions, conjonctions, locutions prépositives ou conjonctives) sont formés à partir d'éléments autonomes. Ceux-ci peuvent être des monèmes autonomes (l'anglais *up*, dans *he went up*, *up he went*, employé comme fonctionnel dans *up the hill*) ou des syntagmes autonomes (fr. *sans égard* [*pour*]). Dans les langues où les monèmes fonctionnels traditionnels sont amalgamés avec des modalités et inséparables des éléments dont ils marquent la fonction (langues à déclinaisons), les nouveaux indicateurs de fonction (souvent d'anciens adverbes pleinement indépendants), ont un comportement formel original. Sans doute, certaines fonctions peuvent-elles pendant longtemps être marquées par la combinaison d'un fonctionnel libre et d'un fonctionnel amalgamé (*in urbem*, *in urbe*, *in die Stadt*, *in der Stadt*); mais l'évolution tendra à l'élimination du fonctionnel amalgamé avec transfert de la distinction dans le prédicat (fr. *il entre dans la ville*, *il erre dans la ville*) ou dans le fonctionnel libre (angl. *into the city*, *in the city*).

6-4. Seule la causalité interne intéresse le linguiste

Ce qui vient d'être dit de l'expression des fonctions vaut comme illustration des répercussions à longue échéance des changements de la structure sociale sur la structure de la langue. Il est important de noter que l'apparition et l'extension de nouveaux monèmes fonctionnels de comportement formel particulier sont la source d'un déséquilibre qui pourra se résoudre par l'élimination totale d'un trait central de la structure traditionnelle; mais cette élimination prendra, pour se réaliser, des siècles, voire des millénaires. Ceci veut dire que les conséquences linguistiques d'un changement social se répercutent au cours des temps, qu'elles entrent en conflit avec les innovations entraînées par de nouvelles étapes de l'évolution de la société et qu'elles établissent nécessairement avec elles un *modus vivendi* qui est la structure même de la langue à chaque instant de son devenir. Ceci revient à dire qu'il est très difficile de marquer exactement la causalité des changements linguistiques à partir des réorganisations de la structure sociale et des modifications des besoins communicatifs qui en résultent. Les linguistes, une fois qu'ils ont reconnu l'influence décisive de la structure sociale sur celle de la langue, n'auront de chance d'atteindre à quelque rigueur que s'ils limitent leur examen à une période assez restreinte de l'évolution d'un idiome et se contentent de relever dans la langue même les traces d'influences extérieures et de noter les réactions en chaîne que celles-ci ont pu y déterminer, sans remonter aux chaînons prélinguistiques de la causalité. Certains traits de la langue étudiée devront être nécessairement considérés comme des données de fait dont on ne saurait justifier l'existence qu'à l'aide d'hypothèses invérifiables. L'objet véritable de la recherche linguistique sera donc, ici, l'étude des conflits qui existent à l'intérieur de la langue dans le cadre des besoins permanents des êtres humains qui communiquent entre eux au moyen du langage.

II. Économie de la langue

6-5. Le moindre effort

L'évolution linguistique peut être conçue comme régie par l'antinomie permanente entre les besoins communicatifs de l'homme et sa tendance à réduire au miminum son activité mentale et physique. Ici, comme ailleurs, le comportement humain est soumis à la loi du moindre effort selon laquelle l'homme ne se dépense que dans la mesure où il peut ainsi atteindre aux buts qu'il s'est fixés. On pourrait objecter que l'activité humaine en général et l'activité linguistique en particulier peuvent être une fin en soi, un jeu : le bavardage est souvent un exercice gratuit qui ne vise pas réellement à la communication, mais plutôt à une sorte de communion, ce qui est très différent. Mais ceci, n'implique pas que l'évolution linguistique ne soit pas régie par la loi du moindre effort. Le jeu, en effet, n'est satisfaisant pour le joueur que pour autant qu'il en respecte les règles, et, pour le langage, les règles sont celles qui se trouvent édictées par les emplois communicatifs de l'outil linguistique.

À chaque stade de l'évolution, se réalise un équilibre entre les besoins de la communication qui demandent des unités plus nombreuses, plus spécifiques, dont chacune apparaît moins fréquemment dans les énoncés, et l'inertie de l'homme qui pousse à l'emploi d'un nombre restreint d'unités de valeur plus générale et d'emploi plus fréquent.

6-6. Économie syntagmatique et économie paradigmatique

Il y a naturellement, pour remédier au manque de spécificité d'un terme, un moyen autre que son remplacement : on peut spécifier un terme assez général par l'adjonction d'un autre terme, assez général lui aussi : *machine* et *laver* sont l'un et l'autre des termes d'une vaste sphère d'emploi; mais une *machine à laver* est un objet bien défini. Pour arriver à satisfaire leurs besoins communicatifs, les hommes auront donc le choix entre un accroissement du nombre des unités du système (la ménagère pourra, par exemple, parler de sa *Bendix*) ou une augmentation du nombre des unités employées dans la chaîne parlée (la ménagère dira alors « ma machine à laver »). Dans le premier cas, il y aura économie syntagmatique : un monème au lieu de trois, les deux syllabes et les six phonèmes de /bẽdiks/ au lieu des cinq syllabes et des dix phonèmes de /mašinalave/. Dans le second cas, il y aura économie paradigmatique, puisqu'on évitera d'ajouter une nouvelle unité à la liste des substantifs que le locuteur doit retenir et entre lesquels il doit choisir lorsqu'il parle. Ce qui, en principe, déterminera le choix final d'une solution ou de l'autre, sera la fréquence d'emploi : s'il se trouve que l'objet est mentionné avec une grande fréquence, il sera plus économique d'adopter une désignation courte, même si cela doit entraîner un alourdissement du fardeau mémoriel; si, au contraire, il est rare qu'on désigne l'objet nommément, il sera plus économique de ne pas charger la mémoire et de conserver la forme longue. Naturellement, d'autres facteurs entrent en jeu. Dans l'exemple utilisé ci-dessus, *Bendix* est défavorisé par rapport à son compétiteur du fait qu'il ne désigne que les machines d'une certaine marque, et que telle autre ménagère parlera de sa *Laden* ou de sa *Conord*. Dans bien des cas, la désignation brève consistant en un monème unique est une forme abrégée de la forme longue, sans égard pour l'étymologie de cette dernière : *ciné* ou *cinéma* pour *cinématographe*, *métro* pour *chemin de fer métropolitain*, et ceci suffit à en empêcher la généralisation dans une communauté traditionaliste.

Ce qu'on peut appeler l'économie d'une langue est cette recherche permanente de l'équilibre entre des besoins contradictoires qu'il faut satisfaire : besoins communicatifs d'une part, inertie mémorielle et inertie articulatoire d'autre part, ces deux dernières en conflit permanent, le jeu de tous ces facteurs se trouvant limité par des tabous divers qui tendent à figer la langue en écartant toute innovation trop évidente.

6-7. La communication seule façonne la langue

Pour comprendre comment et pourquoi les langues changent, il faut se convaincre que tout énoncé, tout fragment d'énoncé, entraînent, de la part du locuteur, une dépense d'énergie mentale et physique. Cette dépense peut paraître insignifiante à quiconque cherche à l'observer sur lui-même dans des circonstances ordinaires de la vie, lorsque le désir de communiquer ou de s'exprimer l'équilibre très exactement. Mais un état de grande lassitude révèle, même au plus loquace, que le choix du mot juste et du phonème adéquat, voire le simple usage des organes de la parole, accroissent, de façon très perceptible, l'impression de fatigue.

Il y a des moments où l'on « ne trouve pas ses mots », d'autres où l'emporte une fatigue proprement physique et où la parole devient confuse par différenciation insuffisante des phonèmes successifs.

L'individu consent volontiers à cette dépense d'énergie pour la satisfaction de ses besoins. Les besoins qu'il satisfait par l'emploi du langage sont divers, nous le savons. Mais tous supposent une utilisation de la langue dont les modalités sont déterminées par l'emploi qui en est fait à des fins communicatives. Une langue est un outil dont l'organisation révèle qu'il s'est formé à travers le temps pour satisfaire ces fins et que c'est son emploi à ces fins qui garantit la perpétuation de son fonctionnement. Ce sont donc les emplois communicatifs du langage qui devront retenir notre attention si nous voulons découvrir le conditionnement des changements linguistiques. Ce que nous constaterons et pourrons formuler alors ne vaudra pas nécessairement pour ceux des énoncés linguistiques qui ne visent pas à la communication. Mais nous négligerons volontairement ces derniers comme étant calqués sur les énoncés communicatifs et n'offrant rien que nous ne saurions y retrouver. En d'autres termes, les traits que nous pourrions relever dans les énoncés non communicatifs sont ceux que nous rencontrons dans les messages réels. Mais tandis que, dans ces derniers, ils sont constamment et étroitement déterminés et contrôlés par la nécessité de faire passer le message, ils n'ont, dans les formes plus ou moins camouflées du soliloque, d'autres garants de leur intégrité que le désir de jouer au mieux la comédie de la communication.

Ceci dit, nous pouvons poser que l'énergie dépensée à des fins linguistiques tendra à être proportionnelle à la masse d'information transmise. En termes plus simples et plus directs, nous dirons que, lorsqu'on parle pour se faire comprendre, on ne se dépense que dans la mesure où ce qu'on dit semble porter.

6-8. La redondance

Prises au pied de la lettre, ces affirmations semblent impliquer que rien ne saurait subsister dans une langue, qui n'apporte une contribution précise à la communication et que chaque élément de l'énoncé réclame un effort de production strictement proportionnel à la fonction qu'il remplit. En fait, tout ceci, qui se justifie dans l'absolu, n'est pas compatible avec les circonstances dans lesquelles s'exerce l'activité communicative. Les échanges linguistiques se font presque contamment dans des conditions qui sont loin d'être idéales : il est absolument exceptionnel qu'ils se réalisent dans un silence absolu; normalement, les paroles s'échangent sur un fond de bruits divers, rumeurs confuses, pétarades de moteurs, mugissement de la mer ou du vent, au mieux pépiements d'oiseaux et frôlements de bêtes. Il est en outre fréquent que l'attention de l'auditeur soit partagée entre le message qu'on cherche à lui transmettre et ses préoccupations personnelles. C'est pourquoi le message linguistique normal ne peut être « télégraphique » ou minimum. Les mots sont rarement aussi courts qu'ils pourraient l'être si chaque phonème exerçait à coup sûr et dans tous les cas sa fonction distinctive : même hors de tout contexte, *dictionnaire* n'a nul besoin de son *-nnaire* pour se distinguer des autres mots de la langue. Une stricte économie semblerait devoir réclamer qu'on n'utilise pas de mots de trois ou plus de trois phonèmes avant qu'aient été mises à contribution toutes les combinaisons de deux phonèmes. Or, en français, où cependant les mots de deux phonèmes sont particulièrement nombreux, sur les dix-huit combinaisons possibles de consonne + /œ̃/, il n'y en a qu'une seule d'utilisée, à savoir *(à) jeun*. Les nécessités pratiques de la communication exigent donc, de la forme linguistique, qu'elle soit constamment et sur tous les plans largement **redondante.**

Cette redondance, indispensable à l'exercice du langage, l'est aussi lorsqu'il s'agit pour l'enfant d'acquérir l'usage de la langue de l'entourage. Sans doute l'enfant est-il conditionné à associer certains sons à certains faits d'expérience; par exemple, les sons [šval] avec la perception de l'animal cheval, et c'est ainsi qu'il apprend bien des éléments de la langue; mais il n'est pas rare qu'il acquière des mots en les identifiant dans les séries de contextes qui finissent par cerner, pour lui, le sens du terme : dans la bouche d'un aîné : « Maman, j'ai *faim*; donne-moi une tartine »; dans celle du père : J'ai *faim*; quand nous mettons-nous à table? »; du chat de la maison : « Il a *faim*; donne-lui du mou. » Tous ces énoncés sont redondants en ce qu'ils signalent deux fois chez le sujet le désir de prendre de la nourriture, et c'est cette redondance qui permet au jeune témoin d'identifier le mot *faim*. Ceci vaut aussi pour l'adulte, lorsqu'il rencontre un mot nouveau, que ce soit dans sa langue ou dans une langue étrangère. L'article de dictionnaire, qui est le dernier recours dans ce cas, n'est, après tout, rien qu'une redondance systématique : « *Rudéral*... Qui croît dans les décombres. »

La nécessité fondamentale de maintenir cette redondance est un des facteurs qu'il ne faut pas perdre de vue lorsqu'on examine les conditions de l'évolution linguistique. Il n'en reste pas moins que le maintien d'un certain équilibre entre énergie dépensée et information transmise détermine pour une large part le sens et le détail de cette évolution.

III. Information, fréquence et coût

6-9. La théorie de l'information et le linguiste

Les ingénieurs des télécommunications ont trouvé le moyen de chiffrer les quantités d'information transmises une fois déterminés le nombre des unités du système et la probabilité de chacune. Dans leurs efforts pour réduire les frais de transmission des messages, ils ont mesuré le coût de l'information en fonction du système de signaux employé : alphabet morse, alphabet ordinaire (26 unités), chiffres (10 unités), système binaire (2 unités). Les constantes qu'ils sont ainsi parvenus à dégager sont, pour le linguiste, d'un intérêt direct. Mais il est rare que, pour la solution de problèmes posés par l'évolution linguistique, on puisse utiliser purement et simplement les formules mises au point par les ingénieurs. Ceux-ci, en effet, atteignent à la rigueur en simplifiant les données dans le sens de leurs besoins. C'est ainsi que le coût d'un mot est calculé en fonction du nombre de lettres que comporte sa forme écrite ou du nombre de phonèmes dont il se compose; en d'autres termes, chacune des unités minima, lettres ou phonèmes, est censée avoir le même coût que n'importe quelle autre. Ceci serre sans doute d'assez près les conditions réelles de certaines transmissions, mais ne peut valoir pour les conditions ordinaires d'emplois graphiques et phoniques des langues : si, comme il est licite, nous identifions coût et énergie, on ne saurait prétendre que, dans l'écriture cursive, *e* et *f* aient le même coût; quant aux phonèmes, qui nous intéressent directement, comment pourrons-nous mesurer et comparer l'énergie moyenne réclamée par la prononciation de /a/ et celle de /f/ ? Nous pouvons, tout au plus, supposer que la prononciation de /šar/ demande en moyenne plus d'énergie que celle de /ša/, c'est-à-dire que, toutes choses égales d'ailleurs, un phonème supplémentaire réclame une dépense supplémentaire d'énergie.

Dans ces conditions, ce que nous devons retenir des enseignements de la théorie de l'information ressortit largement au sens commun. Il s'agit d'indiquer et d'illustrer comment et dans quel sens la variation de certains facteurs est susceptible d'entraîner celle d'autres éléments. Ces variables sont le **nombre** des unités entre lesquelles le locuteur choisit à un point de l'énoncé, la probabilité des unités ramenée à leur **fréquence,** le **coût** de chaque unité qui comporte, outre l'énergie nécessaire à sa réalisation, ce qu'on pourrait appeler les frais d'emmagasinage dans la mémoire, et enfin l'**information** qu'apporte chaque unité.

6-10. L'information

Est doué d'information tout ce qui a pour effet de réduire l'incertitude en éliminant certaines possibilités. Si j'entends /il a p.../, /p/ n'a pas de signification en lui-même, mais il est doué d'information dans ce sens qu'il exclut toutes sortes d'énoncés possibles, comme *il a donné*, *il a bougé*. Si à l'énoncé tronqué s'ajoute /r/ (/il a pr.../), l'incertitude est de nouveau réduite puisque sont exclus *il a payé*, *il a poussé*, etc., ce qui indique que /r/ est doué d'information. L'information n'est donc pas un attribut de la signification, puisque des unités non signifiantes comme /p/ et /r/ y participent.

L'unité d'information est définie comme la quantité fournie par une unité d'un système qui en comporte deux de même probabilité. Si, dans un contexte, ne peut figurer que *oui* ou que *non*, et que *oui* et *non* y soient également probables, l'emploi de *oui* ou de *non* donne une quantité d'information égale à l'unité. Ici, nous n'attribuons pas de valeur informationnelle aux phonèmes successifs de *oui* et de *non*, puisque nous avons posé que seuls *oui* et *non* étaient possibles et que, par conséquent, le /...i/ de *oui* et le /...õ/ de *non* n'apportaient rien au message qui ne fût impliqué par le /u.../ et par le /n.../. Il se peut que l'information apportée dans ce cas soit vitale, c'est-à-dire d'une haute qualité, mais quantitativement, elle est égale à 1 ; ce qu'on mesure est la quantité et non la qualité de l'information.

Il est clair que, si situation et contexte ont, à l'avance, persuadé l'auditeur que la réponse sera *oui*, l'information qu'apportera *oui* sera nulle, puisqu'il savait (ou croyait savoir) que c'est *oui* qu'il allait entendre. S'il estimait, dès l'abord, que *oui* avait plus de chances de sortir que *non*, l'information qu'apportera *oui* ne sera plus nulle, mais elle sera inférieure à celle que fournirait *oui* si les chances entre *oui* et *non* avaient, à son sens, été égales, c'est-à-dire inférieure à l'unité d'information. En d'autres termes, plus on attend une certaine réaction, moins cette réaction est informative. Dans une narration où chaque phrase est automatiquement précédée de « et puis alors », ce segment n'a aucune valeur d'information.

Si maintenant nous supposons qu'au lieu de deux réponses possibles, *oui* et *non*, nous en ayons quatre, toutes aussi vraisemblables les unes que les autres, l'audition de l'une d'entre elles apportera plus d'information que si le choix du locuteur avait été limité à deux comme dans notre premier exemple. Supposons par exemple qu'au lieu de *oui* et de *non*, les deux unités dans ce cas aient été *à droite* et *à gauche* et que les quatre que nous considérons pour l'instant soient *au nord*, *à l'est*, *au sud*, *à l'ouest*. On comprend que, si la réponse attendue doit diriger des recherches, une réponse comme *au sud* soit plus informative que *à gauche* puisqu'elle circonscrit les recherches au quart de l'horizon, alors qu'*à gauche* ne les aurait limitées qu'à la moitié. Une réponse comportant un choix entre huit unités comme *nord*, *nord-est*, *est*, etc. réduira de nouveau de moitié l'incertitude du chercheur puisqu'elle limitera son secteur de 90° à 45°, et, par conséquent, doublera l'information par rapport à l'hypothèse précédente. En résumé, plus les unités du système sont nombreuses, plus chacune d'entre elles apporte d'information. Naturellement, il est plus facile de retenir et d'utiliser un système réduit comme *oui-non*, *droite-gauche* qu'un système plus large du type *nord*, *nord-est*, etc. Selon les besoins divers des communautés ou des groupes, on donnera la préférence à des systèmes réduits peu informatifs, mais bon marché, ou à des systèmes à nombreuses unités, très informatifs, mais dispendieux d'utilisation et de stockage. On notera que la richesse informationnelle d'un système est fonction de deux traits qui vont de pair : le nombre élevé des unités et la valeur de chacune qui croît avec ce nombre.

6-11. Probabilité et fréquence

Il est en réalité tout à fait exceptionnel que les différentes unités d'un système soient, dans une situation donnée ou à un point déterminé de l'énoncé, toutes également probables. Dans une situation particulière, on attendra plutôt *non* que *oui*; dans une certaine localité, en référence à l'origine du vent, on attendra plutôt *ouest* qu'*est*, *sud* ou *nord*. La chose est évidente lorsqu'on pense aux contextes qui permettent un choix plus vaste : après *il a planté un...*, *pommier* est, sous nos climats, plus probable que *baobab*; après un début aussi peu spécifiant que *j'ai rencontré un...*, *ami* a plus de chance de figurer que *dinosaure*. Les mots *pommier* et *ami*, beaucoup plus probables, ici, que *baobab* et *dinosaure*, ont, de ce fait, une information beaucoup plus faible.

Il serait, en pratique, malaisé et peu profitable de chercher à déterminer la probabilité des unités linguistiques dans un contexte donné et une situation particulière. C'est pourquoi on se contente de déterminer la probabilité de chaque unité dans l'ensemble des contextes où elle apparaît, c'est-à-dire qu'on en calcule la fréquence relative dans la langue ou dans l'usage linguistique à l'étude : si, dans un ensemble de textes choisis comme pleinement représentatifs, on trouve mille fois le mot *ami* et une fois le mot *dinosaure* on dira naturellement qu'*ami* est mille fois plus fréquent que *dinosaure*. On conclura que, plus une unité (mot, monème, phonème) est fréquente, moins elle est informative.

6-12. Fréquence et coût

S'il est probablement impossible de déterminer avec une précision absolue l'énergie moyenne nécessaire pour la production de telle ou telle unité linguistique, il reste intéressant de tenter de voir dans quel sens et à quel rythme varie la dépense d'énergie lorsque varie l'information. On peut tout d'abord concevoir une unité de première articulation, en pratique un mot comme *dinosaure*, comme un tout inanalysable. Vu sous cet angle, on aperçoit que nous avons ici affaire à une unité de luxe que la mémoire doit emmagasiner au même titre qu'un mot fréquent comme *ami* et pour un usage infiniment plus limité. A supposer que l'effort mémoriel soit le même pour les deux mots et que le rapport des fréquences soit de 1 à 1 000, chaque emploi de *dinosaure* aura réclamé le même effort que mille emplois d'*ami*. Il va sans dire qu'il ne s'agit même pas, ici, d'ordres de grandeur, mais d'une simple orientation. Ceci se trouve, nous l'avons vu, automatiquement compensé par la grande information de *dinosaure* qui est directement en rapport avec sa rareté. Mais il ne faut pas oublier que la mémoire peut se refuser par l'oubli à des frais d'emmagasinage non payant.

Si maintenant nous considérons le mot comme un signifiant formé de phonèmes successifs, on peut admettre que son coût est fonction du nombre de phonèmes qui le composent : /dinòzor/ avec 7 phonèmes est plus dispendieux qu'/ami/ avec 3.

On s'attend, dans ces conditions, que les mots fréquents soient, en moyenne, plus courts que les mots rares, et c'est bien ce qui se vérifie statistiquement. Le rapport des sept phonèmes de *dinosaure* aux trois d'*ami* illustre bien celui de la fréquence du mot à sa masse formelle. Naturellement, le rapport de 7 à 3 est tout autre que l'inverse de celui de 1 000 à 1 que nous avons, assez gratuitement sans doute, posé comme notant la fréquence comparée des deux mots. Ces rapports ne seraient du même ordre que si la langue ne disposait que d'un seul phonème s'opposant seulement à son absence; on y trouverait donc un seul mot d'un seul phonème, *a*, un seul mot de deux phonèmes, *aa*, et ainsi de suite. En fait, une langue normale dispose de quelques dizaines de phonèmes entre lesquels on choisit le premier phonème du mot, puis le deuxième, et ainsi de suite.

Supposons, pour simplifier les choses, que les 36 phonèmes d'une langue puissent tous figurer dans n'importe quelle position, c'est-à-dire que tous les inventaires d'unités distinctives y soient identiques. On pourrait avoir, dans cette langue, 36 mots d'un phonème, $36 \times 36 = 1\,296$ mots de deux phonèmes, $36 \times 36 \times 36\ (= 36^3) = 46\,656$ mots de trois phonèmes, $36 \times 36 \times 36 \times 36\ (= 36^4) = 1\,679\,616$ mots de quatre phonèmes, c'est-à-dire assez pour satisfaire les plus exigeants. La réalité linguistique est autre : à chaque point de la chaîne, ce n'est pas entre les 36 phonèmes de la langue, mais sur une fraction de ce chiffre que se fait le choix, par exemple parmi les phonèmes vocaliques, à l'exclusion des phonèmes consonantiques et vice versa. Il faut d'autre part tenir compte de la nécessaire redondance de tous les messages, qui implique qu'une langue présentera des mots de quatre phonèmes et plus sans jamais utiliser toutes les combinaisons possibles de trois phonèmes. On s'explique néanmoins qu'à une disproportion de 1 à 1 000 dans la fréquence puisse en correspondre une de 7 à 3 dans le nombre des phonèmes successifs, puisque rien dans la structure phonologique du français n'empêcherait la langue de présenter des formes de moins de six phonèmes pour les mots d'une fréquence inférieure à celle de *dinosaure*.

6-13. Laxité du rapport entre fréquence et coût

Ce qu'il convient de retenir de tout ceci pour comprendre la dynamique linguistique se ramène aux constatations suivantes : il existe un rapport constant et inverse entre la fréquence d'une unité et l'information qu'elle apporte, c'est-à-dire, en un certain sens, son efficacité; il tend à s'établir un rapport constant et inverse entre la fréquence d'une unité et son coût, c'est-à-dire ce que représente d'énergie consommée chaque utilisation de cette unité. Un corollaire de ces deux constatations est que toute modification de la fréquence d'une unité entraîne une variation de son efficacité et laisse prévoir une modification de sa forme. Cette dernière pourra ne se produire qu'à longue échéance, car les conditions réelles du fonctionnement des langues tendent à freiner les évolutions.

6-14. Fréquence et forme dans le lexique

La fréquence d'une unité linguistique peut augmenter sous la pression directe des besoins de la société. Ceci vaut surtout des unités dites lexicales, mais peut également être le fait de monèmes grammaticaux : les émissions radiophoniques font du monème fonctionnel *depuis* un grand usage (« On nous communique depuis Londres... ») qui a dû modifier la fréquence de cette unité dans le parler général. Dans d'autres cas, l'augmentation de la fréquence d'une unité est en rapport avec l'évolution de la structure qui, nous le savons, reflète très fréquemment un déterminisme interne qui ne se rattache que de très loin aux phénomènes sociaux. Il suffira alors que le linguiste marque comment l'augmentation de fréquence découle d'un phénomène linguistique plus général.

Lorsque la fréquence d'une unité s'accroît, sa forme tend à se réduire. Ceci vaut pour une unité minima comme pour une unité plus vaste, pour une unité distinctive comme pour une unité significative puisqu'il n'est pas nécessaire qu'une unité participe à la signification pour qu'elle apporte de l'information.

L'abrègement des formes lexicales dont la fréquence s'accroît est bien attesté. Lorsqu'il a été question de creuser à Paris des voies souterraines pour le transport urbain du public, on a parlé de la création d'un « chemin de fer métropolitain », désignation comportant quatre monèmes et dix-huit phonèmes successifs. Aujourd'hui, où ce moyen de transport est une réalité bi-quotidienne pour plusieurs millions de Parisiens, il est désigné, presque universellement, au moyen du monème unique de cinq phonèmes *métro*. Cet exemple illustre deux procédés d'abrègement qu'il faut distinguer : tout d'abord un abrègement par élimination des éléments non spécifiques (ici *chemin de fer*) qui livre *métropolitain*; d'autre part la coupure dans le vif qui ne laisse subsister qu'une tranche, antérieurement non significative, *métro*. Seule la première méthode est bien attestée en linguistique historique et dans l'étymologie traditionnelle : un mot comme arménien *kogi* « beurre », formellement « de vache », a toutes chances d'être le résidu spécifique d'un syntagme du type « graisse de vache ». La seconde méthode est le seul recours dans les langues de civilisation d'aujourd'hui où les nouvelles inventions sont désignées au moyen de termes savants assez longs. Ces mots sont descriptifs et analysables dans le cadre des langues classiques auxquelles on emprunte leurs éléments, mais monolithiques et sans prise pour l'usager moyen qui ne pourra équilibrer fréquence et coût qu'en élaguant sans égard à une étymologie qu'il ignore. Les abrègements par tronquement (*métro*) ou par sigle (*SNCF*) que vitupèrent les puristes sont la conséquence du fait qu'en français, plus peut-être que partout ailleurs dans l'Europe d'aujourd'hui, l'expansion lexicale se réalise le plus souvent au moyen d'éléments non indigènes. Ils résultent de la nécessité inéluctable de réduire la forme à un volume qui corresponde à sa fréquence, c'est-à-dire, en fait, à son contenu informationnel.

On peut également équilibrer fréquence et coût en remplaçant un mot long par un mot court, par exemple *patron* ou *contremaître* par *singe*. Une personne affublée d'un nom de plus de deux syllabes a, toutes choses égales d'ailleurs, plus de chances de recevoir un surnom. Il intervient, sans doute, dans ce processus, autre chose que le besoin d'équilibre informationnel, mais cette autre chose n'est pas nécessairement l'essentiel.

6-15. Fréquence et forme en grammaire

L'histoire du *-s* du nominatif singulier des langues indo-européennes et ce qu'on peut deviner de sa préhistoire illustre bien les mêmes implications dans le cas d'un élément qui échappe à la pression directe des besoins de la société. On peut supposer que cette désinence était propre à tous les noms qui désignaient des entités susceptibles d'être conçues comme des agents, ceux qui se trouvent représentés plus tard par des masculins et des féminins. Cette désinence, qu'on n'avait aucune raison d'employer avec les désignations d'objets conçus et présentés comme des patients, était nécessairement celle d'un cas ergatif désignant celui par qui l'action est faite. Ce n'était pas un nominatif, c'est-à-dire essentiellement un cas hors contexte grammatical comme le vocatif, un cas qu'on utilise pour « nommer quelqu'un », le présenter ou le désigner comme le « sujet » de ce qui va être dit. Un cas ergatif est un indicateur de fonction. Un cas nominatif n'en est guère un, puisque l'énoncé s'ordonne, en quelque sorte, en référence au nom ainsi caractérisé. Une évolution de la structure de l'indo-européen a amené cet ancien ergatif à jouer le rôle d'un nominatif. Mais ce cas était représenté presque nécessairement dans chaque proposition. C'est lui qu'on employait hors proposition concurremment avec le vocatif qui s'est largement identifié avec lui. Il avait donc une fréquence extraordinaire qui allait de pair avec son manque de spécificité fonctionnelle. Une forme comme lat. *orator*, où le nominatif s'identifie au radical, représentait un idéal, qui, de façon ou d'autre, s'est imposé presque partout. Mais il a fallu des millénaires pour que les différentes langues qui, ont éliminé le *-s* du nominatif se trouvent, chacune à son tour, dans une situation où les sujets ont pu choisir entre deux formes régulières, l'une avec *-s*, l'autre sans *-s*, et préférer la seconde : en français, on a dû attendre l'élimination de la déclinaison qui a consacré la victoire du cas oblique, sans *-s* au singulier.

6-16. Fréquence et forme en phonologie

La lenteur avec laquelle l'équilibre linguistique se modifie dans le cas des formes grammaticales et, nous allons le voir, dans celui des unités phonologiques, s'explique du fait même de leur grande fréquence : l'enfant qui apprend sa langue a tôt fait d'acquérir les habitudes qu'elle représente, et ce n'est qu'à la suite de concours particuliers de circonstances que peut jouer, dans tous ces cas, la tendance à équilibrer fréquence et coût. Il est un trait phonique assez répandu qui est susceptible de voir sa fréquence s'accroître dans des proportions considérables. Il s'agit de la gémination consonantique, trait phonique qui distingue *là-dedans* /laddã/ de *la dent* /ladã/. Dans le cadre d'un certain type de structure linguistique, les locuteurs tendent à remplacer, dans certains mots, la consonne simple par la consonne géminée : ital. *tutto* « tout » a /tt/ en face du /t/ simple de lat. *totus*; avec le même sens, angl. et all. *all* viennent d'une forme à /-ll-/ parallèle à la forme à /-l-/ simple attestée dans *almighty*. Dans une langue qui ne connaît pas ce phénomène, les géminées ne sont qu'un groupe consonantique comme les autres : la géminée /-tt-/ de *netteté* /netté/ n'a pas un statut différent de celui du groupe /-kt-/ dans *becqueter* /bekté/, et leur fréquence est du même ordre. Elle est assez basse pour que /-tt-/ et /-kt-/ aient une information bien supérieure au /-t-/ simple : si j'entends /il at.../, j'aurai à deviner entre une quarantaine de verbes français; si j'entends /il akt.../, mon incertitude sera, dans la vie quotidienne, limitée à deux formes *act....ive* et *act...ualise*; l'énergie supplémentaire que réclame l'adjonction de /-k-/ à /-t-/ est donc certainement payante, et ceci vaut pour l'énergie supplémentaire que réclame /-tt-/ au lieu de /-t-/. Mais dans une langue où les géminées tendent à être aussi fréquentes que les simples correspondantes, l'information qu'apporte /-tt-/ tend à s'identifier à celle qu'apporte /-t-/, et les sujets seront de plus en plus tentés de réduire l'énergie nécessaire à l'articulation de /-tt-/ pour la faire correspondre à son pouvoir informationnel. Cependant, comme l'identification de /-tt-/ et de /-t-/ aboutirait à des confusions intolérables, l'opposition se maintient; mais /-t-/ cède devant /-tt-/, qui tend à se simplifier, et aboutit, selon la configuration des systèmes, à /-d-/ (cf. lat. *scutum* > esp. *escudo*) ou à /-θ-/ (v. irl. *bráthir* « frère » avec /-θ-/, en face du *t-* initial conservé de *trí* « trois »). Là où le système n'offre pas d'échappatoires, l'opposition pourra se maintenir pendant des siècles sous sa forme primitive : en espagnol, *-rr-*, dont la fréquence est du même ordre que celle de *-r-*, garde une prononciation beaucoup plus énergique.

6-17. Efficacité dans un contexte donné

L'usager ne se préoccupe guère de la fréquence générale des unités qu'il emploie, mais bien de leur efficacité (donc de leur fréquence) dans un contexte donné et une situation particulière. Or, il n'est pas rare que le terme qui normalement désigne un des éléments de l'expérience à communiquer soit, dans un certain contexte et une certaine situation, d'une fréquence extraordinaire. Le locuteur, guidé par son expérience d'auditeur, sait que ceux qui l'entendront ne retireront alors de l'emploi de ce terme presque aucune information. S'il désire que cet élément ne passe pas inaperçu, il lui faudra trouver un moyen d'augmenter l'information à ce point de son discours, c'est-à-dire, en d'autres termes, de réveiller l'attention des auditeurs. On entend si souvent parler d'un « économiste distingué » que l'épithète n'a, dans ce contexte, pratiquement aucune valeur. Il y a toutefois plusieurs façons de conférer plus de spécificité, c'est-à-dire de valeur d'information, au segment d'énoncé en cause. On peut ajouter un déterminant ou plusieurs déterminants successifs : l'économiste sera, dans ce cas, *très distingué* ou *tout particulièrement distingué*. On peut remplacer la forme de faible contenu informationnel par une autre de sens analogue, mais plus inattendue dans ce contexte : on parlera, par exemple, d'un *économiste de classe*. On peut finalement prononcer le terme de faible information d'une façon particulière qui retienne l'attention de l'auditeur, par exemple en séparant les syllabes : un *économiste dis-tin-gué*, ou en mettant une emphase particulière sur ce même terme ou un de ses déterminants : un *économiste* TRÈS *distingué*. Ces différents procédés peuvent, en effet, être employés concurremment, et ceci est d'autant plus fréquent que chacun d'eux est exposé à s'user rapidement. Il arrive souvent en effet qu'une épithète ou une emphase ainsi ajoutée devienne si commune que son absence est plus inattendue que sa présence, et par conséquent plus susceptible de retenir l'attention : dans bien des cas, dire simplement « un succès » sera plus convaincant que de parler d'« un succès fou ». Le processus des renforcements est fort simple : une heureuse trouvaille, mot nouveau, tour inattendu, se révèle efficace par sa nouveauté même. On l'imitera donc, mais plus on en fera usage, moins elle parviendra à réveiller l'attention des auditeurs. Il faudra donc trouver autre chose, un autre mot, un autre tour, qui lui aussi se verra, à la longue, délogé par un nouveau venu. L'institution sociale qu'est la mode paraît résulter d'un conditionnement analogue : il s'agit bien, en dernière analyse, d'attirer l'attention de l'autre sexe par des nouveautés vestimentaires qui n'arrivent à leurs fins qu'aussi longtemps qu'elles restent des nouveautés.

6-18. Information et œuvre littéraire

Pour être moins sujet au changement parce que moins aisément imitable et, de ce fait, dévaluable, le comportement de l'écrivain et surtout du poète n'en est pas moins à rapprocher de celui du novateur lexical. Il s'agit, en l'occurrence, de soutenir l'attention du lecteur, et ceci s'obtiendra en fournissant une dose suffisante d'information. L'auteur pourra se contenter de présenter, dans les termes les plus directs, des événements, réels ou imaginaires, assez exceptionnels pour que la densité informationnelle du récit retienne l'attention. Il pourra aussi, par un choix original des unités linguistiques, élever le contenu informationnel de son texte et le doser exactement. Ceci le dispensera d'aller, à chaque instant, chercher l'inattendu dans les péripéties du récit. Il est important, dans ce cas, de ne pas dépasser une certaine densité d'information qui, naturellement, dépendra de l'intelligence et de la culture du public dont on recherche les suffrages. Il s'agit de ne pas réduire la redondance naturelle et indispensable au-delà du point où devient sensible l'effort que réclame, du lecteur, la compréhension du texte. La tendance à la concision, c'est-à-dire à l'accroissement de la densité informationnelle, est fréquente chez le poète, moindre, bien entendu, chez l'auteur d'épopées en plusieurs chants que chez le sonnettiste : d'un côté, l'épithète homérique qui est le type même de l'emploi redondant du langage; de l'autre, le rapprochement inattendu de deux mots où chacun apporte tout son message, puisque le premier ne laissait pas prévoir le second. L'écueil est, dans ce cas, l'incohérence. A l'opposé de *mer bleue*, quasi redondant, on pourrait avoir *mer intellectuelle* où l'épithète est si inattendue que la première réaction est de douter qu'il s'agisse d'un message réel. Trop d'information dans un énoncé limité aboutit à l'obscurité. La langue économiquement idéale serait celle où tous les mots, tous les phonèmes pourraient entrer en combinaison avec tous les autres en réalisant chaque fois un message. Notre parler quotidien est loin de compte. La langue du poète « hermétique » tend vers cet idéal.

6-19. Le « langage affectif »

On a souvent considéré les processus de renouvellement des moyens linguistiques comme se plaçant en marge du fonctionnement normal de la langue. On a même voulu y voir les manifestations d'un langage affectif distinct du langage grammatical. Il s'agit en fait de réactions parfois individuelles des usagers, mais qui ne s'écartent pas de ce qu'on peut attendre dans le cadre de la structure de la langue. La fréquence d'une unité, d'où découle son contenu informationnel, c'est-à-dire son utilité pour l'usager dans telle ou telle circonstance, est un des traits de cette structure Mais c'est le point sur lequel son instabilité est peut-être le plus manifeste, celui où le tempérament et les besoins divers de chaque usager peuvent, dans une certaine mesure, influencer le devenir de la langue. On n'oubliera pas toutefois qu'une innovation, pour être acceptée, doit se conformer ou s'intégrer à cet ensemble d'habitudes linguistiques que nous désignons comme la structure.

6-20. Le figement

Il arrive que la fréquence d'un syntagme s'accroisse sans qu'il soit possible d'adapter sa forme à sa nouvelle probabilité par abrègement ou tronquement : la raison en est souvent que les éléments composants sont de trop faible spécificité pour qu'on puisse rien retrancher à l'ensemble : dans *chemin de fer métropolitain*, on peut, sans inconvénient, laisser tomber *chemin de fer*, la spécificité de *métropolitain* étant suffisante, mais, dans *bonhomme* on ne saurait supprimer *-homme* sans enlever au concept de « bonhomme » tout support formel identifiable. Mais si l'augmentation de fréquence n'aboutit pas alors à abaisser le coût, elle n'en entraîne pas moins inéluctablement une diminution de la spécificité qui devient égale à celle des monèmes simples de fréquence identique. Ceci amènera les locuteurs à traiter formellement le syntagme comme un synthème, c'est-à-dire comme s'il était un monème indissociable : en français, *bon marché* est à peu près l'équivalent des monèmes uniques angl. *cheap*, all. *billig*, esp. *barato*; aussi tend-on à figer le syntagme et à dire *plus bon marché* au lieu de *meilleur marché*; la fréquence de *ça a l'air*, *il a l'air*, *elle a l'air*, *tu as l'air*, entraîne le figement du syntagme /a l er/; l'adjectif suivant ne s'accorde plus avec *air*, mais avec le sujet : *elle* a l'air *gentille*, et l'on entend même, dans la bouche des enfants, *ça m'alairait bon* pour *ça m'avait l'air bon*.

Le phénomène est parallèle, sur le plan sémantique, à celui qui, sur le plan phonique, amène l'affaiblissement et la simplification des géminées lorsqu'elles deviennent aussi fréquentes que les simples correspondantes. On en résumera le principe en disant que ce qui a la fréquence et, par conséquent, la spécificité d'un monème unique tendra à être traité comme un monème unique.

Le figement joue un rôle considérable dans l'évolution linguistique : le futur des langues romanes de l'Occident résulte du figement d'un syntagme formé de l'infinitif et des formes conjuguées du verbe « avoir »; le passif scandinave (danois *at sige* « dire », *at siges* « être dit ») provient du figement du radical verbal et du réfléchi *sik* (> *-s*). En français populaire, le pronom sujet tend à se figer avec le verbe : *mon père il a dit*.

6-21. Fréquence et changements analogiques

Lorsque la fréquence d'une unité diminue, son contenu informationnel augmente automatiquement, mais sa forme ne change pas nécessairement : on parle beaucoup moins de *rouets* qu'il y a deux cents ans, mais le mot a toujours trois phonèmes, c'est-à-dire un coût mieux adapté à sa fréquence d'autrefois. Il faudrait un conflit homonymique, c'est-à-dire l'apparition d'un autre mot /ruè/, pour entraîner l'apparition d'une désignation plus circonstanciée comme *rouet à filer*.

La diminution de la fréquence n'en exerce pas moins une influence considérable sur la forme et le destin des unités significatives. L'enfant qui commence à parler apprend à manier des segments d'énoncés, voire même des énoncés entiers, avant d'être capable d'utiliser dans d'autres contextes les différents monèmes dont ils se composent. En d'autres termes, il lui reste à découvrir toutes les ressources de la première articulation en rapprochant, inconsciemment en général, des énoncés qui ne diffèrent que par un seul monème. Un enfant utilisera donc une formule comme *il faut qu'il fasse...* avant de découvrir que *fasse* est à *fait* ce que *soit* est à *est* et ce que *il mange*, dans *il faut qu'il mange* est à *il mange* dans *je vois qu'il mange*. Lorsqu'il aura senti le parallélisme de ces rapports, il opposera les deux catégories de l'indicatif et du subjonctif. On peut dire qu'il saura alors sa langue, ce qui implique qu'il pourra, comme les adultes, former un subjonctif pour un verbe dont il n'a jamais entendu que l'indicatif. Cette possibilité de procéder par analogie aura pour conséquence que l'enfant ne sera plus esclave de la tradition; il imitera moins volontiers désormais les formes « irrégulières », c'est-à-dire essentiellement les variantes de signifiant que le contexte phonique ne permet pas de prévoir. Il semble que ce soit vers quatre ou cinq ans que l'enfant atteint normalement ce stade. Dans une société où l'enfant n'est pas pris en charge par l'école, l'apprentissage linguistique est alors pratiquement achevé, les éléments lexicaux acquis désormais venant s'intégrer dans les classes préexistantes. Si un signifiant variable, des types *il va — nous allons*, *il fait — il fasse*, est d'une fréquence telle que l'enfant a eu le temps, avant cinq ans, d'en apprendre assez bien le maniement pour ne pas être tenté plus tard de le « régulariser », les formes traditionnelles se perpétueront. Mais si la fréquence de ces formes diminue, elles seront exposées à être uniformisées par généralisation d'une de ces variantes.

Il y a longtemps qu'on a reconnu l'importance des changements analogiques de ce type dans l'évolution des langues. Les linguistes d'une certaine époque y voyaient le contrepoids des changements phonétiques et le seul recours des langues contre une dégénérescence qui les guettait sans cesse. Dans les communautés linguistiques aussi attachées à la tradition que la française, la réduction à l'unité des variantes de signifiants n'est guère tolérée. Le seul recours, pour ceux qui hésitent sur la forme à donner aux différents radicaux d'un verbe traditionnel comme *résoudre*, est de créer un équivalent à radical unique comme *solutionner*. Mais, ce faisant, ils s'exposent également aux foudres des conservateurs. On peut dire qu'une langue est difficile dans la mesure où il faut de longues années d'école avant que les natifs la manient à la satisfaction générale. En ce sens, le français est peut-être la langue la plus difficile du monde.

6-22. Conséquences de certaines évolutions phonétiques

Il peut se faire que la disproportion entre forme et fréquence résulte d'évolutions phonétiques qui tendent à réduire la longueur des mots et le nombre de leurs traits distinctifs. Ces évolutions peuvent aboutir à quelques homonymes, mais elles entraînent surtout une diminution de la redondance indispensable, ce qui a pour effet de faire préférer aux formes traditionnelles, désormais écourtées, des synonymes plus étoffés. Aux quatre phonèmes du radical de lat. *auri-s* correspondent les quatre phonèmes de son équivalent français *oreille* /òrej/, mais ce dernier remonte à un synonyme (« diminutif ») *auricula* qui supportait mieux que la forme simple l'usure phonétique.

IV. Qualité des unités

6-23. Pressions dans la chaîne et dans le système

Il y a des avantages considérables à réduire les faits linguistiques à des données quantitatives, comme on l'a fait dans ce qui précède. Mais on ne saurait oublier que la qualité des unités en cause est un élément essentiel du conditionnement de l'évolution : une fréquence analogue des géminées et des simples n'est qu'un des facteurs qui peuvent déclencher une simplification des géminées; pour que la simplification ait réellement lieu, il faut qu'elle puisse se réaliser sans aboutir à des confusions, et ceci dépend essentiellement de la nature phonique des unités des systèmes. Pour comprendre le sens de l'évolution linguistique, il ne faut pas oublier que chaque unité d'un énoncé, qu'elle soit distinctive ou significative, phonème ou monème, voit sa réalisation phonique ou son contenu sémantique soumis à une double pression : d'une part, celle de ses voisins dans la chaîne parlée; d'autre part, celle des unités qui forment système avec elle, c'est-à-dire qui auraient pu figurer au même endroit et qu'il a fallu écarter pour dire ce que l'on voulait dire. Ces pressions sont phoniques dans un cas, sémantiques dans l'autre, mais s'ordonnent selon des schèmes analogues. Soit les mots *j'ôte*; chaque fois qu'un sujet les prononce, tout un jeu d'attractions et de pressions différenciatives s'exerce sur chacun des trois phonèmes en cause /ž ó t/ : l'articulation de /ž/ tend à s'adapter à celle du /ó/ suivant; les lèvres, par exemple, s'arrondissent plus que si la consonne était suivie d'un [i] ou d'un [e]; l'articulation de /ó/ tend de même à s'adapter à celle de ses voisins; et ainsi de suite. Ce sont ces attractions que symbolisent les flèches horizontales des diagrammes qui suivent. Par ailleurs, l'articulation de /ž/ est contrôlée par celle des autres phonèmes du système dont il doit rester distinct pour que soit assurée l'identification des monèmes : il doit être nettement sonore pour ne pas se confondre avec /š/; il doit être nettement chuintant pour ne pas être pris pour la sifflante /z/. De même /ó/ doit s'articuler à l'arrière pour ne pas se confondre avec /œ́/, et ainsi de suite. Ce sont ces pressions différenciatives que symbolisent les flèches opposées, verticales ou obliques, des diagrammes qui suivent :

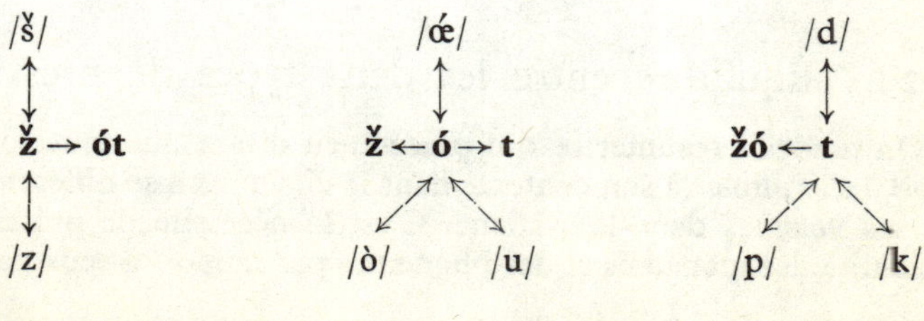

Soit maintenant l'énoncé *l'enfant ôte ses chaussures*, où, pour simplifier l'analyse, nous supposerons que *l'enfant* et *ses chaussures* ne représentent chacun qu'une seule unité. La signification réelle de *l'enfant* est limitée par celle du contexte qui précise, par exemple, qu'il est d'un âge à savoir retirer ses chaussures ; *ôte*, dans cet environnement, désigne une action bien différente de celle à laquelle réfère le même mot dans *la quinine ôte la fièvre* ; il y a attraction sémantique mutuelle des monèmes d'un même énoncé, et c'est ce qu'indiquent les flèches horizontales du schéma. Par ailleurs, le sens d'*enfant* est contrôlé par l'existence, en français, d'autres mots qui limitent sa sphère d'emploi et qu'il a fallu, consciemment ou non, écarter pour dire ce qu'on avait à dire. Il en va de même pour *ôte* et *ses chaussures*. Ce contrôle est marqué par les flèches opposées des schémas qui suivent :

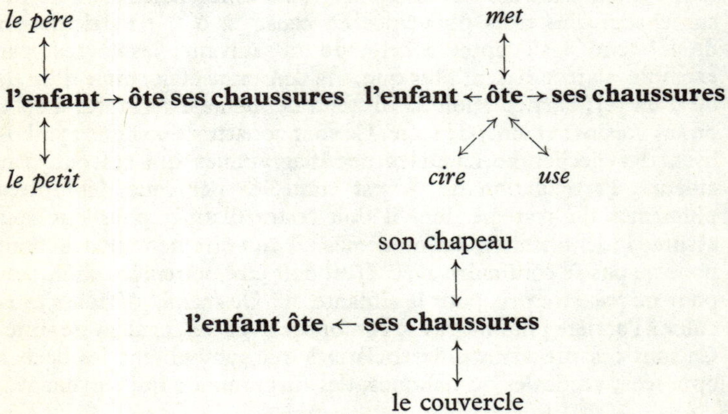

6-24. Équilibre entre les deux types de pression

On pourrait résumer ce qui précède en disant que toute unité tend à s'assimiler à son contexte dans la chaîne et à se différencier de ses voisines dans le système. C'est la nécessité de préserver l'identité des monèmes et des phonèmes par rapport à ceux parmi lesquels on les choisit quand on parle qui, pour l'essentiel, limite le champ des variations suscitées par les voisins dans le discours : un /t/, qui se prononce sans vibrations des cordes vocales, pourrait tendre à se sonoriser lorsqu'il se trouve placé entre deux voyelles qui, par nature, se réalisent au moyen de telles vibrations ; il en est empêché par la présence, dans le système, d'un /d/ qui précisément se distingue essentiellement de /t/ par ses vibrations glottales : /ata/ doit rester distinct de /ada/ ; mais si la langue ne distingue pas entre sonores et sourdes et ne connaît pas de phonème /d/, rien n'empêchera /t/ de se sonoriser en /d/ sous la pression de deux voyelles voisines puisque [ada] sera toujours identifié comme /ata/. On n'oubliera pas, toutefois, que la nécessité de maintenir les contrastes dans la chaîne limite également le champ des assimilations au contexte : dans une langue où /t/ se sonorise en [d] entre voyelles, ceci ne se produira guère qu'à l'intérieur du monème ou du mot, tandis qu'une succession /...a ta.../ se prononce [...a ta...] plutôt que [...a da...].

A tout point de la chaîne parlée, on peut donc identifier un jeu de tensions diverses qui s'équilibrent. La structure s'immobiliserait donc si les besoins changeants de la communication ne modifiaient constamment les pressions à l'intérieur du système. L'équilibre ne sera jamais acquis une fois pour toutes, et le fonctionnement même de la langue entraînera son incessante évolution.

V. Dynamique des systèmes phonologiques

6-25. Sources d'instabilité dans le système phonologique

Puisqu'en dernière analyse, les éléments de déséquilibre résultent des besoins changeants des usagers, on comprend bien comment peuvent être affectés les systèmes d'unités significatives : de nouvelles unités apparaissent constamment, et leur simple présence modifie les tensions à l'intérieur des systèmes où ils figurent. Mais on aperçoit moins immédiatement comment s'introduisent, dans les systèmes phonématiques, les innovations qui entraîneront la recherche de nouveaux équilibres. Sans doute a-t-on vu ci-dessus que les besoins de l'information peuvent aboutir à une augmentation de la fréquence des géminées qui est à l'origine de réorganisations fondamentales des systèmes de phonèmes. Mais c'est probablement par le chenal des faits prosodiques, comme l'accent, que les besoins de la communication se répercutent le plus directement dans les systèmes phonologiques. Enfin, il ne faut jamais oublier l'influence des langues les unes sur les autres et la possibilité d'emprunts de phonèmes ou de traits prosodiques. Ce qui mérite une étude un peu détaillée, c'est cependant moins le réseau des cheminements par lesquels s'infiltrent dans les systèmes phonologiques les agents extérieurs de déséquilibre, que ce qui se passe à l'intérieur des systèmes une fois que le déséquilibre est établi.

6-26. La différenciation maxima

Ce qu'on peut attendre des éléments distinctifs d'une langue, c'est qu'ils ne se confondent pas les uns avec les autres. On peut donc supposer qu'ils tendront à être aussi différents les uns des autres que le permettent les organes qui contribuent à leur production : si une langue n'a que trois voyelles, on s'attend à ce qu'elles se réalisent, hors contexte, comme [i], [u] et [a] respectivement, c'est-à-dire comme les voyelles les plus différentes que les organes peuvent produire naturellement. De même, sur le plan syntagmatique, toutes les langues favorisent les contrastes les mieux marqués, c'est-à-dire les successions occlusive + voyelle. Si, par accident, un certain phonème n'est pas aussi différencié de ses voisins du système que le permettent les organes, on peut s'attendre que l'articulation du phonème se modifie jusqu'à ce que soit rétablie la différenciation maxima. De façon générale, les phonèmes qui se réalisent dans la même zone articulatoire tendront à être également différenciés. Pour employer une métaphore spatiale, on dira qu'un système évoluera tant que ne sera pas établie l'**équidistance entre les phonèmes** qu'il comporte.

Même si l'on fait abstraction des fluctuations déterminées par le contexte de la chaîne, un phonème connaît constamment des variations accidentelles qui s'écartent tant soit peu de ce qui peut passer pour la norme à une époque déterminée. Ces variations seront freinées et stoppées si elles se rapprochent dangereusement de ce qui est la norme d'un autre phonème. Elles seront tolérées si elles n'exposent jamais l'usager à ne pas être compris. A la longue, la norme du phonème se déplacera dans le sens où les variations sont tolérées et loin de la zone où elles sont réprimées : à supposer une langue où les voyelles d'avant seraient un /i/, un /é/ fermé, donc assez proche de /i/, et un /a/, toute variation de /é/ dans la direction de /i/ exposerait à l'incompréhension; au contraire, une variation de /é/ dans la direction de /a/, par exemple un [è], ne causerait aucune difficulté; ces variations se multiplieraient et la norme du phonème /é/ ne tarderait pas à se placer à égale distance de /i/ et de /a/. C'est là, en fait, la situation qu'on constate dans une langue comme l'espagnol qui connaît un seul phonème intermédiaire entre /i/ et /a/.

6-27. Confusion phonologique et économie

On peut poser en principe que lorsque deux phonèmes se confondent, dans toutes les positions où on les rencontre ou dans certaines positions seulement, l'énergie nécessaire au maintien de la distinction a trouvé à s'employer plus utilement autre part. Ceci, bien entendu, ne vaut pas si la confusion est due à l'imitation de ce qui se passe dans une autre langue de plus grand prestige. Soit, en français, les phonèmes que l'orthographe note, le plus souvent, comme *in* et *un*. Ils sont actuellement en voie de se confondre par négligence du jeu des lèvres qui les distinguait : rétraction pour *in*, arrondissement pour *un*. Au contraire, les phonèmes notés *an* et *on*, qui se différencient à peu près de la même façon, restent distincts. Or, cette dernière opposition est d'une grande utilité : on compte par centaines les paires de mots comme *temps* — *ton*, *lent* — *long*, *blanc* — *blond*, *semence* — *semonce*, *penser* — *poncer* où seule l'opposition entre /ã/ et /õ/ assure la distinction. Ceci contraste avec ce qu'on observe dans le cas de l'opposition *in — un*, pour laquelle on a grand-peine à trouver des quasi-homonymes comme *brin* et *brun*, *empreinte* et *emprunte*; il serait d'ailleurs assez difficile de faire figurer ceux-ci dans des contextes identiques de telle sorte que seule la différence dans le jeu labial assurât la distinction. Aussi l'opposition *in — un* peut-elle disparaître sans dommage pour la compréhension, d'où une double économie articulatoire et mémorielle.

Le conditionnement d'une confusion phonologique peut être beaucoup plus complexe que ne le suggère la présentation volontairement simplifiée de celle des phonèmes *in* et *un* : le français opposait traditionnellement deux phonèmes notés l'un et l'autre *a* dans la graphie, et distinguait ainsi entre *tache* et *tâche*, *patte* et *pâte*, *lace* et *lasse*, et bien d'autres; cette distinction, qui rendait des services, semble en voie d'élimination. Pour comprendre ce phénomène, il convient de relever plusieurs faits : les Méridionaux, qui dans leurs dialectes provençaux ou gascons ne connaissaient qu'un phonème *a*, n'ont jamais appris à distinguer *tache* et *tâche*, *patte* et *pâte*, etc. Ils ont dû trouver plus facile d'éviter les conflits, en remplaçant par exemple *tâche* par *travail*, que de reproduire la distinction phonologique. D'autres provinciaux ont, en accord avec des habitudes locales, fait un sort à la distinction de longueur qui a longtemps été le trait le plus saillant de l'opposition *tache — tâche*. Les Parisiens, au contraire, avaient, ici comme pour les autres types vocaliques, tendu à éliminer la différence de longueur au profit de celle de timbre. Comme Paris, où s'élabore la langue, compte dans sa population plus de provinciaux que de Parisiens, un *modus vivendi* a dû nécessairement s'établir : ceux qui réalisaient *tache* comme [taš] et *tâche* comme [tɑš] n'arrivaient guère à distinguer les deux mots lorsqu'ils étaient réalisés comme [taš] et [tāš]. Pour être compris, on a dû, de part et d'autre, ruser avec la langue de façon à éviter les conflits, parler de son *travail* ou de son *ouvrage* au lieu de sa *tâche*, se déclarer *fatigué* au lieu de *las*. Rien n'empêchait alors la confusion de s'établir. De fait la distinction de deux timbres d'« avant » et d'« arrière », étant celle des faubourgs, manque de prestige et tend à disparaître. Quant aux différences de longueur elles s'éliminent comme inutiles et sans parallèle dans la langue d'aujourd'hui.

6-28. Transfert de traits pertinents

De l'observation de cas comme celui de fr. *in* et *un* on conclut que le sort d'une opposition dépend de son **rendement fonctionnel,** c'est-à-dire du rôle distinctif qui est le sien. Ce qui vient d'être dit des deux phonèmes *a* du français indique suffisamment que le rendement fonctionnel n'est pas le seul facteur à considérer. Mais on aurait tort de minimiser son importance : là même où, à première vue, on pourrait croire qu'une confusion s'est produite en dépit d'un rendement important, un examen plus approfondi montre, soit qu'en réalité le rendement vrai était très faible, soit que la distinction n'a pas été abolie mais transférée sur des segments voisins.

En français, au cours du Moyen Age l'affriquée /ts/ notée *c* dans *cent* et *face* s'est réduite à [s] sans s'identifier avec la sifflante de *sent* et de *basse* qui était alors un [ś] apico-alvéolaire. Plus tard ces deux sifflantes se sont confondues en une seule, le /s/ du français d'aujourd'hui. L'orthographe actuelle porte encore témoignage de la fréquence de ces deux phonèmes notés l'un *c*, *ç* ou *-z*, l'autre *s* ou *-ss-*, et l'on pourrait croire que l'élimination de cette opposition a dû aboutir à de nombreux conflits. En fait, la différence entre la prédorsale notée *c* et l'apicale notée *s* s'est, dans bien des cas, transférée à la voyelle précédente : la prononciation apicale du [ś] a, par exemple, entraîné une prononciation plus profonde d'un /a/ précédent; ce trait est devenu pertinent lorsque [ś] s'est changé en [s], et aujourd'hui encore bien des locuteurs opposent le /â/ de *lasse* au /a/ de *lace*.

6-29. Articulation des phonèmes en traits distinctifs

Rien, en principe, ne s'oppose à ce que chaque phonème d'une langue se distingue de tous les autres par une articulation *sui generis*. En fait, on ne rencontre pas d'idiome où tous les phonèmes présentent ce degré de spécificité. Normalement, plus de 80 % d'entre eux résultent de la combinaison de traits articulatoires qui apparaissent, à titre distinctif, dans plus d'un phonème. Dans ces conditions, chaque phonème se distingue de tous les autres parce qu'il est le seul à présenter un certain ensemble de ces traits : en français, /b/ est « sonore » comme /d/, « non nasal » comme /p/ et « bilabial » comme /m/, mais il est le seul à être tout ensemble « sonore », « non nasal » et « bilabial ». Dans cette même langue, /l/ est le seul phonème à présenter l'articulation latérale et /r/ le seul à être, selon les gens, une vibrante ou une post-vélaire. Tous les autres phonèmes sont phonologiquement complexes.

Les avantages théoriques de l'articulation des phonèmes en traits distinctifs sont évidents : soit une langue qui présente 12 phonèmes consonantiques; si chacun d'eux comporte une articulation spécifique, les usagers devront maintenir distinctes 12 articulations. Mais si 6 articulations peuvent se combiner sans encombre avec l'une ou l'autre de 2 actions différentes d'un même organe, les 12 phonèmes ne demanderont plus que le maintien distinct de 8 articulations, une des 6 premières se combinant toujours avec une des 2 autres. C'est ce que fait le français, qui en combinant « bilabial », « labio-dental », « apical », « sifflant », « chuintant » et « dorsal » tantôt avec « sonore », tantôt avec « sourd » obtient les douze phonèmes /p b f v t d s z š ž k g/. L'existence d'une corrélation de sonorité aboutit à une économie que marque le rapport de 8 à 12. Supposons maintenant une langue où chacune des 4 articulations « labiale », « apicale », « palatale » et « vélaire » se combine avec une des quatre actions différentes de la glotte, par exemple « sourdité », « sonorité », « aspiration » et « occlusion ». On obtiendra $4 \times 4 = 16$ phonèmes pour $4 + 4 = 8$ articulations différentes. L'économie sera ici de 8 à 16. Dans une langue où chaque consonne résulterait de la combinaison de trois articulations distinctives, où chacune d'entre elles serait non seulement « sourde », « sonore » ou « aspirée », « labiale », « apicale » ou « dorsale », mais aussi « palatalisée », « labio-vélarisée » ou de « timbre *a* », on obtiendrait théoriquement un système de $3 \times 3 \times 3 = 27$ phonèmes pour $3 + 3 + 3 = 9$ articulations. L'économie serait alors de 9 à 27. Dans une langue où chaque voyelle serait caractérisée comme « d'avant » ou « d'arrière », « arrondie » ou « rétractée », « nasale » ou « non nasale », « longue » ou « brève », de degré d'aperture 1 ([i]), 2 ([e]), 3 ([ɛ]) ou 4 ([a]), on on aurait $2 + 2 + 2 + 2 + 4 = 12$ types articulatoires pour $2 \times 2 \times 2 \times 2 \times \times 4 = 64$ phonèmes vocaliques.

6-30. L'intégration phonologique

Dans la mesure où de telles combinaisons sont faciles à produire et à identifier à la perception, elles doivent représenter pour un système un avantage réel : pour un même total de phonèmes, elles demanderont moins d'articulations à maintenir distinctes; ces articulations, étant moins nombreuses, se distingueront mieux les unes des autres, chacune d'entre elles étant plus fréquente dans la parole, les locuteurs auront plus d'occasions de les percevoir et de les reproduire et elles se fixeront plus vite dans le parler des enfants. Un phonème **intégré** dans un de ces faisceaux d'oppositions que sont les corrélations sera en principe plus stable qu'un phonème non intégré. En effet, un phonème non intégré, qui s'oppose à tout autre par une caractéristique spécifique et unique, sera livré à ses seules ressources si son existence est en jeu du fait de l'insignifiance de son rôle distinctif : dans les usages parisiens les plus répandus, /ɛ̄/ a été longtemps le seul phonème long du système, et comme l'opposition /ɛ/ — /ɛ̄/, réalisée par exemple dans *faite* — *fête*, avait un rendement réel très faible, elle est actuellement en voie d'élimination. Au contraire, les deux phonèmes anglais /θ/ et /δ/, attestés, par exemple, à l'initiale des mots *thin* et *this*, maintiennent depuis des siècles leur opposition dont le rendement est à peu près nul, simplement parce qu'ils sont parfaitement intégrés dans la puissante corrélation de sonorité. Une « case vide » dans une corrélation, c'est-à-dire une latitude combinatoire non utilisée, tendra à se remplir : ceci pourra se faire par emprunt, un phonème étranger correspondant étant reproduit sans grande difficulté puisqu'il représente une combinaison d'articulations usuelles; il pourra y avoir aussi attraction et intégration d'un phonème non intégré d'articulation voisine, ce qui est le cas lorsque un /r/ uvulaire, en judéo-allemand par exemple, adapte son articulation pour devenir le partenaire sonore d'un phonème /x/.

6-31. L'asymétrie des organes

On pourrait donc s'attendre que tous les systèmes existants tendent vers une intégration de plus en plus complète de tous leurs phonèmes par réduction du nombre des articulations distinctives sans réduction du nombre de ces phonèmes. Ce qui s'y oppose, c'est, d'une part la nécessité de faire alterner dans le discours des unités d'aperture fort différente, d'où l'existence générale de deux systèmes, consonantique et vocalique; d'autre part, l'asymétrie des organes de la parole. Du fait de cette asymétrie, les combinaisons articulatoires d'un certain type peuvent être excellentes, c'est-à-dire facilement prononçables et identifiables si on les réalise à un certain point du chenal articulatoire ou avec un certain degré d'ouverture de ce chenal, mais de qualité distinctive médiocre lorsqu'elles sont produites en quelque autre point ou avec une autre aperture : distinguer, parmi les voyelles fermées, entre un /i/ d'avant rétracté, et un /u/ d'arrière arrondi semble assez naturel puisque presque toutes les langues présentent cette opposition; en revanche, en combinaison avec une ouverture maxima de la bouche, les notions de rétraction et d'arrondissement des lèvres ne signifient plus rien, et distinguer, dans ce cas, entre une voyelle d'avant /a/ et une voyelle d'arrière /â/ n'est le fait que d'une minorité de langues.

C'est, avant tout, cette asymétrie qui explique que n'existe nulle part le système vocalique de 64 phonèmes esquissé plus haut. Il est intéressant de noter que, dans un type de français qui reste assez répandu, onze des douze traits prévus pour ce système trouvent leur emploi : *ni*, *nu* et *nous* se distinguent du fait du jeu des lèvres et de la langue et forment trois types distincts (au lieu des quatre prévus); la voyelle de *banc* s'oppose à celle de *bas* comme nasale à non nasale; *faite* s'oppose à *fête* du fait de la quantité vocalique; *riz*, *ré*, *raie*, *rat* se distinguent par le degré d'aperture du second élément. Mais le total des phonèmes du système, loin de s'élever à 64, ne dépasse pas 16, ce qui ne réalise certes pas une économie considérable. Il y a, bien entendu, des systèmes dont le rendement paraît bien meilleur, celui des voyelles danoises, par exemple, qui compte 20 unités pour neuf traits distinctifs. Mais une proportion de 16 à 11 n'est nullement extraordinaire. Elle n'indique aucunement qu'on doive chercher ailleurs que dans l'économie le principe qui préside à l'articulation des phonèmes en traits pertinents, mais, plutôt, que l'économie des systèmes phonologiques est une chose complexe dans laquelle interviennent des facteurs d'ordres divers.

6-32. Priorité aux faits linguistiques

Les difficultés qu'on éprouve à identifier toutes les circonstances qui ont pu influer sur la genèse d'un changement linguistique ne sauraient détourner les chercheurs d'une analyse explicative. Il convient simplement de toujours donner la priorité à cet aspect de la causalité des phénomènes qui ne fait intervenir que la langue en cause et le cadre permanent, psychique et physiologique, de toute économie linguistique : loi du moindre effort, besoin de communiquer et de s'exprimer, conformation et fonctionnement des organes. En second lieu, interviendront les faits d'interférence d'un usage ou d'un idiome sur un autre. Sans faire jamais fi des données historiques de tous ordres, le diachroniste ne les fera intervenir qu'en dernier lieu, après avoir épuisé toutes les ressources explicatives que lui offrent l'examen de l'évolution propre de la structure et l'étude des effets de l'interférence.

Compléments

C-1. En réaction contre des points de vue qui restent assez répandus aujourd'hui, il paraît utile de rappeler certains principes qui se sont dégagés de l'observation des langues les plus diverses et qu'aucune constatation récente, aucune considération nouvelle, ne nous invite à écarter :

C-2. Le fait que les langues sont différentes n'est pas un accident regrettable, mais un fait symptomatique de la nature même du langage. Il est du devoir du linguiste de relever les différences entre les langues en laissant à d'autres le soin de déterminer comment elles se concilient avec l'unité du psychisme de l'homme.

C-3. Une fois que nous avons décidé ce que nous voulons trouver dans un objet pour l'appeler « une langue », nous devons nous attendre, de la part de ces langues, à tout ce qui est compatible avec cette définition. La définition qui présente la langue comme un instrument de communication doublement articulé et de caractère vocal (1.14) paraît acceptable à beaucoup de chercheurs.

C-4. Les phonèmes d'une langue forment un système clos qui caractérise la langue au même titre que ses unités significatives et les conditions de leur coexistence dans les énoncés. Ce système mérite d'être examiné en lui-même sans considération des emplois qu'on peut faire des phonèmes individuels pour constituer tel signifiant particulier.

C-5. L'utilisation des phonèmes pour constituer des signifiants particuliers ne pose de problèmes que là où la forme des signifiants, exprimée en termes d'unités distinctives discrètes (phonèmes ou tons), varie selon les contextes. L'étude de ces variations est très exactement l'objet de la morphologie (4.6), que les unités retenues soient des monèmes ou des « mots ».

C-6. Dans une langue déterminée, des oppositions distinctives (entre phonèmes ou tons) peuvent, dans certains contextes phoniques, cesser de fonctionner. On dit qu'elles sont neutralisées (3.18 à 3.20).

Les différences significatives entre des unités, les monèmes, qui ont un signifiant et un signifié, peuvent être oblitérées de deux façons. D'une part, leurs formes, distinctes dans certains contextes, ne le sont pas dans d'autres ; en latin, le datif et l'ablatif sont formellement distincts dans *rosae, rosa*, mais formellement confondus dans *rosis, rosis* ; c'est ce qu'on désigne comme un **syncrétisme**. D'autre part, des différences de sens qui peuvent apparaître dans certains contextes ne le peuvent plus dans d'autres : avec *ténèbres*, la différence entre le pluriel et son absence n'est plus exprimable : c'est ce qu'on désigne comme une **neutralisation**.

L'opération dite « transformation » visait à déceler les syncrétismes, c'est-à-dire à signaler une différence de sens continuant à exister, dans certains contextes, derrière une identité formelle. On en peut faire l'économie lorsque, dans l'identification des unités, on reste à l'affût des syncrétismes de tous ordres.

C-7. Il est clair qu'une grammaire, pour être complète, doit donner, en liaison avec le dictionnaire, l'information nécessaire pour produire toutes les combinaisons qu'on peut rencontrer dans l'usage qui fait l'objet de la description. Dans ce sens, les bonnes grammaires n'ont pas attendu la seconde moitié du vingtième siècle pour être « génératives ».

C-8. On pourrait s'étonner de ne trouver, dans les premières éditions de ces *Éléments*, aucune mention de la syntaxe, non plus qu'un traitement quelconque de ce qui touche au sens des unités linguistiques. On ne doit pas interpréter ces silences comme la marque d'un désintérêt. Il s'est agi, d'une part, de ne pas se prononcer hâtivement sur la valeur d'un terme encore mal défini et, d'autre part, de ne pas toucher aux problèmes relatifs au signifié avant d'en avoir déterminé la place exacte dans le cadre de l'étude linguistique.

C-9. De la syntaxe, on dira aujourd'hui qu'elle est, au sens large du terme, l'examen de la façon dont l'auditeur peut reconstruire l'unité du message à partir de la succession des unités significatives qui lui est offerte. Elle opère, non pas avec les monèmes individuels, mais avec les classes de monèmes. Ces classes sont établies en groupant les monèmes de comptabilités identiques, la classe des noms, en français, par exemple, comportant les monèmes qui peuvent être déterminés par des articles, le pluriel, des adjectifs, la classe des verbes groupant ceux qui reçoivent comme déterminants, les monèmes de temps, de modes, les adverbes. Ces classes ainsi dégagées sur une base strictement formelle coïncident partiellement, pour le français, avec les « parties du discours » traditionnelles, parce que c'est bien à partir des compatibilités que ces « parties du discours » ont été établies, et que les définitions sémantiques qu'on en donne parfois ont été dégagées *a posteriori*.

C-10. L'établissement des classes de monèmes touche à la syntaxe telle qu'elle est définie ci-dessus puisqu'elle se fonde sur l'observation que certains monèmes en déterminent d'autres, ce qui contribue à préciser les liens qui existent entre les unités significatives de l'énoncé. Mais une fois réalisé l'inventaire des classes, il reste essentiellement à la syntaxe à distinguer entre les différents rapports qui peuvent s'établir entre les monèmes de deux classes mutuellement compatibles, comme les noms et les verbes. Ces rapports sont ceux qu'on désigne comme les fonctions grammaticales, comme la fonction sujet, la fonction objet, les diverses fonctions dites traditionnellement circonstantielles. Elles sont marquées, obligatoirement dans des langues, optionnellement dans d'autres, par la position respective des monèmes en cause ou par des indicateurs de fonction ou fonctionnels (4.12).

C-11. Les classes de monèmes sont dégagées à partir des compatibilités, c'est-à-dire de rapports strictement formels, et l'on n'a guère intérêt à chercher, pour tous les monèmes d'une classe, un dénominateur commun signifié : le nom *table* désigne un objet ; le nom *bonté* désigne une qualité comme l'adjectif *bon* ; le nom *course* désigne une action comme le verbe *courir*. C'est au niveau des monèmes individuels que se pose la question d'une valeur de sens. Cette valeur, toujours particulière à une langue déterminée, est, pour chaque monème, sous la dépendance de celle des autres monèmes de la classe : un monème qui désigne les facultés intellectuelles, comme *intelligence*, n'aura pas la même valeur dans une langue où n'existent pas de monème distinct pour la ruse et pour l'astuce : la valeur d'*intelligence*, en anglais, diffère de celle du monème français de même forme écrite du fait de l'existence en français du terme *contre-espionnage* et en anglais du dérivé *cleverness*. C'est donc à l'intérieur de la langue même qu'il convient de dégager les valeurs signifiées. De même qu'on distingue, pour la forme, entre la phonétique, qui traite des sons du langage indépendamment de leur appartenance à une langue particulière, et la phonologie qui étudie les valeurs distinctives dans un système déterminé, il convient de distinguer entre la sémantique qui traite des faits de sens en général et une science des valeurs signifiées désignée comme l'**axiologie**.

C-12. Ce dont nous traitons dans le cinquième chapitre du présent ouvrage couvre, de façon nécessairement sommaire, ce qu'on désigne aujourd'hui comme la « sociolinguistique ». Comme le langage ne se conçoit pas hors de la société, il nous paraît inutile et probablement nuisible d'opposer une « sociolinguistique » à la linguistique proprement dite. Dans l'examen de la variété des usages et de ses conditionnements, il convient de ne pas favoriser indûment certains facteurs aux dépens des autres : les différences langagières d'une classe sociale à une autre peuvent être considérables et mériter une attention particulière, mais d'un pays à l'autre, d'une époque à la suivante, elles peuvent avoir beaucoup moins d'importance que les variations dans l'espace géographique.

C-13. Les problèmes que pose l'acquisition du langage par l'enfant entrent de plein droit dans l'étude linguistique et ne justifient aucunement l'établissement d'une nouvelle discipline intitulée « psycholinguistique ». Les recherches interdisciplinaires n'ont de sens et de valeur que pratiquées à partir des résultats d'ordres de recherches parfaitement autonomes. Il y a place, en linguistique pure, pour un traitement de la dynamique de l'acquisition du langage.

Bibliographie de la linguistique fonctionnelle

On renvoie, une fois pour toutes, au *Cours de linguistique générale* de Ferdinand de SAUSSURE, Paris-Lausanne, 1916, 5e éd., p. 23 à 32, 97 à 192, 261 à 289.

Les premiers exposés généraux de la linguistique fonctionnelle par André MARTINET sont, outre le présent ouvrage (traduit successivement en russe, en coréen, en allemand, en anglais, en portugais, en espagnol, en italien, en roumain, en polonais, en japonais, en albanais, en grec, en islandais, en croate, en turc, en indonésien, en chinois et en arabe), *A Functional View of Language,* Oxford, Clarendon, 1962 (traduit en italien, en français, en espagnol, en serbo-croate, en japonais et partiellement en polonais) et *La Linguistique synchronique*, Paris, P.U.F., 1965 (traduit en allemand, en espagnol, en japonais et partiellement en polonais).

Plus récemment :

Studies in Functional Syntax/Études de syntaxe fonctionnelle, Munich, W. Fink, 1975.

On consultera également les ouvrages de Georges MOUNIN : *Les Problèmes théoriques de la traduction*, Gallimard, Paris, 1963; *Clefs pour la linguistique*, Seghers, Paris, 1968.

Un exposé plus condensé est celui de Frédéric FRANÇOIS dans : *Le Langage, Encyclopédie de la Pléiade*, Paris, Gallimard, 1968, « La description linguistique », p. 171-231.

Voir également les articles et paragraphes consacrés à la linguistique fonctionnelle dans : *La Linguistique, Guide alphabétique* (dir. André MARTINET), Denoël, Paris, 1969 (traductions en allemand, en japonais, en italien, en espagnol et en portugais).

Pour une représentation plus logique et volontairement moins réaliste de la linguistique fonctionnelle, on consultera par Jan MULDER : *Sets and Relations in Phonology*, Clarendon, Oxford, 1968; en collaboration avec S.G.J. HERVEY : *Theory of the Linguistic Sign*, Mouton, La Haye-Paris, 1972 ainsi que *The Strategy of Linguistics*, Edimbourg, Scottish Academic Press, 1980 et, par S.G.J. HERVEY, *Axiomatic Semantics*, Edimbourg, Scottish Academic Press, 1979.

Pour la phonétique et la phonologie, on consultera, par André MARTINET : *La Description phonologique*, Paris-Genève, Droz, 1956 et par Jacqueline M.C. THOMAS, Luc BOUQUIAUX, France CLOAREC-HEISS, *Initiation à la phonétique*, Paris, P.U.F., 1976. Sur la sémiologie fonctionnelle, voir, par Jeanne MARTINET, *Clefs pour la sémiologie*, Paris, Seghers, 1973.

Dans l'axe de la recherche fonctionnaliste, on trouve les travaux de Luis PRIETO relatifs aux systèmes de signes dans leurs rapports avec le comportement humain : *Principes de noologie*, Mouton, La Haye-Paris, 1964; *Messages et signaux*, Paris, P.U.F., 1966; *Études de linguistique et de sémiologie générales*, Genève, Droz, 1975; *Pertinence et pratique*, Paris, Minuit, 1975.

Sur les problèmes fondamentaux de la syntaxe, voir *Syntaxe générale*, Paris, Armand Colin, 1985, et, par Claude TCHEKHOFF, *Aux Fondements de la syntaxe* : l'ergatif, Paris, P.U.F., 1978.

En matière de sémantique et d'axiologie, se reporter au numéro spécial de *La linguistique*, 25, 1989, fasc. 1, *Sens et signification,* sous la direction de Mortéza Mahmoudian, pp. 3-144.

Pour les applications à la diachronie, on consultera, d'André MARTINET : *Économie des changements phonétiques*, Berne, Francke, 1955 (traduit en russe, en italien, en espagnol et en japonais; version allemande révisée et condensée à paraître chez Klett-Cotta, Stuttgart), *Évolution des langues et reconstruction*, Paris, P.U.F., 1975, ainsi que, par Claude HAGEGE et André HAUDRICOURT : *La Phonologie panchronique*, Paris, P.U.F., 1978.

Application à l'analyse stylistique par Conrad BUREAU, *Linguistique fonctionnelle et stylistique objective*, Paris, P.U.F., 1976.

De toutes les langues, c'est le français qui a surtout fait l'objet de description fonctionnelle. On citera, dans l'ordre chronologique, un ouvrage d'André MARTINET et Henriette WALTER dont on lira l'introduction : *Dictionnaire de la prononciation française dans son usage réel,* Genève, Droz ; par Denise FRANÇOIS : *Français parlé,* Paris, S.E.L.A.F., 1974 ; par Mortéza MAHMOUDIAN et son équipe : *Pour enseigner le français,* Paris, P.U.F., 1976 ; par Henriette WALTER : *La Phonologie du français,* Paris, P.U.F., 1977 ; par André MARTINET et son équipe : *Grammaire fonctionnelle du français,* Paris, Crédif-Didier, 1979 ; par Henriette WALTER : *Le français dans tous les sens,* Paris, Laffont, 1988.

Plusieurs autres langues, africaines notamment, ont fait l'objet de description fonctionnelle dans des thèses de doctorat d'État. La première est celle de J.M.C. THOMAS, *Le parler ngbaka de Bokanga*, Paris, 1963. On consultera, en la matière, le catalogue de la S.E.L.A.F., 5, rue de Marseille, 75010 Paris. On citera en outre, par Geneviève N'DIAYE, *Structure du dialecte basque de Maya*, La Haye, Mouton, 1970.

Il existe une société internationale de linguistique fonctionnelle (S.I.L.F., École pratique des hautes études, 4e section, 45-47, rue des Écoles, 75005 Paris) dont l'organe officiel est *La Linguistique*, P.U.F., 108, boulevard Saint-Germain, 75006 Paris, paraissant depuis 1965.

Un colloque international de linguistique fonctionnelle se tient chaque année depuis 1974, successivement à Groningue, Clermont-Ferrand, Saint-Flour, Oviedo, Joannina, Rabat, Saint-Andrews, Toulouse, Fribourg-en-Brisgau, Québec, Bologne, Alexandrie, Corfou, Elseneur, Moncton-Sainte Anne, Paris et Léon. Le 18e colloque est prévu pour juillet 1991 à Prague. Les *Actes* de ces différents colloques peuvent être obtenus à la Librairie Vrin, 6, place de la Sorbonne, 75006 Paris, tél. 43.54.03.47.

Index terminologique

Abrègement, 6-6, 6-14.
Accent, 3-1, 3-3, 3-31 à 3-36.
« Accent », 1-5, 1-7.
Accentuelle (unité...), 3-25, 3-31, 3-35, 4-14 et 15.
Accord, 4-5, 4-21 à 23, 4-35, 4-42.
Actualisation, 4-10, 4-25, 4-27 et 28.
« Adjectif », 4-42, 4-44.
« Adjectif attribut », 4-42.
« Adjectif épithète », 4-42, 4-44 et 45.
« Adverbe », 4-11, 4-45, 6-3.
« Affectif » (langage), 6-19.
Affixe, 4-36 à 39.
Affriquée, 2-36.
« Allophone », 3-16.
Alvéolaire, 2-26.
Amalgame (voir aussi chevauchement), 4-2, 4-6, 4-14 et 15, 4-22, 4-35, 4-40, 5-28, 6-3.
Analogie, 6-21.
Analyse phonologique, 3-8, 4-2 et 3, 4-8.
Analyse en monèmes, 4-3 à 6.
Antérieur, 2-17 et 18.
Apical, 2-26.
Apico-alvéolaire, 2-26.
Apico-dental, 2-26.
Arbitraire (des faits linguistiques), 1-14.
Archiphonème, 3-18 et 19.
Arrière (d'...), 2-17 à 19.
Arrondi, 2-17 à 19.
« Article », 4-38 et 39.
Articulation, v. première a., deuxième a.
Articulation (des phonèmes), 6-29.
Articulation (des sons), 2-11 à 39.
« Aspect », 4-43.
« Aspiration », aspiré, 2-32 et 33.
Asymétrie des organes, 6-31.
Avant (d'...), 2-17 à 19.
***Axiologie, C-11.**
Bilabial, 2-25.
« Bilingue », 5-2.

Bilinguisme, 5-4, 5-27 à 29.
Calque, 5-28.
Canonique (forme...), 3-40.
« Case vide », 6-30.
Cavité maxima, 2-17.
Cavité minima, 2-17.
Cavité moyenne, 2-19.
Centralisées (voyelles), 2-20.
Chaîne parlée, 1-10.
Changements linguistiques, 6-1 à 4.
Chevauchement (voir aussi amalgame), 4-14 et 15.
Choix (du locuteur), 1-18 et 19, 2-6, 3-2, 4-3, 4-8, 4-17, 4-34 et 35.
Chuintante, 2-28.
Classes de monèmes, C-9, C-10.
Clics, 2-34, 3-3.
Code, 1-18.
Communauté linguistique, 5-2.
Communication (fonction de), 1-4, 6-5, 6-7.
Commutation, 3-22.
« Comparatif », 4-32, 4-35.
Compatibilités, C-9, C-10.
« Complément », 4-24, 4-26, 4-32.
Complémentarité partielle, 3-19.
Complexes (articulations), 2-35.
Composition, 4-34 à 37.
*Confixation, 4-36.
*Confixe, 4-36.
Conjoint (monème), 4-35.
« Conjonction », 4-18, 4-32, 4-46.
Consonnes, 2-24 à 37, 3-21.
Constrictive, 2-24.
Contexte, 4-25.
Continues, 2-24.
Contraste, 1-20, 2-6, 6-23.
Contrastive (fonction...), 3-1.
Convergence, 5-14.
Coordination, 4-31, 4-46.
« Copule », 4-42, 4-44 et 45.
Cordes vocales, 2-14.
Corpus, 2-4.
Corrélation, 3-15.
Coût, 6-12 et 13.
Créole, 5-16, 5-24.
Culminative (fonction...), 3-33.
« Déclinaison », 4-15, 6-3.
Démarcation, 3-36 et 37.
Démarcative (fonction...), 3-1, 3-36.

Dérivation, 4-34 à 39.
« Désinence », 4-14 et 15, 4-40, 4-46.
Déterminants, 4-19, 4-32.
*Détermination, 4-19, 4-32.
Deuxième articulation, 1-8, 1-11, 2-10.
Dental, 2-26.
Diachronique, 2-2.
Dialecte, 2-3, 5-11 à 15, 5-17.
Dialectisation, 5-14.
Différenciation maxima, 6-26.
« Diglossie », 5-4.
Diphtongues, 2-23.
Discontinu (signifiant...), 4-4 et 5, 4-21.
Discrètes (unités...), 1-17.
Distinctive (fonction...), 3-1.
Distribution complémentaire, 3-16.
Dorsal, 2-29 et 30.
Durée (des sons), 2-23, 3-24.
Économie linguistique, 6-5.
Écrite (langue...), écriture, 1-2, 1-17, 2-4, 5-18 à 22.
Éjectives, 2-33.
Emprunt (populaire ou savant), 5-29.
Enclitique, 4-15.
Endocentrique, 4-34.
Énergie, 2-39, 3-24.
Équidistance (entre les phonèmes), 6-26.
« Ergatif », 6-15.
Exocentrique, 4-34.
Expansion, 4-30 à 34.
Expérience non linguistique, 1-7 et 8, 1-12, 4-10, 4-24.
Expérience (élément d'...), 4-11 et 12, 4-24, 6-3.
Expérience (fait d'...), 1-8, 5-28.
Expression (fonction d'...), 1-4, 6-7.
Expressive (fonction...), 3-1.
Fermé, 2-17 et 18.
Figement, 4-34, 6-20.
Fonction, 2-6.
Fonctions (du langage), 1-4.
Fonctions (des éléments phoniques), 3-1 à 4.
Fonctions grammaticales, C-10.
Fonction (des monèmes), 1-10, 4-10 à 12, 4-18, 4-24, 6-3.
★Fonctionnel, 4-12, 4-19 à 4-22.
Fonctions primaires (des monèmes), 4-18, 4-47.
Forme, 2-8.
Fréquence, 4-19, 6-6, 6-11 à 17, 6-19.
Fréquence (des phonèmes), 3-38.
Fricative, 2-24.

Gémination consonantique, 2-37, 6-16, 6-23.
Genre féminin, 4-5, 4-23, 4-42.
Glotte, 2-14.
Glottal, glottalisé, 2-32 et 33.
Grammatical (monème...), 4-19.
« Grasseyé », 2-30, 3-2 et 3, 3-17.
Hauteur mélodique, 3-3, 3-24 et 25.
Homonymie, 2-8, 5-22, 6-22.
Hors-situation (emploi de la langue... ; voir aussi situation), 5-22.
« Idiotisme », 1-5.
Implosives, 2-33.
« Infinitif », 1-9, 4-30, 4-43.
Information, 6-9 à 11.
Injectives, 2-33.
Intégration (des phonèmes), 6-30.
Intercompréhension, 5-3.
Interdental, 2-26.
Interférence, 5-28.
Intermédiaires (types vocaliques...), 2-19.
Intonation, 1-15 et 16, 3-3 et 4, 3-25, 3-30, 4-1, 4-33.
Introspection, 2-8, 4-35.
Inventaires limités et illimités (voir aussi Liste), 4-I9, 4-38, 4-47, C-I0.
Joncture, 3-6.
Labial, 2-25.
Labio-dental, 2-25.
Labio-palatal, 2-35.
Labio-vélaire, 2-35.
Labio-vélarisée, 2-35.
Lâches (voyelles), 2-2I et 33.
Langage, I-I à 4, C-I0.
Langue (objet de la linguistique), I-I4, I-I8 et I9, C-2, C-3.
Langue (organe), 2-I7 à 2I, 2-26 à 30.
Larynx, 2-16.
Latérale, 2-24 et 27.
« Lexème », 1-9.
Lexical (monème...), 4-19.
Libre (monème...), 4-35.
Linéarité (du langage), 1-10.
Liste fermée (voir aussi inventaire), 1-13.
Liste ouverte (voir aussi inventaire), 1-13.
Littéraire (œuvre...), 1-2, 6-18.
Longueur (d'un son), 2-23, 2-37, 6-27.
Luette, 2-16.
Marque (de corrélation), 3-15.
« Maternelle » (langue...), 5-27.
Mélodie de la parole, 1-15 et 16, 2-15, 3-25.

Message, 1-18.
Mi-occlusive, 2-36.
Modalité, 4-19 et 20, 4-38 et 39.
« Mode », 4-3, 4-43.
Moindre effort, 6-5.
Momentanées, 2-24.
Monème, 1-9.
Monème autonome, 4-10 et 11.
Monème fonctionnel, 4-12, 4-20, 4-41, 6-3 et 4.
More, 3-29.
« Morphème », I-9.
Morphologie, 4-6, C-5.
★Morphologique, 3-4I.
« Morpho(pho)nologie », 3-4I.
« Mot », 4-I5 à I7, 4-35, 4-39, 4-40.
Mouillé, 2-29.
Moyennes (voyelles), 2-20.
Moyennes (dorsales), 2-30.
Nasal, 2-22, 25, 26, 29, 30.
Neutralisation, 3-18 à 20, C-6.
Neutre (voyelle...), 2-20.
« Nom », 4-43.
« Nombre », 4-5, 4-38.
« Nominatif », 4-22, 6-15.
Norme active et passive, 5-6.
*Noyau, 4-32.
Occlusions, occlusive, 2-24.
Occlusion glottale, 2-14, 2-32, 3-3, 3-6.
Opposition, 1-20, 3-1, 4-8.
Ordre (dans une corrélation), 3-15.
Ordre des unités, 1-10, 4-8 et 9.
Ouvert, 2-17 et 18.
Palatal, 2-29.
Palatalisée, 2-35.
Paradigmatique, 1-20.
Parole, I-I8.
« Participe », 4-43.
« Parties du discours », C-9.
Patois, 5-9 et I0.
Pause virtuelle, 3-5, 4-14.
Pertinence, pertinent, 1-10, 2-5, 4-9.
Pertinent (trait...), 3-13 à 15.
Pharynx, 2-16.
Pharyngales, 2-31.
Pharyngalisé, 2-35.
Pertinent (trait...), 3-13 à 15.
Phonématique, 1-15, 3-5 à 23.

Phonème, I-9, C-4, C-5.
Phonétique, 2-5, 2-II.
Phonétique (notation...), 2-I2.
Phonologique (notation...), 2-12.
Phrase, 4-33.
Pidgin, 5-23.
Point d'incidence, 4-11.
Postérieur, 2-17 à 19.
Postpalatal, 2-30.
Prédicat, 4-11, 4-26 à 29, 4-33, 4-42 à 44.
Prédicatif (monème...), 4-29 et 30, 4-32.
Prédicatif (noyau...), 4-32.
Prédicatif (syntagme...), 4-24, 4-47.
Prédicatoïde, 4-33.
Prédorsal, 2-28.
Prédorso-alvéolaire, 2-28.
Préglottalisé, 2-33.
Première articulation, 1-8, 2-10, 6-2, 6-21.
Prépalatal, 2-29.
« Préposition », 4-46.
Pression paradigmatique, 6-23 et 24.
Pression syntagmatique, 6-23 et 24.
Probabilité, 6-11.
« Pronom », 4-I8, 4-46 et 47.
« Proposition subordonnée », 4-33, 6-2.
Prosodie, I-I5, 3-24 à 35.
« Psycholinguistique », C-I3.
Quantité, 3-36.
Redondance, 6-8.
Rendement fonctionnel, 6-28.
Rétracté, 2-I7.
Rétroflexe, 2-26.
Sabir, 5-23.
★Satellite, 4-32.
Segmentation, 3-4, 3-8.
Sémantique, C-II.
Sens, I-I9, 2-7 à 9, 4-I6, 4-35.
Série, 3-I5.
Sifflante, 2-28.
Signe linguistique, I-9.
Signe prosodique, 4-I.
Signifiant, I-9.
Signifié, I-9, 4-7, 4-I7.
Situation (voir aussi hors-situation), I-8, I-I2, 4-25.
« Sociolinguistique », C-I2.
Sommet de syllabe, 3-2I.

Sonore, 2-15.
Sourd, 2-15.
Spécifique, 1-8, 6-17.
Spirante, 2-24.
Structure, 6-14, 6-19.
Subordination, 4-32 et 33.
« Substantif », 4-23, 4-38, 4-42, 4-47.
Sujet, 4-26 à 28.
*Sulcale, 2-28.
Syllabe, 2-38, 3-21.
*Syllemme, 4-39.
Synchronique, 2-2, 2-4.
*Syncrétisme, C-6.
Syntagmatique, 1-20.
Syntagme, 4-13.
Syntagme autonome, 4-13 à 17, 6-3.
Syntaxe, C-9.
Synthème, 4-35 à 40, 6-20.
Tendues (voyelles), 2-21 et 23.
Tons, 1-17, 3-3, 3-26 à 30, 3-32.
Tons mélodiques, 3-28 et 29.
Tons ponctuels, 3-27, 3-29.
Trait pertinent, voir Pertinent.
Transcriptions, 1-12, 2-12.
« Transformation », C-6.
Unité accentuelle, voir Accentuelle.
Unilingue, 5-27.
Uvulaire, 2-16 et 30.
Valeur de sens, C-11.
Variations géographiques, 2-3.
Variante (de phonème), 3-16 et 17.
Variante (de signifiant), 4-2, 4-7, 4-14.
Variante (de signifié), 4-7.
Vélaire, 2-30.
Vélarisé, 2-35.
« Verbe », 4-43.
Vibrante, 2-24 et 27.
Virtualités sémantiques, 2-8, 4-25.
Vocal (caractère...), 1-2, 1-10.
Vocales (cordes...), voir cordes.
« Vocatif », 6-15.
Voisé, 2-15.
« Voix », 4-29.
Voyelles, 2-16 à 23, 3-21, 3-39.
★Zéro (comme terme d'une opposition), 2-6.
★Zéro (comme variante de signifiant), 4-3, 4-4.

Table des matières

AVANT-PROPOS 2

PRÉFACE DE 1980 4

AVERTISSEMENT 1991 5

CHAPITRE 1. La linguistique, le langage et la langue 6

CHAPITRE 2. La description des langues 28

CHAPITRE 3. L'analyse phonologique 61

I. Fonctions des éléments phoniques, 61.
II. La phonématique, 64.
III. La prosodie, 83.
IV. La démarcation, 95.
V. Utilisation des unités phonologiques, 97.

CHAPITRE 4. Les unités significatives 101

I. L'analyse des énoncés, 101.
II. La hiérarchie des monèmes, 107
III. L'expansion, 128.
IV. La synthématique, 131.
V. Le classement des monèmes, 137.

CHAPITRE 5. La variété des idiomes et des usages linguistiques 145

CHAPITRE 6. L'évolution des langues 172

I. Changement social et changement linguistique, 172.
II. Economie de la langue, 176.
III. Information, fréquence et coût, 181.
IV. Qualité des unités, 196.
V. Dynamique des systèmes phonologiques, 199.

COMPLÉMENTS 208

BIBLIOGRAPHIE DE LA LINGUISTIQUE FONCTIONNELLE 211

INDEX 215

Illustration de couverture : Guy Sabadie.

I.M.E. - 25-Baume-les-Dames - Dépôt légal Février 1991 - N° éditeur 9944
ISBN 2-200-32208-9